世界哲學家叢書

奧羅賓多・高士

朱明忠著

1994

東大圖書公司印行

國立中央圖書館出版品預行編目資料

奧羅賓多・高士／朱明忠著.--初版.
--臺北市：東大發行：三民總經
銷，民83
面；公分.--(世界哲學家叢書)
參考書目：面
含索引
ISBN 957 19-1219-0（精裝）
ISBN 957-19-1612-9（平裝）

1.高士(Ghose, Aurobindo, 1872-
1950)-學術思想-哲學

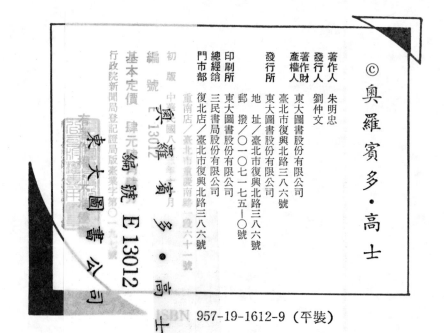

137　　　83009464

著作人　朱明忠
發行人　劉仲文
著作財產權人　東大圖書股份有限公司
臺北市復興北路三八六號
發行所　東大圖書股份有限公司
地址／臺北市復興北路三八六號
郵撥／〇一〇七一七五──〇號
印刷所　東大圖書股份有限公司
總經銷　三民書局股份有限公司
門市部　復北店／臺北市復興北路三八六號
重南店／臺北市重慶南路一段六十一號
初版　中華民國八十三年[illegible]月
編號　E 13012
基本定價　肆元[illegible]
行政院新聞局登記證局版臺業字第〇一九七號

ISBN 957-19-1612-9（平裝）

「世界哲學家叢書」總序

本叢書的出版計畫原先出於三民書局董事長劉振強先生多年來的構想，曾先向政通提出，並希望我們兩人共同負責主編工作。一九八四年二月底，偉勳應邀訪問香港中文大學哲學系，三月中旬順道來臺，卽與政通拜訪劉先生，在三民書局二樓辦公室商談有關叢書出版的初步計畫。我們十分贊同劉先生的構想，認為此套叢書（預計百册以上）如能順利完成，當是學術文化出版事業的一大創舉與突破，也就當場答應劉先生的誠懇邀請，共同擔任叢書主編。兩人私下也為叢書的計畫討論多次，擬定了「撰稿細則」，以求各書可循的統一規格，尤其在內容上特別要求各書必須包括（1）原哲學思想家的生平；（2）時代背景與社會環境；（3）思想傳承與改造；（4）思想特徵及其獨創性；（5）歷史地位；（6）對後世的影響（包括歷代對他的評價），以及（7）思想的現代意義。

作為叢書主編，我們都了解到，以目前極有限的財源、人力與時間，要去完成多達三、四百册的大規模而齊全的叢書，根本是不可能的事。光就人力一點來說，少數教授學者由於個人的某些困難（如筆債太多之類），不克參加；因此我們曾對較有餘力的簽約作者，暗示過繼續邀請他們多撰一兩本書的可能性。遺憾的是，此刻在政治上整個中國仍然處於「一分為二」的艱苦狀態，加上馬列教條的種種限制，我們不可能邀請大陸學者參與撰寫工作。不過到目前為止，我們已經獲得八十位以上海內外的學者精英全力支持，包括臺灣、香港、新加坡、澳洲、美國、西德與加拿大七個地區；難得的是，更包括了日本與大韓民國好多位名流學者加入叢書作者的陣容，增加不少叢書的國際光彩。韓國的國際退溪學會也在定期月刊《退溪學界消息》鄭重推薦叢書兩次，我們藉此機會表示謝意。

原則上，本叢書應該包括古今中外所有著名的哲學思想家，但是除了財源問題之外也有人才不足的實際困難。就西方哲學來說，一大半作者的專長與興趣都集中在現代哲學部門，反映著我們在近代哲學的專門人才不太充足。再就東方哲學而言，印度哲學部門很難找到適當的專家與作者；至於貫穿整個亞洲思想文化的佛教部門，在中、韓兩國的佛教思想家方面雖有十位左右的作者參加，日本佛教與印度佛教方面卻仍近乎空白。人才與作者最多的是在儒家思想家這個部門，包括中、韓、日三國的儒學發展在內，最能令人滿意。總之，我們尋找叢書作者所遭遇到的這些困難，對於我們有一學術研究的重要啟示（或不如說是警號）：我們在印度思想、日本佛教以及西方哲學方面至今仍無高度的研究成果，我們必須早日設法彌補這些方面的人才缺失，以便提高我們的學術水平。相比之下，鄰邦日本一百多年來已造就了東西方哲學幾乎每一部門的專家學者，足資借鏡，有待我們迎頭趕上。

以儒、道、佛三家為主的中國哲學，可以說是傳統中國思想與文化的本有根基，有待我們經過一番批判的繼承與創造的發展，重新提高它在世界哲學應有的地位。為了解決此一時代課題，我們實有必要重新比較中國哲學與（包括西方與日、韓、印等東方國家在內的）外國哲學的優劣長短，從中設法開闢一條合乎未來中國所需求的哲學理路。我們衷心盼望，本叢書將有助於讀者對此時代課題的深切關注與反思，且有助於中外哲學之間更進一步的交流與會通。

最後，我們應該強調，中國目前雖仍處於「一分為二」的政治局面，但是海峽兩岸的每一知識分子都應具有「文化中國」的共識共認，為了祖國傳統思想與文化的繼往開來承擔一分責任，這也是我們主編「世界哲學家叢書」的一大旨趣。

傅偉勳　韋政通

一九八六年五月四日

自序

我邁入印度哲學研究的殿堂，是在十六年前，當時我考入中國社會科學院研究生院，從師於黃心川教授，攻讀印度哲學與宗教專業。在此之前，我也像許多國人一樣，以為印度是佛國，是唐僧西天取經之聖地，印度哲學無非就是佛學。但是，當我踏進這個領域，才曉得佛學只是印度哲學的一個部分，印度教的各派哲學在印度之影響遠比佛學更長久、更深遠。愈是深入到這個領域，愈發感到它的博大精深、玄奧神祕，彷彿是一個茫茫無際，奇妙無窮的大海。

我第一次聽到奧羅賓多·高士的名字，也是在那個時候。讀研究生的第二年，畢業論文的準備工作提到日程上來，導師向我推薦了三個題目，即從泰戈爾、甘地或奧羅賓多這三位印度現代哲學家之中，任選其一。考慮了一段時間，我毅然地選擇了奧羅賓多。這種選擇，說句心裡話，並非出自興趣，而是出自一種青年人的爭勝好強心理。在我的眼裡，泰戈爾和甘地已是中國人家喻戶曉的人物，他們的作品和思想前人已介紹了許多，而奧羅賓多在國內却是鮮為人知的，當時除了我導師的一篇講稿之外，尚找不到一篇介紹奧氏的中文材料。我的想法很單純，要研究就應當研究新的，前人沒有搞過的。就是在這種心理支配下，我選擇了研究奧羅賓多的課題。

從1979年起，我著手對奧羅賓多的思想進行研究，我借來當時國內所有的奧氏著作，開始閱讀。起初，讀他的《神聖人生論》，真像讀天書一樣，一兩個月過去了，還是丈二和尚摸不著頭腦，弄不懂他洋洋數百萬言的巨著到底想説明什麼。此時，我真有些後悔，後悔自己為什麼「明知山有虎，偏向虎山行」。後來在導師的指導下，我改變了方法，先去閱讀國外一些介紹和評述奧羅賓多思想的著作和文章。大約過了幾個月，才對奧氏的思想輪廓有了初步的總體了解。在此基礎上，我再去讀原著，感覺確有不同，便漸漸地入了門，但依然是滿腦子的問號和許多解不開的概念和問題。

幸運的是，1980年我結識了剛從印度歸國的徐梵澄先生。徐先生四十年代赴印度講學，後留居印度，曾在奧羅賓多修道院度過了二十幾個春秋，對奧羅賓多的學説有精深的造詣。那時我幾乎每個月都帶著一大堆問題，到徐先生那裡登門請教，向他講述自己的讀書心得和對一些概念的理解，以求得他的指正和解釋。天長日久，我對奧氏學説的理解逐步深化，不僅弄懂了其神祕主義哲學的內容，而且還能透過這層神祕的面紗揭示其背後更深層的意義。

大約經過兩年的奮鬥，我於1981年終於完成了一篇兩萬五千字的論文，題為「論奧羅賓多的精神進化哲學」，並順利地通過了答辯。畢業後，我跨入中國社科院的大門，開始了專業學術研究的生涯。我將自己的畢業論文進一步修改和補充，分成兩篇，分別投給國內兩家頗為名氣的學術刊物。真沒想到，很快收到回音，編輯部對文章頗為讚賞，決定發表。一篇題為〈試論奧羅賓多的社會進化觀〉，刊於《哲學研究》1983年第3期；另一篇名為〈奧羅賓多的精神進化論哲學〉，載於《社會科學戰線》1983

年第2期。1984年，奧羅賓多的哲學代表作《神聖人生論》中文譯本（徐梵澄譯），由北京商務印書館出版。為了向徐先生表示祝賀，我又寫了一篇題為〈精神、進化、理想——讀《神聖人生論》〉的文章，發表於《讀書》(1985 年第 4 期)雜誌上。奧氏原著中文譯本的出版以及自己的幾篇評述其思想的文章的發表，終於把這位有世界影響的印度哲學家介紹到中國來，使國人對之有所了解。我感到欣慰的是，在開墾東方哲學園地的這片荒漠上，也灑下了自己的幾滴汗水。

在十幾年的科研工作中，我的主攻方向是印度近現代哲學。從「印度近代之父」羅姆・摩罕・羅易，一直到今天的 K. S. 摩帝等幾十位近現代哲學家，我基本上探索一遍。我用了近三年的時間主編了一部《印度近現代哲學資料選》，並且發表了二十幾篇有關印度近現代哲學和宗教的論文。例如，〈印度近現代哲學的發展與特徵〉、〈印度現代人生哲學〉、〈印度現代倫理思想〉、〈甘地的堅持真理說〉、〈拉達克里希南的哲學思想〉、〈薄伽萬・達斯的新吠檀多論〉、〈薄泰恰里耶的超驗吠檀多論〉等等。由於對印度近現代哲學的廣泛探討，使我從比較的觀點對奧羅賓多的思想及學術地位有了更深刻的理解。我曾幾度想把奧氏的哲學寫成一部專著，但由於種種原因，不得不暫時擱置下來。

1991年10月我在俄羅斯學術訪問之際，收到宮靜教授從國內發來的一封信，談到傅偉勳先生在黄心川教授的推薦下，邀請我為《世界哲學家叢書》寫一本有關奧羅賓多的書。見信後，我毫不遲疑地給傅先生回函，表示欣然接受，並立即著手準備工作。我在莫斯科和聖彼得堡的各大圖書館查閱到了國內一些沒有的材料，並拜訪了對奧羅賓多哲學有高深造詣的學者，如俄羅斯科學院東方學所的 A.D. 里特曼教授和莫斯科大學哲學系的 V.S. 柯斯丘契科教授等。1992年1月歸國後，我在長期積累資料的基礎上，開始對奧氏思想重新研究和寫作。又經過兩年多的辛勤耕耘，今天終成此書。

就我個人的體會而言，奧羅賓多的學說在現代印度哲學家中是最難解、最晦澀的一個。原因在於，其哲學充滿濃重的神祕主義色彩，如何在搞懂神祕主義和直覺主義內容的同時，又能揭示其背後所隱含的現實意義，不下一番苦功是很難辦到的。另外，他的哲學薈萃各派之長，融貫東西方思想，是印度文化和西方文化的圓融與綜合。因此，要理解它，光靠印度哲學的知識是不夠的，還要用西方哲學和自然科學的觀點加以考察，才能領悟它是如何調和宗教與科學，直覺與理性，唯心論與唯物論的。平心地講，至今我仍然感到其學說中的許多奧妙，尚未搞透徹。

通過多年來對奧氏哲學的研究，我悟出了一個道理：科學的生命力在於開拓，在於創新，只要有一種堅韌不拔的精神，本著科學的態度，敢於向一座座新的高峰攀登，長期不懈的辛勤勞動總會給人帶來成功。

最後，我要向在寫作此書過程中曾給予我指導和幫助的黃心川、徐梵澄兩位先生表示衷心的謝意，也要感謝本叢書的主編傅偉勳、韋政通先生以及東大圖書公司諸先生為此書的出版提供了機會。在此，我預祝《世界哲學家叢書》的宏偉計畫獲得圓滿成功。

朱 明 忠

1994年10月於北京芙蓉里

奧羅賓多‧高士

目　次

前言

奧羅賓多・高士 (Aurobindo Ghose) 是印度現代著名的哲學家、思想家、民族獨立運動的領袖和傑出的詩人。

在印度，奧羅賓多被人尊稱爲「室利・奧羅賓多」(Sri Aurobindo)。「室利」，在梵語中有「崇高」、「智慧」、「吉祥」之意，通常放在神或聖者的名稱之前，以表崇敬。「室利・奧羅賓多」，在漢語中可譯爲「奧羅賓多大師」。奧羅賓多由於對印度哲學的貢獻，又被譽爲「聖哲」，他的名字常常與印度現代兩位最偉大的人物——「聖雄」甘地和「聖詩」泰戈爾相提並論，合稱爲「三聖」。

奧羅賓多在印度現代哲學史上占有極爲重要的地位。他的思想不僅在印度廣爲人知，而且遠傳到世界各地 。現今，美國哥倫比亞大學、斯坦福大學和錫丘茲大學，英國的牛津大學，法國的巴黎大學，德國的格廷根大學，以及意大利、荷蘭、瑞士的一些大學皆開設了奧羅賓多哲學的課程，並舉辦了奧羅賓多「整體吠檀多論」的研究生講習班。除北美西歐外，非洲的贊比亞，拉丁美洲的墨西哥也相繼建立了奧羅賓多學說研究會。1953年在比利時的布魯塞爾，1964年在巴西的聖保羅市召開的兩屆世界哲學大會上，都有學者發言評述奧羅賓多的哲學思想。奧羅賓多的著作已翻譯成十幾種文字，在世界廣爲流傳。1984年奧羅賓多的哲學代表作《神聖人生論》譯成中文，由北京商務印書館出版。

奧羅賓多的思想之所以廣爲傳播，其中一個重要的原因，就是他具有曲折的社會經歷和多方面的學術成就。本世紀初，他曾作爲國大黨激進派的領袖活躍在印度政治舞台上，用尼赫魯的話說：「他像一顆燦爛的隕星閃爍而過，曾給印度青年以巨大的影響。❶」從少年時代起，他就熱愛文學，喜歡詩歌創作，一生中發表了不少膾炙人口的詩集和詩歌評論，表現出一個出類拔萃的詩人天賦。隱居之後，潛心研究印度與西方思想，創立了以綜合東西方文化爲特徵的「精神進化」學說和以「人類統一」爲目標的社會進化理論。到了晚年，專心探索瑜伽理論，從事精神修煉，建立了「整體瑜伽」學說，並成爲一位有名的瑜伽精神大師。正如傳記作家M. P. 潘廸特所言：

> 奧羅賓多不僅是一位在政治、思想和精神領域中開創新天地的革命者，不僅是一位神聖人生哲學的創立者和實現這種理想道路的奠基者，不僅是一位為生命、愛和光明等各種啓示的結合，並且為這種結合富有靈感的表達開闢新途徑的詩人，而且也是一個無以倫比的，用廣泛和普遍的觀點把人類在歷史上所採用的各種不同的，相互衝突的方法協調起來的調和者。在他的觀點中，每一種方法都能找到證明自己合法存在的真理，所有的方法都能為人類的共同命運服務……❷

---

❶ K. 辛格：《印度民族主義的先知》，頁7，倫敦，1963年。

❷ M. P. 潘廸特：《奧羅賓多大師——現代印度的創立者》，頁337，新德里，1983年。

這段評論雖然有些過譽偏頗之詞，但也足以表明奧羅賓多所具有的多方面的才幹和學術成就。

奧羅賓多在印度人民的心目中，享有崇高的聲譽。1972年8月15日，奧羅賓多誕辰一百周年之際，印度政府和民間組織了各種學術和紀念活動，緬懷這位偉大的哲學家。在新德里舉辦了研討奧羅賓多思想的全國學術會議和國際學術會議，與會的印度和外國學者高度評價了奧羅賓多對印度民族的復興和世界的進步所做出的貢獻。爲了表彰他的歷史功績，瓦拉納西的印度教大學還設立了具有很高榮譽的「室利・奧羅賓多教授職位」。

在本書的開篇，想引用印度偉大詩人羅賓德拉納特・泰戈爾1907年送給奧羅賓多的一首詩，以說明印度人民對奧羅賓多的崇敬和愛戴：

啊，奧羅賓多，羅賓德拉納特向你致敬！
啊，朋友，我們祖國的朋友，
你那自由的聲音是印度靈魂的化身！
悅耳的名聲沒有落到你的頭上，
金錢和無憂的安逸也不屬於你；
你追求的不是卑賤的恩賜和施捨，
你也從不高舉那乞求者的鉢。
……
你是火焰般的使者，
帶來了神的光明，
那個能用鎖鏈和權杖懲罰你的國王在哪兒呢？
……

啊，奧羅賓多，羅賓德拉納特向你致敬！❸

---

❸ 引自 M. P. 潘廸特：《奧羅賓多——現代印度的創立者》，頁111。

第一章　民族覺醒的時代風雲

哲學是時代精神的結晶。作爲一種意識形態，哲學雖然遠離社會的經濟基礎，但它卻往往通過許多折光間接地反映出一個時代政治、經濟和文化的發展特點。奧羅賓多的哲學思想是十九世紀末二十世紀初印度這個特定歷史環境的產物，它不可避免地會打上這個時代的烙印，折射出這個時代的特徵。

十九世紀末二十世紀初期，正是印度社會大動蕩、大變革的歷史時期，也是處於殖民主義統治下印度民族走上覺醒的偉大時代。這個時代的特點是：印度民族與英國殖民主義的矛盾日趨尖銳，反對異國統治的民族主義運動迅速興起，逐步發展成爭取「印度自治」的全國性群众運動。與此同時，伴隨民族運動的興起，印度思想界的鬥爭也日益激化。舊的封建意識和宗教神學體系開始瓦解，但尙未達到崩潰的地步；西方先進的思想和自然科學紛紛傳入，並爲進步的思想家所接受。新舊思想相互糾纏、相互鬥爭在一起，死的要拖住活的，新的要突破舊的，表現出一種新舊雜陳、方生未死的時代特色。

一、印度民族獨立運動的興起

從1757年普拉西戰役起，英國殖民主義者乘印度莫臥兒王朝衰落之機，以沿海城市爲據點，對印度大肆進行鯨吞或蠶食的軍事侵略，至1849年侵占旁遮普爲止， 在一百來年的時間內， 英國逐步將這個幅員遼闊，人口眾多的東方古國完全淪爲殖民地。1858年 8 月 2 日，英國議會通過「關於改善治理印度的法案」，公開宣布撤銷東印度公司，印度的國家政權轉入英王手中，維多利亞女皇也是印度的女皇。

英國的殖民統治和經濟掠奪給印度人民帶來深重的災難。據統計，從十九世紀六十年代起，印度每年上交宗主國的貢賦總額已超過一億英鎊❶。1885～1891年間，僅英國在印度投資的紅利和從印度國庫匯往宗主國庫存的兩項款項，每年達三千英鎊❷。印度人民的生活極度貧困化，十九世紀七十年代末，印度居民每人每年的收入不過40先令❸。在歉收的年景，廣大農村遭受嚴重饑荒，死亡人口駭人聽聞。1850～1875年印度發生饑荒六次，餓死500萬人；1875～1900年饑荒十八次，死亡人口達2、600萬❹。城市居民也不例外，印度總督在給倫敦的報告中曾經承認：「(印度）紡織工的白骨使印度平原變成了白色。❺」

民族壓迫激起了印度人民的反抗，各地的反英起義和暴動接連不斷。1831～1832年，比哈爾省爆發了科勒族的起義。1831～1847年，孟加拉省種植藍靛的農民多次暴動，反抗英國藍靛貿易者

❶ 安東諾娃主編：《印度近代史》，頁 549，北京三聯書店，1978年。

❷ W. W. 亨特爾：《 印度帝國的人民、歷史和產品 》，頁 662，倫敦，1893年。

❸ 達達拜・瑙羅治：《印度的貧窮和非不列顚的統治》，頁2，倫敦，1901年。

❹ B. M. 納帕瓦蒂和 J. J. 安賈利亞：《印度的農村問題》，頁19，孟買，1947年。

❺ 瓦廸亞和茂欽特合著：《我們的經濟問題》，頁 379，孟買，1954年。

的剝削。1846年，孟加拉省伊斯蘭清淨教派八萬教徒舉行起義。1848年，旁遮普省的錫克教徒發動了武裝起義。1836～1855年，南印度馬拉巴縣的摩普拉族農民曾舉行22次暴動，反對異國壓迫者。直至1857～1859年，爆發了印度全民族的大起義。各地的起義雖然都被鎮壓下去，但也沉重地打擊了英國統治者，震撼了殖民制度。總的說來，這些起義是分散的，地區性的，缺乏明確的綱領和強有力的領導核心。此時，印度人民的反英鬥爭還處於初期的自發的狀態，尚沒有發展成爲有明確綱領和目標的民族主義運動。

英國入侵之前，印度已出現了資本主義的萌芽，但是英國的殖民統治破壞了印度經濟的獨立發展過程，扼殺了印度固有的資本主義萌芽。直到十九世紀中期英國開始向印度輸出資本之後，印度的民族資本主義才逐漸發展起來。印度的民族工業首先在孟買、馬德拉斯和加爾各答等沿海地區興起。1851年孟買出現了第一家印度資本的紡織工廠，到1895年印度資本在孟買已擁有70個紡織廠。1900年全印度共有紡織廠193家，擁有495萬支紗錠，4萬臺紡織機，雇佣16.1萬工人，這些企業大多數屬於印度資本。十九世紀末二十世紀初，印度資本還擁有銀行信貸機構、鋼鐵廠、水電廠、水泥廠，以及印刷、造紙、榨油等小型企業。

隨著民族經濟的發展，印度的民族主義運動也逐步興起。從十九世紀五十年代起，爲了爭取政治上的合法地位和民族工業的發展，印度各地建立了許多民族主義的政治組織。1851年，加爾各答成立了「英屬印度協會」(簡稱「英印協會」)。1852年，孟買建立了「孟買協會」，馬德拉斯成立了「馬德拉斯本地人協會」。1870年，馬哈拉施特拉地區創立了「浦那全民大會」。1876 年，孟加拉地區又建立了「印度協會」。這些組織要求改革殖民地的稅收制度、成立有印度人廣泛參加的參政院，主張抵制英貨、提倡國貨運動等。但是，它們仍然是地區性組織，缺乏領導全國統一行動的能力。1885年印度國大黨的建立，標誌著印度民族主義運動進入一個新的階段。國大黨作爲全國性的政治組織，其重要意義在於，它開始使民族運動由分散走上統一，由地區性運動發展成全國性運動。印度社會活動家吉・蘇・阿葉爾在評論國大黨的建立時說：

> 從今以後，我們能用比以往任何時候都更確切的口吻談論統一的印度民族，表達民族的意見，反映民族的期望。❻

然而，國大黨成立之初，並沒有成爲印度民族運動強有力的領導核心。它的領導權掌握在一批民族主義改良派人物手中，如孟買的達達拜・納奧羅吉(Dadabhai Naoroji, 1825-1917)，孟加拉的蘇倫德拉那特・班納吉 (Surendranath Banerji, 1848-1926)，浦那的高帕爾・克里希那・郭蓋雷 (Gopal Krishna Gokhale, 1866-1915)和摩訶提婆・戈文德・羅納德 (Mahadev Govind Ranade, 1842-1901)。他們一方面揭露殖民主義者對印度的政治壓迫和經濟掠奪，指出「財富外流」是印度貧困的根源，提出一系列社會和經濟改良要求：改變政府高級職位由英人的壟斷，增加印度人在政府任職的名額；主張降低稅收，減少殖民貢賦和行政、軍事開支；發展民族工業，實行保護關稅等

❻ 引自布・馬丁：《1885年的新印度》，頁 298，美國加里福尼亞，1969年。

等。而另一方面，他們又對英國抱有幻想，試圖在英國的保護下爭取民族的平等權、參政權和經濟發展權。他們的活動脫離民眾，僅限於在報刊上宣傳，向英國議會提交請願書，以及召開國大黨例行年會議論而已。

十九世紀九十年代，國大黨內部出現了一股新興的力量。一批激進的民主主義者加入到黨內，使其面貌發生巨大的變化。這批民主主義者的代表人物有馬哈拉施特拉地區的巴爾·甘伽達爾·提拉克（Bal Gangadhar Tilak, 1856-1920），孟加拉的貝平·錢德拉·帕爾（Bepin Chandra Pal, 1858-1932）和奧羅賓多·高士，旁遮普的拉拉·拉吉帕特·拉伊（Lala Lajpat Rai, 1865-1928）等。他們對殖民主義者不抱幻想，認爲「英國人的愛國主義就是掠奪別國而養肥自己」；要求完全擺脫殖民統治，恢復印度獨立，提出「建立共和國」；主張以鬥爭的精神教育群眾，喚醒民族自信心，組織廣大民眾參加反英鬥爭。在這批人中間，提拉克是最傑出的代表。1895年4月，他在自己主辦的《獅報》上發表文章，首次提出「司瓦拉吉」，即「印度自治」的口號。他說:

> 只有一種藥能治印度人民的病，這個藥就是政權，它應當掌握在我們自己手中。❼

爲了提高印度人民的鬥爭意識和民族自尊心，提拉克還利用宗教的形式，教育和發動民眾。1893年他在馬哈拉施特拉地區發起

---

❼ 林承節:《印度民族獨立運動的興起》，頁245，北京大學出版社，1984年。

由廣大印度教徒參加的祭典象頭神迦涅沙（Ganesa）的盛會，規定一年一次，每次十天。1895年又組織了修建馬拉提民族英雄希瓦吉陵墓的慶祝活動，並開始每年一度的紀念希瓦吉的群眾活動。

十九世紀末，國大黨內部開始分化爲兩派：以納奧羅吉和郭蓋雷爲首的「溫和派」，主張通過議會的合法鬥爭實現民族的要求和社會改良；以提拉克爲代表的「激進派」，主張通過群眾性的政治鬥爭來實現印度的完全自治。1893年奧羅賓多從英國回到印度後，立即投身於民族獨立運動之中，並成爲國大黨「激進派」的代表人物。1906年在加爾各答舉行的國大黨年會上，奧羅賓多與提拉克合作，說服了溫和派領導人，使大會通過了爭取「印度自治」的正式決議。提拉克宣傳十年之久的「司瓦拉吉」的要求，終於成爲國大黨全黨共同奮鬥的政治綱領。

二十世紀初，印度民族主義運動出現高潮，尤其以孟加拉和馬哈拉施特拉等地的反英鬥爭最爲突出。1905年印度總督寇松爲了瓦解孟加拉的反英運動，採取一項措施，頒布了「孟加拉分治法」。分治前孟加拉省包括孟加拉州，比哈爾州和奧里薩州，全省人口達7,800萬，其中孟加拉人約4,100萬，集中於孟加拉州。分治法宣布把孟加拉省劃小，將孟加拉州東部和鄰區的阿薩姆劃爲一個新省，命名爲「東孟加拉與阿薩姆省」，人口3,100萬，約有三分之二信奉伊斯蘭教。分治後，剩餘部分仍稱孟加拉省，但是孟加拉人僅有1,700萬，占全省三分之一弱。這種行政劃分的目的，是使大部分孟加拉人與其政治中心加爾各答脫離，並通過在印度教徒與穆斯林之間煽動宗教仇恨的辦法來削弱孟加拉的民族運動。

「分治法」的頒布，激起了孟加拉各階層人民的強烈反對，並成爲1905～1908年全印民族運動爆發的導火線。1905年10月16日，「分治法」生效之日，被孟加拉人宣布爲「民族誌哀日」。加爾各答市舉行了印度民族運動史上第一次有組織的，聲勢浩大的群眾遊行。人們高呼「祖國萬歲」，唱著愛國歌曲，向恒河岸邊進發，手腕上還繫著紅布條表示東西孟加拉人的團結。這一天商店關門，學校停課，工商業與交通運輸業完全癱瘓。孟加拉的反分治鬥爭，得到印度各地的支持，迅速發展成全國性的運動。運動開始時，反英鬥爭還帶有和平性質，主要是群眾集會，抗議遊行，組織糾察隊，抵制英貨，提倡國貨等。隨著運動的發展，工人罷工和農民運動開始高漲。1906年東印度鐵路孟加拉段工人舉行大罷工。隨後加爾各答印刷廠工人和搬運工人相繼罷工。1907年旁遮普農民多次集會示威，要求不納土地稅；比哈爾種植藍靛的農民暴動，殺死英國種植場主。這一年孟加拉和旁遮普工農運動蓬勃發展，互相呼應，十分激烈，震驚了英國殖民當局。印度總督在給倫敦的報告中驚呼：「整個孟加拉就像一座火藥庫。」❽1908年6月，殖民當局悍然逮捕激進派領袖提拉克，判處六年徒刑，此事進一步激起反英鬥爭的新高潮。7月23～29日孟買十萬工人舉行總罷工，要求釋放提拉克。

1905～1908年的民族運動雖被鎮壓下去，但它標誌著印度民族的眞正覺醒。這場運動的歷史意義在於：印度人民開始把「完全自治」作爲奮鬥的目標；全國億萬民眾被動員起來，投入爭取民族自由和生存權利的鬥爭；原來改良主義的議會鬥爭方式，

---

❽ 引自《印度時報》，1907年11月21日。

被大規模群眾政治鬥爭的方式所取代。在這場運動的宣傳和組織中，國大黨激進派領導人起了十分重要的作用。奥羅賓多作爲激進派的領導人，他不僅投身於運動之中，而且出色地組織了孟加拉的反英鬥爭，因此成爲孟加拉地區公認的領袖。

二十世紀初印度人民的覺醒，爲以後民族獨立運動的開展奠定了基礎。1908年以後印度人民在國大黨和甘地等一批政治家的領導下，經過長期艱苦的鬥爭，終於在1947年 8 月15日迫使英國退出印度，獲得民族的解放，從此走上了獨立自主的強國之路。

二、啓蒙思想運動與新吠檀多思潮

伴隨著英國的入侵和資本主義生產關係的傳入，西方近代的哲學、社會政治思想和自然科學也紛紛傳播到印度。印度的封建意識形態和傳統宗教文化受到極大的衝擊，新舊思想的矛盾和衝突日益激化。在這種背景下，從十九世紀二十年代起，印度興起了一場以宗教改革爲先導的啓蒙思想運動。

十九世紀初，中世紀印度教神學宗教體系依然是印度占統治地位的意識形態。印度教徒的人口占全國的四分之三，印度教的教義、教規和道德習俗滲透於社會生活的各個領域。這種封閉、保守、僵化的宗教體系禁錮著人民的思想。印度教盛行偶像崇拜，崇信各種人格化的神祇，如毗濕奴、濕婆、羅摩、黑天等大神以及迦利、杜爾迦等女神。爲了表達對神靈的至愛與虔信，教徒們必須進行種種煩瑣而勞民傷財的祭儀。印度教教義中所宣揚的「世界幻相說」(亦稱「摩耶論」)、業報輪迴、靈魂解脫觀念，也像一把精神枷鎖牢固地束縛著民眾的頭腦，使他們沉淪於悲觀厭世、逃遁現實的心態之中。種姓分立制是印度教徒必須嚴格遵守的社會等級制度。它把教徒分爲三六九等，高級與低級種姓相互對立，使整個社會成爲一片散沙。幾千年來所形成的各種陳規陋習，如多妻、童婚、寡婦殉夫（又稱「薩蒂制」）等風俗像一座大山壓在廣大婦女身上，使她們處於最悲慘、最受歧視的境地。據統計，1818年丈夫死後妻子被迫隨丈夫一起火化自焚者，在孟買管區達839人，在加爾各答管區也有544人❾。印度教這種愚昧和落後的狀態，嚴重地阻礙著社會的進步。用「印度近代之父」羅姆・摩罕・羅易的話說：

> 我很遺憾，印度教徒所堅持的宗教制度是不利於促進他們的政治利益的。把人分割為無數集團的這種種姓差別完全剝奪了他們的愛國感情，數不清的宗教儀式和清規戒律又使他們失去了進行任何艱巨任務的可能性。❿

十九世紀以前，英國殖民者的注意力主要集中於對印度的武裝入侵和經濟掠奪上，對印度思想領域和社會生活領域的影響還比較小。英國人最初對印度教採取既利用，又打擊的態度。他們樂於看到印度教陳腐的宗教體系禁錮著人們的頭腦，保持愚昧和分裂的狀態，而使印度人無力進行反抗。但另一方面，西方文明的優越感又使他們從內心中極端蔑視印度教，從而禁不住地經常

❾ 林承節：《印度民族獨立運動的興起》，頁56，北京大學出版社，1984年。

❿ 《羅姆・摩罕・羅易英文著作集》，頁95-96，印度阿拉哈巴德，1906年。

對印度教加以攻擊和指責。進入十九世紀，英國人改變了原來的態度，在進行武力征服的同時，也開始加緊對印度的精神和文化侵略。1813年英國議會批准了印度基督教工作法案，隨後派出大批傳教士到印度。有名的傳教士阿歷克山大・杜弗和約翰・威爾遜都先後來印度傳教。傳教士們通過建學校、辦報刊、開設醫院、創立慈善事業等手段吸引印度群眾。在傳教士的招徠下，大批低級種姓的印度教徒改信基督教。1850年印度特里維尼地區的改宗者已達四萬人，大城市中也有不少崇拜西方文明的知識分子改宗。印度教徒一天天預感到，在面臨亡國危急的同時，也面臨亡種、亡教的威脅。

對宗教危機感覺最敏銳的是一批受西方文化影響的，具有愛國思想的印度知識分子。十九世紀初，在沿海城市，如加爾各答、孟買和馬德拉斯等，首先出現一批掌握了英文的知識分子。他們通過英文報刊和書籍了解到西方文化，打破了孤陋寡聞的閉塞狀態，呼吸到西方先進思想的新鮮空氣。他們對培根、洛克、休謨、邊沁、孟德斯鳩等西方哲學家和政治思想家所宣揚的理性主義、自由主義、平等博愛的人道主義以及西方民主議會制度發生了極大的興趣。其中一些愛國的知識分子開始用自由、平等和民主的觀點觀察印度，逐漸對印度社會和宗教現狀，以及英國的殖民政策產生強烈的不滿。要求學習西方，變革宗教與社會，振興印度民族的呼聲越來越高漲。在這種形勢下，以羅姆・摩罕・羅易 (Ram Mohan Roy, 1772-1833) 爲代表的一批思想先驅者，發起了以宗教改革爲形式的啓蒙思想運動。

啓蒙思想運動始於十九世紀二十年代，它是與印度教改革運動同時進行的。1828年羅姆・摩罕・羅易在加爾各答創立了近代第一個印度教改革社團 —— 梵社。梵社在各地設有幾十個分會，發展到數千人，成爲具有全國影響的宗教改革團體。六十年代，在梵社影響下，馬德拉斯成立了「吠陀社」，孟買建立了「祈禱者協會」(1867年建立)。1875年達耶難陀・薩拉斯瓦蒂(Dayananda Sarasvati, 1824-1883) 在孟買創立了聖社 (亦稱「雅利安社」)。翌年，聖社的活動中心從孟買轉移到拉合爾，到1891年該社成員達四萬人，成爲旁遮普和北印度最有影響的印度教改革社團。八十年代，在孟加拉又出現了以邦基姆・錢德拉・恰特吉(Bankim Chandra Chatterjje, 1838-1894) 爲代表的新毗濕奴教運動，以及羅摩克里希那 (Ramakrishna, 1836-1886) 在改革印度教的基礎上所倡導的「人類宗教」思想。到九十年代，即1897年斯瓦米・維韋卡南達 (Swami Vevikananda, 1863-1902) 在加爾各答又創立了以其導師名字命名的「羅摩克里希那教會」。十九世紀印度教改革運動風起雲湧，席卷了整個印度大地。這場運動，實質上也是一場啓蒙思想運動。當時印度教神學宗教體系是束縛人民思想，阻礙社會進步的主要障礙。要啓蒙人民思想，振奮民族精神，必須首先從批判宗教，變革宗教入手。

從思想史的角度上看，印度教改革運動的內容，可以歸納爲四個方面:

一)批判中世紀神學體系，樹立宗教新風

宗教改革家們看到了中世紀印度教所盛行的多神論和煩瑣祭儀給社會帶來的危害，因此提出建立一種無人格的理性之神。梵社和聖社改革的主要內容，就是用抽象的一神論代替偶像化的多神論。梵社會員只崇拜唯一眞神 —— 梵，他們把古代奧義書中所

宣揚的永恒無限的精神實體——梵，奉爲至高無上之神。聖社也把神視爲無形、無限、無所不在的宇宙創造者，並且認爲神是「眞正的知識」，萬物的「基本原因」。由於神是無形的抽象實體，因此人們無需舉行煩瑣的祭祀和無休止的頂禮膜拜，只需在內心中祈禱、冥思和崇信。於是，宗教儀式簡化了，宗教信仰由外在的形式轉化爲內心的崇拜。改革家還批判印度教教義中「世界幻相」和遁世苦修的思想，他們主張現實世界是眞實的，對神的崇拜只有靠自己的善行和爲社會服務的獻身精神才能表達出來。他們反對印度教徒一生必須經歷「林棲期」和「遁世期」⓫，認爲這種禁欲苦修是與眞正崇拜神靈不相容的。改革家強調行爲的重要性，反映出他們正視現實世界，變革現實社會的要求。

(二)打破陳規陋習，輸入自由平等觀念

童婚和寡婦殉夫是印度教陳腐習俗中最愚昧，最野蠻的表現。改革家們首先從這裡打破改革印度教的缺口。羅姆・摩罕・羅易早在梵社成立之前就帶頭宣傳反對童婚和寡婦殉夫制，要求殖民當局宣布「薩蒂制」爲非法，在梵社建立後又開辦女子學校，提倡婦女參加社會活動。聖社、祈禱者協會也同樣允許男女社員一起參加宗教活動，並專門建立女校，鼓勵女子接受教育。種姓

⓫ 印度教把教徒的一生規定爲四個階段，又稱「四行期」:
1. **梵行期**，即兒童到一定年齡時，辭別父母，從宗教導師學習吠陀經典和宗教知識;
2. **家居期**，指成年後回家結婚，生兒育女，履行世俗義務;
3. **林棲期**，指老年時棄家隱居山林，修苦行，爲靈魂解脫做準備;
4. **遁世期**，指晚年捨棄親人和財產，雲遊四方，乞食爲生，以期早日獲得解脫。

制度是印度教機體中的一顆毒瘤，是社會進步的重要障礙。正統印度教把低級種姓和賤民排斥在宗教活動之外，不許他們學習經典，參拜神廟，參加祭祀儀式。在批判種姓制方面，聖社表現尤爲突出。達耶難陀認爲以出身劃分種姓不符合吠陀思想，譴責印度教對低級種姓和不可接觸者的歧視和虐待，宣布所有的人都有學習吠陀經典的權利，允許低種姓者入社。以凱沙布・錢德拉・森 (Kesab Chandra Sen, 1838-1884) 爲首的印度梵社也批判種姓歧視，主張婆羅門不佩戴聖帶⑫，以促進不同種姓的相互交往，並且吸收低種姓者參加梵社工作。在對待婦女和種姓的問題上，改革家們實際上是從西方人道主義的立場出發，力圖將天賦人權、自由平等博愛的觀念輸入到印度教之中，改造舊的傳統和習俗。

(三)托古改制，復興古代思想

改革家們要變革印度教，首先面臨兩方面的問題：一方面，他們深切感到中世紀印度教的陳腐落後，急待革新；另一方面，他們又面對基督教的攻擊和挑戰，必須維護和捍衞印度教的基本教義。在這種情況下，他們不得不從印度教古代文化遺產中尋找自己需要的東西，作爲既能革新印度教，又能抵禦基督教攻擊的思想武器。因此，大多數改革家們都把最古老的經典吠陀和奧義書視爲至寶，掀起了一個復古的思潮。羅姆・摩罕・羅易把吠陀

⑫ 聖帶是印度教徒的重要標誌之一，代表他所具有的種姓等級和社會身分。只有婆羅門、刹帝利、吠舍三個高級種姓者才能佩戴，低級種姓首陀羅和不可接觸者（卽賤民）沒有資格戴。高種姓的兒童到了一定的年齡，要擧行佩戴聖帶的「入法禮」，此後要一直貼身掛在肩上，不得摘下來。不同種姓的聖帶的質料也有區別。

和奧義書奉爲梵社的經典，親自把多種奧義書從梵文翻譯成英文和孟加拉文，加上注釋，進行宣傳和推廣。繼之，達耶難陀提出了「回到吠陀去」的口號，宣稱吠陀是「眞正知識的經典」，它不僅是以往各時代的知識寶庫，而且是近代科學的「種子」，「它的無數原理與科學事實的發展是完全吻合的。⑬」印度教改革家的這種復古思潮，實際上是一種「托古改制」。他們並不是原封不動地照搬古代思想，而是通過重新詮釋和發揮，達到改革印度教的目的。

(四)推廣新式教育，傳播自然科學和人文科學

改革家們意識到要振興印度，就必須吸收西方先進的科學和文化，因此他們主張廢止中世紀經院式的舊教育，採取近代西方的教育體制，把學習西方自然科學，人文科學與學習印度傳統文化結合起來。1817年羅姆・摩罕・羅易在加爾各答創建了印度人自己辦的第一所新式大學——印度學院，學校既用英語又用印度語言進行教學，課程包括自然科學和社會科學。在印度學院的影響下，1828年在孟買建立了同樣類型的埃爾芬斯頓學院。這一東一西的兩所大學，標誌著印度新型教育的興起。聖社於1886年在拉合爾建立了「達耶難陀——盎格羅吠陀學院」，於1892年在哈德瓦爾又建立了朱爾庫拉大學。同時，聖社亦開設了許多高級中學、中等學校、小學、女子學校和夜校。祈禱者協會還創辦了星期日學校、自由閱覽室和圖書館以及許多夜校，向下層群眾開放。這些新式學校的建立，對於傳播和普及科學文化知識，教育

---

⑬ 黃心川：《印度近現代哲學》，頁40，北京商務印書館，1989年。

和培養具有先進思想的青年一代起了十分重要的作用。

這個以宗教改革形式出現的啓蒙思想運動，從十九世紀二〇年代一直延續到十九世紀末。它對改變印度教陳腐、沒落、愚昧的狀態，促進印度教跟上時代發展，傳播自然科學和自由平等的人道主義思想，振興民族精神，提高人民的愛國主義和民族自信心，都具有不可磨滅的歷史功績。

奧羅賓多本人曾受到啓蒙思想運動的重要影響。他十分崇敬羅姆・摩罕・羅易、維韋卡南達這些思想先驅者，他的外祖父就是這批思想家的重要一員。奧羅賓多復興吠陀和奧義書思想，吸收西方哲學和自然科學的內容，創立新的吠檀多理論，也可以說是對啓蒙思想的一種繼承和發展。

十九世紀末，在啓蒙思想運動的基礎上，印度又興起了一種新的哲學思潮 —— 新吠檀多主義。這個思潮的首倡者是印度近代著名哲學家和宗教改革家斯瓦米・維韋卡南達。他生於加爾各答，在大學讀書時曾傾心閱讀康德、黑格爾、笛卡兒、斯賓塞等西方哲學家的著作。後拜羅摩克里希那爲宗教導師，將一生奉獻給宗教改革和哲學研究事業。1893年他出席了在美國芝加哥召開的世界宗教大會，會後遊歷了歐美各國，作了數十次有關印度宗教和吠檀多哲學的講演。1896年他在紐約首創了「吠檀多研究會」(Vedanta Society)，開始向歐美傳播印度吠檀多思想。歸國後，於 1899 年又在喜瑪拉雅山麓建立了「吠檀多不二論書院」，旨在研究和改革古代吠檀多哲學。他一生著有許多吠檀多研究的著作，如《吠檀多哲學》、《數論與吠檀多》、《佛教與吠檀多》、《吠陀宗教的理想》等等。

吠檀多論是印度教六派正統哲學[14]中最重要的一派。從中世紀起，吠檀多哲學一直是印度社會占主導地位的思想體系。維韋卡南達批判中世紀的吠檀多哲學，利用西方近代哲學和自然科學的觀點重新解釋古代奧義書思想，創立新吠檀多體系──「行動吠檀論」。從他之後，印度哲學界興起了一股新吠檀多主義的思潮。在這個思潮中，重要的代表人物和學說有：奧羅賓多的「整體吠檀多論」，克里希那昌德拉・薄泰恰里耶(Krishnachandra Bhattacharya, 1875-1949）的「超驗吠檀多論」，薄伽萬・達斯 (Bhagavan Das, 1868-1958) 的以心理學為基礎的新吠檀多論，拉達克里希南 (S. Radhakrishnan, 1888-1975) 的「完整經驗吠檀多論」等等。新吠檀多思潮的基本特點是，在繼承傳統吠檀多基本原理的同時，大量攝取西方近現代思想，將印度傳統與西方思想，宗教與科學融合在一起，構成新的體系。奧羅賓多的「整體吠檀多論」，是新吠檀多主義哲學最重要的代表。它既有新吠檀多哲學的一般特徵，又有別具一格、與眾不同的獨特之處。

概而言之，十九世紀末二十世紀初是印度歷史大變革、大動蕩的時代。在這個時代中，民族日益覺醒，爭取獨立的浪潮逐步高漲；思想鬥爭日趨尖銳，改革和進步的思潮不斷湧現。奧羅賓多的哲學和社會思想體系正是產生在這個歷史階段，它既反映出這個時代覺醒、革新和進步的新聲，也表現出這個時代矛盾、衝突和鬥爭的歷史特色。

---

[14] 古代印度教（包括婆羅門教）把承認吠陀權威的哲學派別，稱為正統派，共六個派別：**數論、勝論、正理論、瑜伽論、彌曼差論和吠檀多論**；把否認吠陀權威的異教哲學，稱為非正統派，包括佛教、耆那教和順世論的哲學。

第二章　波瀾起伏的政治與學術生涯

奧羅賓多·高士，印度西孟加拉邦人。1872年8月15日，生於加爾各答城北約11英里的科納達爾鎮（Konnagar）。小鎮位於胡格里河西岸，這個地區物產豐富、人口稠密、文化發達、人才層出不絕。近代印度著名的宗教改革家羅摩克里希那就出生在此地。

一、家　　世

高士家族是當地的名門望族，屬婆羅門種姓，祖籍旁遮普。據說，這個家族原初來自旁遮普的武士階層，以勇敢和尚武精神而馳名。

奧羅賓多的祖父，是學識淵博的學者、當地名人。外祖父拉闍·納拉揚·鮑斯（Raj Narayan Bose, ?-1899），是一位著名的啓蒙思想家和民族主義的先驅者。他受過西方教育，具有強烈的愛國意識，曾參加過詩人泰戈爾的父親戴賓德拉納特·泰戈爾（Debendranath Tagore, 1817-1905）所領導的「梵社」。爲了捍衞印度的民族文化，他多次與基督教傳教士進行辯論。這些傳教士不但攻擊傳統的印度教，而且竭力詆毀梵社改革運動，說印度教是朽木不可雕也。針對這種攻擊，鮑斯在講演中多次論證：

> 印度的宗教和文化比歐洲基督教的神學和文化更優越。❶

1866年他倡議建立一個「促進孟加拉知識界民族感情協會」，曾得到泰戈爾家族的支持。1867年他們又共同發起每年在孟加拉舉行一次「印度教會議」，以討論宗教改革和振興的問題。作爲學者，鮑斯創立了一個綜合吠檀多、伊斯蘭教和西方近代思想的學說。奧羅賓多自幼崇敬自己的外祖父，在思想上也受到外祖父較大的影響。1899 年這位老人離世時，奧羅賓多寫了一首十四行詩，以表悼念之情。

父親克里希那・丹・高士 (Krishna Dhan Ghose, 1840-1893) 是當地有名的外科醫生。中學畢業後，考入醫學院，大學四年級時與拉闍・納拉揚・鮑斯的女兒結婚。1869年他赴英國亞伯丁大學深造，獲醫學博士學位。歸國後，曾在孟加拉政府任職，不久便以行醫爲職業。他醫術高明，爲人慷慨正直，熱心於社會公益慈善事業，在當地百姓中享有很高的聲譽。別人對他的評價是:

> 思想敏捷，心腸軟，待人慷慨；感情易於衝動，以至不顧後果；不考慮自己的需求，對他人痛苦卻十分關心——這就是克里希那・丹・高士的性格。❷

奧羅賓多自己回憶說:

---

❶ 林承節:《印度民族獨立運動的興起》，頁81。
❷ M. P. 潘廸特:《奧羅賓多大師——現代印度的創立者》，頁11，新德里，1983年。

> 我的父親在庫爾那是極有名望的。無論他走到哪裡，他都是一個受人尊敬的人。❸

另一方面，克里希那·丹的性格中也具有強烈的反叛精神和堅忍不拔的意志。他剛從英國歸來時，本鄉的婆羅門嚴守種姓教規，不接納這位出海遠遊者，強迫其行「淨化禮」，方可承認他的婆羅門種姓。其實，只要他答應行「淨化禮」，事情便可以解決。但是，受過自由民主思想薰陶的克里希那·丹本來對印度教的陳腐教規就非常厭惡，因而越是強迫他，他越是不從。在這種情況下，他毅然賣掉家產，離開故鄉，出外行醫，經常居住在庫爾那和蘭格普爾市。奧羅賓多說:

> 一般人都以為，一個偉人的祖先肯定有虔誠的宗教心靈，崇信神明等等，至少對我來說，並不是這樣。我的父親就是一個極端的無神論者。❹

父親這種對宗教傳統的蔑視和反抗精神，在奧羅賓多幼小的心靈中留下了深刻的印痕。

母親斯瓦娜拉塔·鮑斯 (Swarnalata Bose) 是個賢淑、慈祥、文雅的女人。她出身於高貴的鮑斯家族，受到良好的教育，閱讀過許多古典和近代文學名著，具有很高的文學修養。在蘭格普爾市居住時，她曾有「蘭格普爾的玫瑰」之美稱。

---

❸ 同上書，頁11。
❹ 同上書，頁10。

奧羅賓多的父母有子女五個，他排行第三。長兄伯諾依・布山・高士，擔任政府文官。仲兄馬諾莫罕・高士，是大學教授。弟弟巴林陀羅・高士，後追隨他參加民族運動，組織祕密社團。最小的妹妹，名爲薩羅吉尼・高士。

二、旅居英國的青少年時代

奧羅賓多的父親是個西方文化的崇拜者，他希望自己的孩子自幼接受西方教育。奧羅賓多出生不久，父親就給他雇了一個英國保姆，照料他的起居，教他用英語說話。五歲時，奧羅賓多與兩個哥哥被送到喜瑪拉雅山麓大吉嶺的羅萊多修道院小學讀書。這是一所英國人辦的教會學校，教師皆爲愛爾蘭的修女，學生大多是英國兒童。奧羅賓多在此學習兩年，平時寄宿於集體宿舍，假期才能回到父母身邊或外祖父居住的德奧格哈爾市。

1879年，七歲的奧羅賓多隨全家遠渡重洋，來到英國。父母將他與二兄安置在曼徹斯特市的一位拉丁文學者德萊威特（Drewett）的家中，不久卽回國。兩個哥哥考入曼徹斯特的普通中學後，年幼的奧羅賓多則留在德萊威特家中，接受了五年的家庭教育。德萊威特先生教他拉丁文、英文和歷史，德萊威特夫人給他講算術、地理和法文。天資聰慧的奧羅賓多在這裡打下良好的拉丁文基礎，並對英國文學產生濃厚的興趣。他閱讀了莎士比亞、濟慈、雪萊的許多詩歌和文學作品以及基督教的聖經，亦開始練習寫詩，曾在《狐狸家庭》雜誌上發表一首小詩，題爲〈驚人的模仿力〉。

1884年，德萊威特夫婦遷居澳大利亞，將高士兄弟三人委託給自己的母親照管。不久，這位老夫人帶他們三人搬到倫敦居住。

9月，奧羅賓多以優異的成績考入倫敦的聖保羅中學。他勤奮好學，博聞強記，各科成績都很出色，尤以拉丁文成績最佳，深得校長瓦爾克博士的青睞。爲了表揚他，校長親自指導他的希臘文課，並讓他跳入高年級。在中學時期，奧羅賓多對語言、文學和歷史有極大的興趣。除了掌握了英文、拉丁文和法文外，還學習意大利文、德文和西班牙文。他鑽研了大量古希臘和羅馬的經典著作，英國和法國的詩歌、小說和其他文學作品，還瀏覽了許多歐洲哲學和歷史名著。他是學校文學社的積極成員，在文學社的講壇上經常演說，發表自己對英國作家和文學作品的評價和看法。奧羅賓多後來回憶說：此時他對文學的興趣遠遠超出了對其他學習的興趣，他最喜歡的是雪萊的那首藉東方故事歌頌法國大革命的長詩〈伊斯蘭的反叛〉，詩中所體現出的自由民主思想和反叛精神對他的成長產生了重要的影響。

在聖保羅中學的五年，是奧羅賓多風華正茂、學識迅速增長的五年，亦是他在英國生活最窘迫的五年。以前父親每年定期寄來360英鎊，作爲兄弟三人的生活費用。但此時物價不斷上漲，而父親的匯款卻越來越不定時，給他們的生活帶來很大的困難。

> 在這個時期，奧羅賓多早晨只吃一兩片加黃油的麵包和一杯茶，晚飯吃一個便士的臘腸。在他的少年時代，幾乎將近兩年時間實際上沒有吃過晚飯。他沒有大衣抵禦倫敦冬天的嚴寒，也沒有一個專門的臥室，只好睡在沒有暖氣設備的辦公室裡。❺

---

❺ 同上書，頁20。

生活的窘迫，並沒有動搖奧羅賓多的意志，相反地更加激勵他發憤讀書。由於學習成績出色，他多次獲得文學和歷史方面的獎學金。中學的最後一年，他參加了印度文官預備期考試，優異的成績使他以後每年可以獲得印度文官預備期的生活補助金。同年，他因希臘文和拉丁文成績突出，還順利獲得劍橋大學國王學院頒發的古典文學獎學金。這兩項獎學金爲他上大學提供了物質條件。

1889年中學畢業，翌年奧羅賓多入劍橋大學國王學院學習文學。大學時代的奧羅賓多表現出超常的學習天賦，他可以完成那些只有研究生才能勝任的工作。奧羅賓多的一位導師在給友人的信中這樣評價他：

> 除古典文學的成績外，他的英國文學知識遠遠超過了研究生的水平，英文寫作水平也大大高於多數英國青年人。❻

在劍橋大學時，年輕的奧羅賓多對政治鬥爭發生了興趣。據他回憶；在少年時代，博覽英法文學和歐洲近代史著作已使他朦朧地預感到，一場偉大的世界性變革將要出現，他開始萌發出一種獻身於這種變革的遠大志向。到了劍橋之後，他的注意力已從空泛的世界變革轉移到印度，開始關心自已祖國的前途和未來。奧羅賓多的父親原來是一個全心傾慕英國文明的人，但是，事實教育了他，英國人在印度的殖民統治使他逐步反感和厭惡起來。此時，他經常給在劍橋讀書的兒子寄來一些揭露英國殖民者欺壓

---

❻ 同上書，頁22。

印度人的報紙，並寫信譴責殖民當局的野蠻暴行。父親的民族主義情緒，更加激勵和堅定了奧羅賓多的愛國志向。

印度學生在劍橋大學成立了一個名爲「印度論壇」的組織，成員們經常聚會，討論祖國的前途和爭取解放的道路。奧羅賓多加入了這個組織，一度成爲書記。他經常發表演說，揭露英國人在印度的暴行，鼓吹採用暴力的手段實現印度的獨立。當時，劍橋大學還有一批像奧羅賓多這樣具有激進思想傾向的印度學生，不滿意國大黨領導人的溫和改良路線，主張採取暴力行動。他們在倫敦集會，成立了一祕密社團，取名「蓮花劍社」。「蓮花」象徵印度的自由和繁榮，「劍」意味著用暴力手段去爭取自由。這是第一個印度人在英國建立起來的，帶有激進民族主義色彩的組織。凡加入該組織者都必須宣誓：

> 要用一切行動把外國統治者從印度領土上驅除出去，為祖國的獨立不惜犧牲生命。

奧羅賓多在離開英國之前，加入了這個社團，並且宣過誓。在以後的生涯中，他用實際行動履行了自己的愛國誓言。

奧羅賓多在劍橋的生活中，還有一件事令人感興趣。1892年，他遵照父命，參加了印度文官的正式考試，各科成績都已合格。但是，唯獨沒有參加騎術考試，而且以後有幾次補考的機會他也拒絕了，最終在文官考試中落了榜。按照他的能力，通過騎術考試是不成問題的，爲什麼要拒絕騎術考試呢？奧羅賓多後來在解釋這個問題時說：

> 我參加了印度文官考試，因為我父親要我這樣做。我當時太年輕，不了解印度文官的事情。後來，我發現這是一種什麼樣的工作，我厭惡那種行政官員的生活，對行政官員的工作沒有絲毫興趣。我的興趣在詩歌創作、語言研究和愛國行動中。❼

照此說法，當時的奧羅賓多救國救民的思想已占上風，他無心在英國殖民政府中任職。他參加文官考試，只是爲了不違背父命；拒絕騎術考試，則是逃避父命的一種手段。事實上，在這個問題上還有更深一層的政治背景。奧羅賓多在劍橋時，激進的民族主義思想已經形成，他多次發表鼓吹暴力的演講已經引起英國政府的注意和警惕。奧羅賓多自己也預感到英國政府對他的叛逆行爲要進行懲罰，他不參加騎術考試只是避免這種懲罰的一個藉口。即使通過考試，英國當局也不會接納他爲印度文官。

1893年1月，奧羅賓多深感自己的前途在印度，因此他決心離開旅居十三年的英國，啓程回國。2月6日，乘船抵達孟買。歸國途中，家中聽到一種謠傳：奧羅賓多所乘的輪船在里斯本附近海域遇難。其父聞訊病重，猝死。等奧羅賓多歸國後，未能見到父親。

三、投身於民族獨立運動

奧羅賓多歸國後，2月8日便趕赴巴洛達，開始在巴洛達土

---

❼ 同上書，頁32。

邦政府任職。據說，他在倫敦時就已接受了土邦官員的邀請。他先後在土邦政府稅務部門和內閣祕書處工作。工作之餘，一方面進行民族運動的宣傳工作，一方面學習孟加拉文和梵文，以彌補自己對祖國語言的不足。

由於對政府官員的工作缺乏興趣，兩年之後（即1895年），他辭去土邦政府職務，應邀到巴洛達大學任教。起初教法文，後教英文及英國文學。1899年被提升爲英文教授，第二年在校長的推薦下，被聘爲該校終身教授。1904年，奧羅賓多任巴洛達大學副校長，後曾代理校長職務。1901年奧羅賓多與密娜里尼・戴維(Mrinalini Devi)按印度古禮結婚，婚後不幾年，奧羅賓多爲民族運動四方奔走，而夫人亦追隨一女修道士修道去了。

回到印度後，奧羅賓多實際上很快就投身於民族運動之中。在英國時他以爲印度的愛國運動一定開展得風起雲湧、有聲有色，歸國後他所見的卻是一片冷冷清清，以及國大黨的軟弱和妥協。因此，他感到首要任務應當是進行輿論宣傳，以喚醒廣大民眾的愛國精神。1893年8月7日至1894年3月6日，奧羅賓多在孟買的《印度教之光》周刊上發表了一組題爲〈辭舊迎新〉的文章，共九篇。在這組文章中，他深刻地分析了國內的政治形勢，認爲當時民族運動的主要危險並不是英國的強大，而是印度自身的軟弱和膽怯。他指出：

> 我們實際的敵人不是我們外部的任何力量，而是我們自己的極端軟弱、我們的膽怯、我們的自私、我們的虛僞、我們的半盲的感情脆弱。[8]

---

[8] M. P. 潘廸特：《奧羅賓多大師——現代印度的創立者》，頁44。

他還對國大黨領導人的溫和路線和脫離民眾的領導方法進行了尖銳的批判:

> 至於國大黨，我要說，它的目標是錯誤的，它用以指導運動的精神並不是真誠的、全心全意的精神。它選擇的方法也不是正確的方法，它所信賴的領導者更不配作領導人。簡言之，現在給我們領路的是瞎子，即使不是雙眼瞎，至少也是獨眼龍。❾

頭兩篇文章剛一發表，立即引起國大黨上層人士的極度恐慌。國大黨領導人 M. G. 羅納德首先跳出來，警告這家周刊的主辦者: 如果繼續發表此類文章，他將向法院提出起訴。奧羅賓多回憶這段經歷時說:

> 我剛從英國回到巴洛達，我就發現當時的國大黨是個什麼樣子，因而我對它十分輕蔑。後來，我接觸到戴什潘德、❿提拉克、馬德夫・拉奧和其他一些人。戴什潘德約我為《印度教之光》寫點東西。我在這個雜誌上激烈地批判了國大黨的溫和政策。這些文章非常尖銳，以至於馬拉提的偉大領導人M. G. 羅納德要求這家雜誌的主辦者不要再讓這種煽動性文章出現在他的刊物上，否則他將被逮捕和監

---

❾ 同上書，頁45。

❿ 戴什潘德（Deshpande）是奧羅賓多在劍橋大學時的同學，回國後任孟買《印度教之光》雜誌英文版主編，奧氏的這組文章是應他之約而寫的。

禁。戴什潘德告訴我這個消息，要我寫一些非暴力的文章。當時我開始寫一些政治哲學，而不寫政治的實踐方面。然而，很快我就討厭這樣做了。⑪

1895 年，印度的民族主義運動出現了新的轉機。提拉克在紀念民族英雄希瓦吉的活動中，首先提出爭取「印度自治」的口號，並得到各地民族主義民主派的支持和響應。奧羅賓多見到這種喜人的局面，便立即行動起來。他完全贊同「印度自治」的目標，並且從三個方面爲實現這個目標做準備:

(一)繼續發表文章作講演，宣傳和鼓動民眾，利用合法的形式進行鬥爭;

(二)在孟加拉地區組織祕密社團，進行軍事訓練，準備在適當時機發動武裝起義;

(三)在國大黨內部積極活動，組織民族主義激進派，抵制老一代領導人的溫和改良路線，力圖把國大黨改造成一個能領導廣大民眾進行鬥爭的戰鬥組織。

奧羅賓多在印度民族主義領導人中是最重視暴力鬥爭的一個。1900年他派一個受過軍事訓練的愛國青年賈廷·德拉納特·班納吉 (Jatin Dranath Banerjee)，帶著自己的組織方案前往孟加拉，到那裡廣招人才，募集資金，建立祕密團體，進行軍事訓練。後又派自己的弟弟巴林陀羅·高士去加爾各答，協助班納吉工作。1902 年夏，奧羅賓多利用假期旅遊之機，親臨孟加拉，會見孟加拉各地祕密團體領導人，決定在孟加拉建立六個革

⑪ M. P. 潘廸特:《奧羅賓多大師——現代印度的創立者》，頁11，新德里，1983年。

命中心點。在米德納普爾地區，他與當地祕密社團首領赫姆昌德拉・達斯宣誓結盟。在宣誓儀式上，他們一手持《薄伽梵歌》，一手握短劍，發誓嚴守祕密，不惜一切犧牲，爲實現祖國的獨立自由而奮鬥。同年，爲了加強與其他地區祕密社團的聯繫，奧羅賓多還暗訪了西印度的烏代普爾地區，拜見了當地祕密團體的領袖塔庫爾・拉姆辛格，並且通過宣誓儀式，參加了他們的組織。奧羅賓多的一系列活動，使東、西印度祕密團體之間建立起密切的聯繫，以準備共同行動。

1902年12月，奧羅賓多首次參加了國大黨在艾哈邁達巴德召開的年會。在會上，他會見了提拉克，提拉克也非常想結識這位在《印度教之光》發表激烈文章的青年人。兩人談得很投機，在指導民族運動的目標和方略上有許多共同的見解。此後，他與提拉克合作，在國大黨內部組織起一個與老一代溫和派領導人相對立的新派——激進派。1906年在加爾各答舉行的國大黨年會上，奧羅賓多與提拉克共同努力，說服溫和派領導人，使大會通過了爭取「印度自治」的綱領。

二十世紀，印度各地的反英浪潮日益高漲。1905年10月，孟加拉人民掀起了聲勢浩大的「反分治」運動。1906年2月，爲了投入這場鬥爭，奧羅賓多毅然離開了巴洛達，來到了當時愛國運動的中心加爾各答，成爲孟加拉反英鬥爭的主要領導者。7月，他應B．C．帕爾的邀請，參加愛國報紙《敬禮，祖國》的編輯工作，不久成爲該報主編。8月，出任愛國人士創立的孟加拉國民學院院長。當時，加爾各答大學以反政府的罪名，將二百餘名愛國學生開除出校，使他們無處可歸。愛國人士捐資十萬盧比，創建國民學院，以接納這批學生。奧羅賓多擔任院長，月薪僅

150 盧比，相當於巴洛達大學的五分之一。然而，他不計個人得失，欣然接受。他不僅給學生授課，而且用自己的行動激勵和感召學生，很快成爲學生崇拜的偶像。在一次演講時，他對學生們講：

> 當這座學院建立起來時，我們放棄了別的職業和生活機遇，而準備將自己的一生奉獻給它。我們這樣做，就是因為我們希望在這座學院裡看到一個民族的基石和核心，一個新印度的基石和核心。這個新印度經歷了悲哀和煩惱的黑夜之後，必將開始新的生活，在她繁榮昌盛的那一天，將為世界而工作。今天我們在這裡要做的事情，不單是教你們一點知識，為你們提供謀生的機會，而且是為了培養出一批能為祖國去戰鬥，為祖國樂於受苦的兒子們……⑫

奧羅賓多主編《敬禮，祖國》之後，報紙發行量劇增，影響甚大。1907年4月，他在該報發表一組〈論消極抵抗〉的文章，分析了非暴力運動與消極抵抗運動的區別，指出如果邪惡勢力過於猖獗，必要時也可以使用暴力。他比喻說，這好比大梵仙人在修道時，羅刹鬼來肆意滋擾，仙人不得不借刹帝利的弓箭射死它。該報的激烈言論引起了殖民當局的注意，他們多次搜查報館。8月，當局以〈印度人的自治〉一文，誣陷該報犯有「煽動罪」，將奧羅賓多逮捕。不久，交保釋放。當年12月，奧羅賓多出席了在蘇拉特召開的國大黨年會。在這次會議上，國大黨兩派分裂，

⑫ 同上書，頁98。

溫和派在警察的幫助下，將以提拉克和奧羅賓多爲首的激進派趕出會場。

1908年，英國殖民當局開始對孟加拉的民族運動進行鎮壓。5月，奧羅賓多因涉嫌「里亞坡爆炸案」⑬，再度被捕，被囚禁於阿里浦爾監獄。因此案遭逮捕的亦有奧羅賓多的弟弟巴林及其他三十多人，在全國引起震動。在監獄期間，奧羅賓多專心研究古代經典《薄伽梵歌》和各種奧義書，並修習瑜伽。他修習瑜伽早在1904年就已開始，此後一直堅持。據說，他曾拜一瑜伽行者爲師，同習靜坐三日，諸念皆空，悟出宇宙最高境界——大梵眞境。瑜伽修行對其思想產生了潛移默化的影響，他把修瑜伽看做是獲得精神力量的源泉，並且設想通過精神修習爲人類找到一條擺脫痛苦的道路。這種思想的變化，埋下了一顆種子，成爲他以後脫離政治鬥爭，潛心研究精神進化學說的重要原因。

1909年5月，在孟加拉人民的抗議下，奧羅賓多被宣布無罪釋放。出獄之後，他回到加爾各答，看到民族運動的形勢急轉直下，大部分愛國領袖不是被流放，就是關在獄中。在這種情況下，奧羅賓多沒有放棄鬥爭，仍然在加爾各答召開群眾的星期周會，並到幾個區去發表演說。他還獨自發行兩個周刊：一個名爲《業瑜伽行者》(Karmayogin)，英文版；一個名爲《達摩》(Dharma)，孟加拉文版。但是，愛國運動的失敗使他的政治觀點發生明顯的變化。他開始號召人民在殖民當局允許的範圍內進行非暴力的鬥爭，並呼籲國大黨兩派聯合起來。在群眾集會上，

⑬ 1908年4月，加爾各答祕密組織的成員在里亞坡投彈刺殺地方法院院長，未中，誤殺了英籍夫婦二人。此案件被稱爲「里亞坡爆炸案」。

他第一次公開講述他的瑜伽實踐和精神體驗。

奧羅賓多出獄後，愛國群眾仍把他看作是民族運動的領袖，祕密組織的成員也經常找他聯繫。對此，殖民當局深感不安。印度總督行政委員會成員斯圖亞特1909年在一個備忘錄中寫道：

> 如果不能使奧羅賓多就範，就應當毫不猶豫地把他流放。⑭

殖民當局決定再次對他進行迫害。奧羅賓多聽到這個風聲後，決意出走。1910年4月1日，他乘船離開加爾各答，4月4日抵達印度東南海濱的法國屬地本地治里。從此，他結束了十七年的政治鬥爭生涯，開始了新的學術生活。

四、潛心著書立說

1910年移居本地治里後，奧羅賓多在此隱居四十年，一方面著書立說，一方面修習瑜伽、創建修道院，直至1950年病逝。在此期間，他在思想上仍然非常關心印度的命運和世界的前途，但是在組織上卻完全脫離了民族運動。

人們會提出這樣一個問題：奧羅賓多作爲印度民族主義激進派的領袖，在1905～1908年的反英鬥爭中曾做出重要的貢獻，爲什麼會突然離開政治舞臺而隱居本地治里呢？對於這個問題，評論家們意見不一，眾說紛紜。主要有兩種觀點：一種認爲這是奧

---

⑭ M.阿努瓦拉：《印度爭取自由的鬥爭，1858-1909年》，頁343，德里，1956年。

羅賓多精神昇華的必然結果，另一種則斷言這是政治鬥爭失敗所導致的自然結局。事實上，這些簡單武斷的結論都帶有片面性和主觀性。要想使人們對這個問題有深刻的了解，則必須對客觀形勢和奧羅賓多主觀思想的變化作一科學和具體的分析。我們認爲，可以從三個方面進行分析:

(一)從當時的客觀形勢看，1908年轟轟烈烈的愛國群眾運動遭到鎮壓，對於這位具有革命熱忱的愛國者來說，是個沉重的打擊。由於他的思想最激進，對這種打擊的感受也最大。愛國運動的失敗使他的滿腔希望化爲泡影，使他對政治鬥爭和群眾運動的前途發生了動搖。

(二)從個人經歷來看，奧羅賓多早年久居國外，受到歐洲近代大革命時期思想的影響，具有青年學生式的革命激情和遠大理想，但是對印度的國情缺乏深入的瞭解和體驗，對民族獨立運動的艱巨性和長期性也沒有足夠的心理準備，因而他雖然抱有很高的奮鬥目標，但又缺少符合印度國情的切實可行的鬥爭措施。這種內在的矛盾潛伏著一種危險：一旦鬥爭遭受挫折和失敗，便易於產生悲傷和動搖。

(三)從其思想演化的過程來看，奧羅賓多雖然在國外受到自由民主思想和科學知識的教育，但是回到印度後，他爲了激發民眾的愛國熱情，不得不求助於傳統宗教的力量，力圖從印度教的學說中尋找自己需要的思想武器。與此同時，他自己對宗教瑜伽學說和實踐也發生了興趣。早在1904年他就親自嘗試瑜伽，想通過瑜伽獲得「能夠支持他和爲他指明道路的精神力量」。隨著瑜伽實踐的深化，到了1907年他的思想已發生轉變:

> 他感到通過瑜伽修行可以純化和昇華人的精神，通過精神進化可以找到一條拯救人類的道路。

當民族運動高潮時，這種思想在他的頭腦中處於第二位；而低潮來臨時，它便上升到第一位，占據主導地位。1908 年愛國運動失敗後，他雖然對政治鬥爭的前途發生動搖，但是並沒有放棄爭取自由平等的理想和渴望民族獨立的願望。爲了實現這個理想，他便另謀他途，把希望完全寄托於「精神進化」的道路上來，從而導致他在實踐上脫離了民族運動。

奧羅賓多本人認爲，他脫離政治鬥爭，潛心研究精神進化學說，是從事一項比印度獨立運動更重要、更偉大的事業。這項事業是通過精神修行，不僅爲印度人，而且爲全人類找到一條擺脫黑暗和痛苦、走上光明和自由的道路。用他的話講：

> 我可以說，我沒有離開政治，因為我覺得我在那裡不能再做更多的事情，這個想法很早就產生了。我離開那兒，因為我不想讓任何事情妨礙我的瑜伽……在我這樣做之前，我從內心中感到，我所開創的事業肯定會有別的人來繼承並且沿著我預見的路線發展下去，我確信在沒有我個人參加的情況下，我發起的運動也能獲得最終的勝利。在我引退的背後，絲毫沒有絕望的動機或無價值的感覺。⑮

又說：

---

⑮ M. P.潘廸特：《奧羅賓多大師——現代印度的創立者》，頁152。

> 從1907年起，我們就一直生活在一個對印度充滿希望的時代。不僅印度，而且整個世界都將看到突然的劇變和革命性的轉變。高級的會變成低級的，低級的將變成高級的；被壓制或被壓抑的將會上升起來。整個民族、甚至全人類將被一種新的意識，新的思想所激發，並通過新的努力而達到新的目標。在這些革命變化中，印度也將獲得自由。⑯

這裡所說的「新思想」、「新意識」實際上是指他的精神進化思想，「劇變」或「革命性轉變」也就是指通過精神進化的實踐在人類中所產生的巨大變化。從這兩段話可以看出，奧羅賓多自己認爲他的退隱並不是失望的表現，而是爲了給人類探索一種獲得自由和解放的新思想和新途徑，在用新思想轉變世界的過程中印度也將獲得自由和新生。

奧羅賓多初到本地治里，生活相當艱苦，其主要活動是寫作、散步和修習瑜伽。1914年8月，他在一位法國朋友的資助下在本地治里創辦一個英文雜誌——《雅利安》月刊。這個月刊實際上是他個人的刊物，刊登的稿件主要是他自已撰寫的。在這個雜誌上，他發表了大量的學術文章，並且經常對印度和世界上發生的各種政治事件進行評論。

《雅利安》於1922年停刊。這個雜誌發行的八年，正是奧羅賓多學術著作多產的時期，也是其哲學體系形成的時期。他的哲學和社會進化學主要論著，都首先在這個雜誌上分章發表，以後

---

⑯ 同上書，頁153。

才陸續匯成專集出版。例如，精神進化哲學的代表作《神聖人生論》、論述社會發展理論的《社會進化論》和《人類統一的理想》、評述印度傳統文化的《印度文化的基礎》等書，都是首先在《雅利安》上發表的。至於著作的內容，將在下一節介紹。

1922年9月，奧羅賓多遷入一所新居。這所房子後來成爲奧羅賓多修道院的中心，他一直生活在這裡，直至生命最後一息。當時，奧羅賓多身邊已經聚集了一批修習瑜伽，學習精神進化理論的弟子。他經常在夜晚給弟子講課、回答問題，並共同進行禪思活動。講授的內容極爲廣泛，涉及瑜伽、宗教、藝術、文學、科學、歷史、政治、世界大事等。一個叫A. B. 普拉陀的弟子記錄了從1923年至1926年奧羅賓多講課的內容，後分兩集出版，標題爲《晚間的談話》。

1926年11月24日，奧羅賓多修道院正式成立。事實上，在這之前修道院已逐步形成。《奧羅賓多大師與他的修道院》一書，在解釋修道院的形成過程時寫道:

> 奧羅賓多最初退隱在本地治里時，只有四、五個追隨者。後來，投奔他修習精神道路的人越來越多，數目增加，逐漸形成了一個弟子的社團，以堅持對那些拋離世俗瑣事而追求高級生活者的集體指導。這就形成了奧羅賓多修道院，它不是創立的，而是在奧羅賓多的周圍，以他為中心逐漸發展起來的。⓱

⓱ 同上書，頁297。

那麼，爲什麼要定1926年11月24日作爲它的成立日呢？據說，這一天是奥羅賓多人生中的「重要里程碑」。從這一天開始，他隱居於一個樓閣之中，一般不見世人。弟子有什麼問題，亦以書信往來。修道院的一切事務，皆委托院母管理。

院母名爲米拉・阿爾法薩 (Mirra Alfassa, 1878-1973)，生於巴黎，是法國的一個玄祕論者。1914年她第一次訪問本地治里，拜見了奥羅賓多。由於他們在精神追求上志同道合，所以她立志協助奥羅賓多創建精神進化事業。1920年4月米拉第二次來到本地治里，從此定居在這裡，負責管理奥羅賓多宅院的各種事務。1926年修道院正式建立後，她不僅管理修道院的組織工作，而且指導弟子們的精神修習，故被弟子們尊稱爲「院母」或「神聖母親」。

奥羅賓多修道院與宗教組織不同，它只是奥羅賓多爲實現人類精神進化而建立起來的實驗基地。這裡用的「修道院」一詞，來自梵文「阿室拉姆」(Ashram)。奥羅賓多起初並不想用這個詞來稱呼這個集體，因爲它容易與實行禁欲和苦行的寺院生活聯繫在一起。他考慮了幾天，最後還是決定用這個詞，只不過採用這個詞原初的意義，即「教師之家」。在這裡，教師向弟子傳授知識，指導瑜伽修煉，並不包括禁欲苦行的修道生活。《奥羅賓多大師與他的修道院》指出:

> 修道院不是宗教組織。這裡的人來自於各種宗教，還有一些不信教的。這裡沒有教義教規，也沒有宗教的管理體制；只有奥羅賓多的教導，只進行一些目的在於擴展自己意識的冥想、禪思之類的心理實踐，證悟真理，控制欲

望，揭示每個人內在的神聖自我和意識，以實現自然的高等進化。⑱

修道院建立後人數不斷增加，1926年只有25人，1927年上升爲36人，1928年增至80人。

1926年以後的奧羅賓多過著平靜的隱居生活，偶爾也會見一兩位來訪的客人。1928 年5月29日，印度偉大詩人羅賓德拉納特・泰戈爾來本地治里時，拜訪了奧羅賓多，這是他們的第二次會面。後來，泰戈爾回憶道:

> 我見到他的第一眼，就體會到他一直在證悟靈魂並獲得了靈魂，在這種長期的證悟過程中他已經在體內積聚了一種寧靜的精神力量。他滿面紅光，一種從內部發出來的光……我感覺到從他那裡發出的正是古代印度仙人的那種泰然沉靜的聲調，這種沉靜可以使人的靈魂自由地融滙於萬物。我對他說：「你帶來了神的啓示，我們期望著從你那裡獲得它。印度也將通過你的聲音向全世界說: 傾聽我的聲音吧！」⑲

步入晚年，奧羅賓多的著述較多地涉及到世界局勢。1939年第二次世界大戰爆發後，他發表文章批判法西斯主義，認爲德意日法西斯國家比老牌帝國主義更危險，對現代文明的威脅更大。他斷言，只有戰勝法西斯力量，人類進步的大門才會敞開。他雖

⑱ 同上書，頁298。
⑲ 同上書，頁306。

然長期以來反對英國殖民主義者，但是在反法西斯的戰爭中卻對同盟國採取支持的態度，曾捐款給同盟國的戰爭基金。1943 年由於受日本帝國主義入侵的威脅，印度東北部的許多居民逃離家鄉，來到本地治里。奥羅賓多修道院爲這些難民提供住所，爲了解決難民孩子上學的問題，修道院專門建立了一所小學。這所小學逐步發展成爲今天的「奥羅賓多國際教育中心」。

1947 年 8 月 15 日，印度人民經過艱苦卓絕的鬥爭終於獲得了獨立。這一天，奥羅賓多懷著激動的心情發表了一篇題爲〈祝詞〉的文章，表達出他對祖國獲得自由的祝賀和對印度與世界未來前景的展望。他說：

> 1947年 8 月15日是印度的生日。對她來說，這一天標誌著舊時代的結束，新時代的開始。我們能夠通過我們作為一個自由民族的生活和行動，使這一天變成通向全世界和全人類政治的、社會的、文化的和精神的未來新時代的重要日子。[20]

在文章中他陳述了自己一生所爲之奮鬥的五個理想，又稱「五個夢想」：第一個夢想是「創立一個自由而統一的印度」；第二個是爭取「亞洲人民的復興和解放」，使她「在人類文明的進步中重新起偉大的作用」；第三個是「建立一個世界聯盟」，「爲實現全人類更公正、更光明、更高貴的生活奠定外部基礎」；第四個是使「印度的精神論」不斷發展，作爲精神禮品傳播到歐美和全世界；最後

[20] 奥羅賓多：〈1947年 8 月15日的祝詞〉，引自印度文化關係理事會編：《印度觀》，頁124，新德里，1983年。

一個夢想是**實現人類的統一,在全世界建立一個「完善的社會」**㉑。這五個理想概括了奧羅賓多一生所追求的目標，也表明了他退隱本地治里創立並實踐精神進化學的目的是試圖用印度的精神改造和轉化世界，最終實現人類大同的理想。

1950年12月5日，奧羅賓多停止了呼吸，終年七十八歲。逝世後，他所創立的修道院不斷擴大，他的學生們繼承和發展他的事業，大量出版他的著作，向海內外傳播，使他的學說和思想在世界上產生較大的影響。

五、著　作

奧羅賓多一生寫了一百餘種著作，其中許多著述都首先發表在《雅利安》雜誌上，後成册出版。奧羅賓多的著述涉獵極廣，大致可以分爲四類:

(一)哲學和瑜伽學說

《神聖人生論》是其哲學思想的代表作，連續刊登在1914年8月～1919年4月的《雅利安》上，後經修改補充，分兩卷本出版。第一卷於1939年11月問世，副標題爲「**遍在的實體和宇宙**」;第二卷於1940年出版，副標題爲「**明與無明——精神進化**」。這部巨著已被翻譯成世界上的多種文字，並被印度和歐美的一些大學哲學系作爲教科書。奧羅賓多在該書中系統地闡述了他的精神進化理論或整體吠檀多學說，他力圖把古代印度教所幻想的神聖天

㉑ 同上書，頁124—127。

國搬到地面上來，在塵世間建造一個普遍和諧、盡善盡美的理想境界——「神聖人生」。

如果說《神聖人生論》是闡述精神進化的理論方面，那麼《綜合瑜伽》一書則是論述精神進化的實踐方面。奧羅賓多在這部書中考察了印度歷史上的各種瑜伽方法，如業瑜伽、智瑜伽、信瑜伽、王瑜伽以及訶特瑜伽等等，分析了這些瑜伽方式的優點和局限性。他在吸收各種瑜伽長處的基礎上，創立了一種「整體瑜伽」，又稱「自我完善的瑜伽」(Yoga of Self-prefection)。《綜合瑜伽》也是奧羅賓多自己長期瑜伽實踐經驗的總結。全書共分四部，第一部於1955年出版；第二、三部合爲一册，於1959年發表；第四部又名《瑜伽書札集》，是奧羅賓多回答弟子各種問題的書信集，於1960年正式出版。

此外，在哲學方面奧羅賓多還有許多著作，如《理想與進步》、《超人》、《進化》、《思想與閃光》、《超心思在世間的顯現》、《赫拉克利特》、《再生問題》等等。在瑜伽學說方面，尙有《今世之謎》、《論瑜伽》、《再論瑜伽》、《瑜伽的基礎》、《瑜伽及其客體》、《瑜伽的因素》等。

(二)社會進化理論和歷史文化的評論

《社會進化論》一書最初也發表在《雅利安》雜誌上。奧羅賓多在《神聖人生論》中闡述了宇宙進化和人的進化等問題，那麼由人所組成的社會如何進化呢？社會進化的方向是什麼呢？爲了回答這些問題，他在1916年8月～1918年7月的《雅利安》上發表了一組文章，題爲〈社會發展心理學〉。在這組文章中他研究了人類歷史的發展過程以及影響歷史發展的各種因素，按照人們心理發展的水平把歷史劃分爲六個階段，並且預言社會進化的最終目標乃是「**精神的時代**」。這組文章經修改後，於1949年以專著形式出版，易名爲《社會進化論》。

爲了批判第一次世界大戰給人類帶來的災難，表述他追求世界和平統一的理想，奧羅賓多於1915年9月～1918年7月在《雅利安》上刊載了一組名爲〈**人類統一的理想**〉的文章。在這組文章中他分析了人類歷史上已經出現的各種人類集合形態，如家庭、部落、種族、民族、階級、國家、帝國等等，指出這些集合體都是不完善的，因爲它們無法解決人與人、集合體與集合體之間的利益衝突。因此，他主張在保證各民族自由平等的基礎上，建立一個以精神統一爲主導原則的「**世界聯盟**」。這組文章以同名於1919年正式出版。

奧羅賓多在1918年8月～11月的《雅利安》上發表一組評論詹姆斯兄弟所著的《印度復興》的文章，在1919年12月～1921年1月的《雅利安》上亦發表一組反駁英國人對印度文明進行攻擊的文章。這兩組文章合起來，於1953年以《印度文化的基礎》爲題，專書出版。在這部著作中奧羅賓多不僅從整體上，而且從各個組成部分上分析了印度文化的基礎。他考察了從吠陀時代至現代印度文明的發展歷程，論述了反映在宗教、文學、藝術以及政治等等領域中的印度精神的主旨，通過對印度與歐洲文明的比較，揭示出維持印度文明長期穩定存在的各種因素。奧羅賓多堅決反對那種認爲印度思想由於受出世宗教的影響，而屬於悲觀宿命論的觀點。他寫道:

當我們考察印度過去的歷史時，給我們印象最深的就是她那巨大的活力，取之不竭的生命力量和生活的歡樂，難以想像的豐富的創造力。在至少三千年或更長的時間中，她一直不斷地、充分地、大量地在無窮無盡的領域中創造出各種王國、帝國和共和國，各種哲學、宇宙觀和信仰，各種科學、藝術和詩歌，各種宏偉的宮殿、廟宇和公共建築物，各種村社、團體和宗教制度，各種法律、法典和禮儀，各種物理學、心理學、瑜伽體系、政治體系和行政管理體系，各種精神藝術和世俗藝術，以及各種商業、工業和手工藝——諸如此類，不勝枚舉，而且每一個方面都充滿生命的活力。她創造，再創造，從不滿足，從不疲倦；她不停地創造，幾乎沒有歇息的間隔……㉒

此類著作還有《印度的復興》、《印度藝術的意義》、《民族藝術的價值》、《民族體育體系》、《精神與印度政治的形式》、《第一次大戰之後》等等。

(三)古代經典的翻譯和研究

奧羅賓多對印度最古老經典——《吠陀》做了深刻的研究，曾在《雅利安》上發表一組有注釋的譯文（將梵文譯成英文），題爲〈**吠陀詩歌選**〉，亦刊登一組研究吠陀的文章，名曰〈**吠陀的秘密**〉。他不贊成一些西方學者對吠陀贊歌的膚淺解釋，這些學者認爲吠陀贊歌所表達的只是古代雅利安人向被奉爲天神的各種自然力量的乞求和請罪。奧羅賓多指出，吠陀經典正如「吠

㉒ 引自 M. P. 潘廸特：《奧羅賓多大師——現代印度的創立者》，頁223。

陀」這個詞所表示的那樣，是「知識之書」，這些知識是無數聖賢長期思索和證悟的結晶。他們證悟到在變化無常的萬物背後有一個永恒的力量，這種力量不僅存在於自然界，而且存在於人體之中，他們追求與這種力量相結合，以達到人與自然的統一。吠陀經典所啓示的眞理奠定了印度人民的生活道路，是印度傳統文化的核心。

奧羅賓多視奧義書爲吠陀傳統的繼續。他認爲奧義書的先哲們繼承了以前聖賢所證悟的眞理，並力求以自己的直覺體驗豐富和完善它們。他對奧義書的研究早於吠陀，在巴洛達大學教書時就把五種奧義書由梵文譯成英文，這五種奧義書包括「**迦塔奧義**」、「**蛙氏奧義**」、「**鷓鴣奧義**」、「**他氏奧義**」和「**疑問奧義**」。在加爾各答領導民族運動時，他又翻譯了三種奧義書——「**由誰奧義**」、「**伊莎奧義**」和「**禿頂奧義**」，最初發表在他主辦的《業瑜伽行者》雜誌上，後經修改又重新在《雅利安》上發表。此八種奧義書匯成專集，於1953年正式出版，名爲《八種奧義書》。奧羅賓多還從不同的角度對「伊莎奧義」進行研究，寫出了幾種評論文章。「伊莎奧義」的思想，對他以後創作《神聖人生論》有很大的啓示。

《薄伽梵歌》是古代印度教的重要經典。早在巴洛達時奧羅賓多就把這部經典的前六章譯成英文，在阿里浦爾監獄中他精讀此書，並按書中教導進行瑜伽實踐。到本地治里後他寫了兩組評論《薄伽梵歌》的文章，題爲〈**論薄伽梵歌**〉，發表於1916年8月～1920年7月的《雅利安》雜誌上。第一組文章於1922年成册出版，第二組文章於1928年出版，1950年兩書合爲一部出版，後多次再版。據說，這是奧羅賓多著作在印度民眾中流傳最廣的一部。在這部書中，奧羅賓多對《薄伽梵歌》做出了高度的評價：

> 薄伽梵歌並不是雄辯的武器，它是一座通向全部精神真理和經驗世界的大門，它能給我們觀察那個最高領域的一切方面的能力。它繪製出一個藍圖，但是它沒有分割我們的視覺能力，也沒有築起限制我們視野的牆壁和籬笆。㉓

他還說，我們從《薄伽梵歌》中所吸收的不應當是其形而上學的內涵，而應當是那些適合我們今天需要的有生命力的眞理。

(四)詩歌創作與文學評論

奧羅賓多自少年時代起就對文學和詩歌創作產生了濃厚的興趣。後來，無論在革命生涯還是在隱居生活中，都沒有間斷過詩歌創作，並且對文學理論進行了深入的研究。

在1917年12月～1920年7月的《雅利安》上，他發表了一組評論《英國文學新道路》的文章，共三十二篇，標題爲《**未來的詩歌**》，後以專著出版。在這部書中他首先在總體上論述了詩歌的本質、主題、風格和韻律等問題，然後討論了英國詩歌的發展過程及其特點。他具體地分析和評論了莎士比亞、彌米頓、拜倫、布朗寧、濟慈、惠特曼等英國詩人的創作特點，以及印度現代詩人泰戈爾的詩歌特色。他預言，未來詩歌發展的基本傾向將明顯地轉向精神生活，一種逐步增長的高級靈感和直覺力量將進入明天的詩歌。

㉓ 引自M. P. 潘廸特：《奧羅賓多大師——現代印度的創立者》，頁221。

奧羅賓多最有名的詩集是《莎維德麗》，這個詩集突出地表現了他關於新詩理論的見解和預言。他從印度大史詩《摩訶婆羅多》中選出莎維德麗（Savitri）的傳說，然後按照自己的想像和哲學觀點創作出一個新的神話故事。在《摩訶婆羅多》中莎維德麗由於對丈夫的忠貞不渝，終於戰勝了死神，使丈夫死而復生。奧羅賓多把這樣一個讚美男女忠貞愛情的簡單故事，改編成了富於哲理的，具有新的象徵意義的敍事長詩。這部長詩顯示出他所信奉的眞理:

> 一種神聖的意識力量能使人性從黑暗走向光明，從生死狀態達到永生的境界。

可以說，這是一部以詩歌形式表述其人生理想的哲學著作;也可以說，是其哲學代表作《神聖人生論》的詩歌版。

此外，奧羅賓多發表的文學作品和詩集還有《迦梨陀娑》、《評論與再評論》、《生活・文學・瑜伽》、《詩集》(1941)、《詩歌與劇作選》(1942)、《愛情與死亡》、《過去與現在的詩歌》、《最後的詩篇》(1952)、《孟加拉人詩歌集》(把古代孟加拉詩人的作品譯成英文，匯編成集）等。

除以上四大類外，奧羅賓多亦有不少論述民族主義理論的文章和小册子，如《巴瓦吉女神廟》等，以及大量的書信集。奧氏的許多著作都是在他離世以後，經其弟子整理，陸續出版的。

第三章　整體吠檀多論的特點與淵源

奧羅賓多以「整體吠檀多論」或「精神進化論」而著稱於世。在印度現代哲學史上，他與甘地、泰戈爾這樣的思想家不同。甘地作爲一位政治家和民族獨立運動的領袖，他的哲學思想散見於各種政治論談和文章之中，而缺乏系統的理論闡述。泰戈爾是一位偉大的詩人和文學家，他一生沒有系統的哲學論著，他對自然、社會和人生的觀點反映在他的詩歌、演講、書信、散文及大量的文學作品之中。與他們相比，奧羅賓多的哲學思想自成一體，有一個完整而系統的理論體系。其理論體系集中地體現在《神聖人生論》、《社會進化論》、《人類統一的理想》等著作中。這些著作以理論思維的方式，系統地闡述了他對宇宙本源、人生哲理、人類進化、社會發展、未來世界的種種觀點。他採用一種綜合兼容的方法，將東西方哲學、宗教與科學、唯心論與唯物論調和融匯於自己的思想體系中。

一、整體吠檀多論名稱的由來

從印度傳統哲學的觀點看，奧羅賓多的哲學被人們稱爲「整體吠檀多論」(Integral Vedanta)、「整體不二論」(Pūrṇa-advaita) 或「整體論」(Integra Lism)。奧羅賓多的哲學是在繼承印度古代吠檀多不二論基本原理的基礎上發展起來的，屬

於現代新吠檀多主義哲學的代表學說。爲什麼稱它爲「整體論」呢？對於這個問題，可以從兩個方面來理解:

(一)所謂「整體」，包含著「綜合」的涵義，即把不同哲學派別的觀點綜合融滙於一個整體之中。奧羅賓多的哲學就是在承襲吠檀多「梵我同一」基本原理的同時，把古代吠檀多不同的學說綜合起來，清除它們之間的分歧和差異，將它們的精華融匯於一個體系中。

(二)「整體」也包含著「調和」的涵義，即把各種對立的概念和觀點調和在一個統一體中。奧羅賓多利用精神進化的方式把古代吠檀多哲學中各種對立的觀念，如梵與世界、精神與物質、一與多、明與無明、善與惡等都調和統一起來，使它們成爲唯一最高精神本體的不同方面或不同的等級。

爲了確切地理解「整體吠檀多」的涵義，有必要概略地回顧一下印度古代吠檀多哲學的發展歷史。「吠檀多」一詞是梵文“Vedanta”的音譯，意爲「吠陀的末尾」或「吠陀的終末」。印度古代吠陀文獻包括四大類: **四部吠陀本集**(梨俱吠陀、夜柔吠陀、娑摩吠陀、阿闥婆吠陀)、**梵書**、**森林書和奧義書**。按時間發展順序，奧義書問世最晚，屬於吠陀文獻的最後一部分，故稱「吠檀多」，即「吠陀之末」。因此，「吠檀多」就是指奧義書。後來在婆羅門教的六派正統哲學中，有一派專門以研究奧義書的思想爲宗旨，故此派得名「吠檀多論」或「吠檀多派」。吠檀多論作爲一個獨立的哲學派別，始於公元前後，創始人爲跋達羅衍那(Bādarāyana，公元1世紀左右)，其根本經典爲《梵經》，亦稱《吠檀多經》。

吠檀多論淵源於奧義書。奧義書在梵文中稱爲“Upanisad”

(音譯「鄔波尼煞陀」)，原義指「師徒近坐」或「祕密相會」，後來引申爲婆羅門教師徒們祕密相傳的「深奧教義」。奧義書有許多種，由於長期失散，現在保存下來的仍有一百零八種，[其中最古老的奧義書產生於公元前十世紀。奧義書擺脫了梵書和森林書對宗教神話、祭祀儀式和祭祀方法的研究，開始以哲學思維的方式探討世界的本源、人的本質、人與神和人與自然的關係、靈魂與肉體的關係、人死後的命運等等問題。因此說，奧義書是印度最早的哲學著作。奧義書的內容豐富而龐雜，包括各種各樣的相互對立的學說和思想，其中對後世影響最大的是「梵我同一」、「業報輪迴」和「精神解脫」等學說。在這些學說中，核心的理論是「梵我同一說」。此學說認爲:

> 宇宙的基礎、萬物的本源是一種精神實體，稱之為「梵」。梵是一種純粹的精神，無所不在，永恒不滅；既無差別，也沒有形態和屬性；既不能用概念來理解，也不能以語言來表述；它是宇宙各種現象產生、維持的原因，也是各種現象消融、回歸的最終歸宿。人內在的靈魂被稱為「我」或「阿特曼」（atman），它是由精神本體梵演化而來的，具有最高精神的本性，只是暫時受到肉體的限制和束縛。在本質上，作為宇宙精神的「梵」和作為個人靈魂的「我」是同一不二的。一個人只要認識到「梵我同一」的真理並在瑜伽實踐中體悟到它，就可以使「我」從肉體的束縛中解放出來，與最高宇宙精神——「梵」相結合，從而獲得精神的解脫。

奧義書的梵我學說，後來一直是吠檀多論者的中心議題。然而，在梵、我、世界三者的關係上，吠檀多哲學家們發生了爭論和分歧。在古代吠檀多論的發展史中，由於對三者關係的看法不同，從而產生出各種不同的學派。其中最有代表性的派別是吠檀多不二論（Advaita-vāda）、吠檀多限制不二論（Viśista-advaita-vāda）和吠檀多二元論（Dvaita-vāda）。

吠檀多不二論，又稱吠檀多一元論，產生於七世紀，由喬荼波陀（Gaudapāda，約 7 世紀）創立，後由著名吠檀多理論家商羯羅（Sankara，700-750）繼承和發展，逐步系統化和理論化。這個學派自商羯羅之後，在吠檀多歷史上一直占主導地位。喬荼波陀贊同奧義書中的梵我同一說，認爲梵好比沒有限制的大虛空，個我如同瓶中的小虛空，兩者雖然在形式上不同，但在本性上卻是同一不二的。當瓶被擊破時，大虛空與小虛空，即梵與我將融爲一體。在探討梵與世界的關係時，他提出一種「摩耶論」（Māyā-vāda），亦稱「世界幻相說」。認爲:

> 梵是唯一的實在，世界各種現象是梵通過一種幻力（即摩耶）創造出來的，是不真實的存在，如同夢幻和海市蜃樓一樣。幻現的世界也是人的心識作用的結果，世界的各種現象經過無明心識的轉變，就像一把搖動的火炬，一會兒呈圓形，一會兒呈長形。

商羯羅繼承了喬荼波陀的思想，並吸收大乘佛教學者龍樹的「眞俗二諦」的理論，提出了「上梵、下梵」，「上智、下智」的學說。按照他的觀點，梵本身是不可見、不可聞、不可說、不可思議的絕對實在，不具有任何屬性和形式。但是，當凡人用世俗的經驗觀察它時，便給它附加上各種各樣的屬性，如全智、萬能等。由此產生出兩種梵：一種是**無屬性、無差別、無限定的梵**，即「**上梵**」；一種是**有屬性、有差別、有限定的梵**，即「**下梵**」。在梵與世界的關係上，他發展了喬荼波陀的摩耶論。認爲從「上智」，即從超經驗或絕對的觀點看，世界是梵的一種幻相，是梵通過摩耶顯現出來的。摩耶是由人的無明心識而引起的，原本眞實的梵經過心識的作用而幻顯爲世界，正如繩被人誤認爲蛇一樣。但是，一般世人從「下智」，即從經驗的、相對的觀點看，則把世界及其各種現象視爲眞實的，因而沉迷於現象世界之中，甘受各種痛苦。所以，他主張一個人要想獲得解脫，就必須克服無明的「下智」，放棄對世俗的迷戀，獲得眞知的「上智」，證悟梵我不二的眞理。

十二世紀，印度教虔信派改革運動創始人羅摩奴闍（Rāmānuja，？-1137）提出了吠檀多限制不二論。與商羯羅不同，他認爲：

> 梵是有差別、有屬性和有作為的。梵所顯現的世界不是幻現，而是真實的變現；梵與它所變現的現象界，都是實在的。現象界分個我（精神）與世界（物質）兩類：個我是梵的精神力的表現，它像原子一樣微小，數目衆多，散布於人的肉體之中，如燈光照亮全室；世界是梵的非精力的表現，它由原初物質所構成。梵與個我(精神)、世界（物質）之間的關係是實體與屬性、全部與部分的關係。梵是實體或全部，個我和世界是它的屬性或部分。

雖然三者在本質上是同一的，但是在性質、形式和作用上有差異。他認爲，屬性從屬於實體而不等於實體，實體不可避免地要受到其屬性的限制或制約。雖然梵受到個我和世界的制約，但仍保持著一個完整統一的實體。因此，這種學說被稱爲「吠檀多限制不二論」。

吠檀多二元論產生於十三世紀，由南印度毗濕奴教派最有影響的哲學家摩陀婆（Madhva，1197-1276）所創立。他反對堅持「梵我同一」的不二論，而主張兩種實體說。一種是自存的或獨立的實體，即梵；另一種是依存的或相對的實體，即個我和世界。梵是至善、圓滿、最高的精神實體，具有無限的智慧和力量，是創造、維持、毀滅世界的力量，毗濕奴大神乃是它的化身。個我也是一種精神實體，它雖然依賴於梵、受梵的控制，但仍然保持相對的自由。世界是物質實體，儘管它是由梵所創造的，但它不同於梵。爲了強調梵、個我和物質世界三者的差異和各自的獨立性，摩陀婆提出了「五別異論」。這五種差異爲：

1.梵與個我的差異

2.梵與物質的差異

3.一個我與其他個我的差異

4.個我與物質的差異

5.一物質與其他物質的差異

摩陀婆的這種二元論，顯然與現代哲學意義上的二元論不同，但是它打破了傳統吠檀多論中梵的絕對性和至高性，突出了個我與物質世界的相對獨立性。

在奥羅賓多看來，歷史上的各種吠檀多學說，在最高本體梵與個我和世界的關係上或在本體界與現象界的關係上，都有其缺點和片面性。吠檀多不二論的缺點在於，它雖然強調梵的至高性，梵與我的絕對同一性，但是否定了物質世界的實在性，割斷了梵與物質世界的聯繫。限制不二論的缺點在於，它雖然強調物質世界的實在性，但是卻使梵的本質受到其屬性的制約，從而損壞了梵的絕對性。吠檀多二元論在強調個我與物質世界的獨立性的同時，從根本上破壞了最高本體的至上性和一元性。為了克服以往吠檀多學說的缺點和片面性，奧羅賓多將各派學說綜合起來，去其糟粕，取其精華，創立了整體吠檀多論。在他的整體吠檀多論中，既堅持了最高本體梵的絕對性和至高性，又維護了個我和物質世界的眞實性；使梵與我、精神與物質、本體界與現象界有機地統一於一個整體中。奧羅賓多在評述自己的「整體論」時說：

> 這種整體知識，承認一切存在觀的有效真理在它們各自的領域中是正確的，但是它尋求消除它們的局限和否定，協調這些局部真理，使它們在一更大的真理中相和諧。這一更大的真理將使我們存在的一切方面在那唯一遍在的「存在」中圓滿實現。❶

從現代哲學的觀點看，奧羅賓多的整體吠檀多論又被稱為「精神進化論」。自十九世紀中期達爾文的生物進化論問世以後，世界上出現了形形色色的進化學說，以解釋自然界和人類社會的發展變化。奧羅賓多的精神進化論正是這種思潮的產物。他雖然

❶ 奧羅賓多：《神聖人生論》，卷二，頁 666，本地治里，奧羅賓多修道院，1970年。

吸收了達爾文生物進化論的某些內容，但認爲這種學說是不完善的。聲稱達爾文的進化論只解釋了「地上存在的」、「短命的」現象，並沒有說明「天上的」、「永恒的」存在。因此，他的進化論則試圖把地上的和天上的、短命的和永恒的存在，即自然界與超自然界連結爲一個整體。

關於精神進化論，我們將在以後的章節中作詳盡的剖析。在此，爲了說明其名稱的由來，只作一簡要的評述。精神進化論的理論基礎，是傳統吠檀多的根本原理「萬物皆爲梵」和「萬物起源於梵、存在於梵，並還原於梵」。奥羅賓多確認，宇宙的最高本體是一種純粹精神實體，稱之爲「梵」或「宇宙精神」。萬事萬物皆爲梵的顯現形式，即「宇宙精神」的表現形式。「宇宙精神」按其高低順序，可以分爲若干個等級，如梵、超心思、心思、生命、物質等。物質也被視爲「精神」的最低級、最愚鈍的形式。在探討宇宙進化過程時，奥羅賓多把宇宙分爲現象界和本體界。現象界包括物質、生命和心思；本體界包括梵與超心思。梵一方面作爲宇宙之本體，萬物之起因；另一方面又是萬物進化的目標、最終的歸宿。超心思是指一種超越人心理和思維活動的意識，即一種超自然意識，它起著連接現象界和本體界的媒介作用。

爲了使現象界和本體界統一起來，奥羅賓多設計了一個「精神」自我退化和自我進化的過程。這個過程是雙重的：首先是梵以超心思爲媒介下降或退化到現象界，然後現象界萬物再向上進化，經過超心思最終還原於梵。下降的過程是按順序，一級一級進行的。梵通過超心思下降到心思，由心思下降到生命，由生命下降到物質。這一過程是梵的自我否定，自我退化，即由純精神狀態轉化爲自然界萬物的過程。在自然界中，梵披上了自己所顯現的各種具體外衣，成爲有外殼包裹的「潛在意識」。這種「潛在意識」隱居於萬物之中，有恢復自身本來面目的要求，因而推動萬物向「精神」的最高等級——梵進化。這個上升或進化的過程始於物質，經過生命、心思、超心思，最終達到一種統一和諧的純精神狀態——梵的境界。這樣一來，奧羅賓多便把現象界和本體界統一於一個「精神進化」的體系中。

所謂「精神進化」，就是把整個世界的變化都看作是「純精神」自我退化和自我進化的過程，也就是從純精神轉化爲物質，再由物質轉化爲純精神的過程。世界的演化構成了一個圓圈，梵既是演化的起點，又是演化的終點。以這種理論爲基礎，奧羅賓多又進一步說明了人的進化、社會的發展，由此建築起一個完整的「精神進化論」體系。

二、整體吠檀多論的特點

奧羅賓多的整體吠檀多論的基本特點，是博採各家之學說、薈萃各派之精華，在綜合融匯的基礎上進行改造和創新，建立起一個獨具特色，古今罕見的哲學體系。奧羅賓多哲學綜合融通的特點，表現在如下四個方面:

(一)綜合東西方哲學

這裡所說的東方哲學，主要指印度傳統哲學。所謂「綜合東西方哲學」，也就是綜合印度傳統哲學與西方哲學。從總體上看，西方哲學與印度哲學有著各自不同的特點:

(1) 西方哲學注重自然，哲學與自然科學相結合的傾向極其顯著；而印度哲學重點在於研究人生，研究人的行爲規範、道德實踐及人的命運與歸宿，哲學與宗教保持不可分割的聯繫。

(2) 西方哲學強調知識、重視理智，理性主義濃厚；而印度哲學則強調內省、直覺、神祕主義的個人體悟，超理性的傾向占主導地位。

(3) 西方哲學注重批判，常常師出同門而主義各異；而印度哲學偏重於師傳承襲，一種學說延續多年而變化不大。

考察奧羅賓多的哲學，不難發現它兼容了西方和印度哲學的不同特點。奧羅賓多把研究自然界的進化與研究個人的精神進化和人類未來的命運結合起來，建立起他的精神進化體系。在這個體系中他一方面承認感性經驗與理性思維的重要性，另一方面又強調內省直覺在認識至高眞理的必要性；一方面承襲傳統吠檀多的基本原理，另一方面又批判商羯羅的「世界幻相說」，從而把理性主義與非理性主義、繼承與批判精神調和融匯在一起。

另外，在奧羅賓多的哲學中既可以看到赫拉克利特、柏拉圖、黑格爾、柏格森等西方哲學家的思想痕跡，又可以見到奧義書、薄伽梵歌、吠檀多論、大乘佛學等印度傳統思想的印記。在對最高本體「梵」的說明中，他既採用印度哲學中「不是這、不是那」、「眞、智、樂」等傳統觀念描述它，又採用西方哲學中「絕對」、「純粹存在」、「無限的能量」、「眞理—意識」、「眞理念」等術語加以解釋。在奧羅賓多看來，沒有東西方文化的統一，就沒有人類的未來。他反對西方人對東方文化的貶低，主張公平地看待東西方文化。爲了克服人類社會的各種矛盾，印度人應當吸收西方文化中有益的東西，西方人也不應當忽視印度精神文化對人類所做的貢獻。正如評論家D. R. 巴里所言：

> 奧羅賓多希望把東西方這兩種對立的觀點相互結合貫通，在人類生活中找到一種統一的、共同的世界文化。❷

> 奧羅賓多哲學的目的，乃是調和我們人類生存中的各種衝突，試圖把東西方思想綜合為一體，以迎接當今時代的各種挑戰。這種哲學在實現未來的各種可能性方面給人類帶來了一種新的希望。❸

(二)調和唯物論與唯心論

奧羅賓多承認歷史上各種唯物論和唯心論學說在各自的領域中所做出的貢獻，但是他又認爲這兩種哲學都有其片面性。唯物論哲學企圖用物質的觀點來解釋宇宙的一切現象，只承認物質世界是眞實的，而否定人具有靈魂或「精神」，把靈魂不死、精神解脫、彼岸天堂統統看作是人主觀的想像或幻覺。相反，宗教唯心論，即出世論哲學則試圖用「精神」的觀點來說明一切，它否定物質世界的實在性，確信人的靈魂存在，一味追求精神的解脫，渴望死後上升到永恒極樂的天國。奧羅賓多說：

> 倘若唯物論認為自己的觀點是正確的，堅持物質是真實的，

❷ D. R. 巴里：《現代印度思想——從羅姆・摩罕・羅易到 M. N. 羅易》，頁143，新德里，1980年。

❸ 同上書，頁142。

相對世界是我們在某種程度上可以確信的唯一事物，而彼岸世界則是不可知的，即使彼岸世界確實不是非存在的話，那也只是心靈的夢幻、思想脫離現實的一種抽象；那麼，出世論者也同樣認為自己的觀點是正確的，他們迷戀「彼岸」，堅持純粹「精神」是真實的，是唯一無生死變化的東西，而相對世界卻是心思和感覺的一種創造物，一種夢幻，一種在相反意義上心思脫離純粹和永恒「知識」的抽象。❹

奧羅賓多認爲，這兩種哲學相互對立，各走一個極端，皆不能全面正確地說明世界和人類社會。在他看來，物質和純精神只是最高實在的兩個方面或兩個不同等級；純精神可以退化到物質，物質也可以進化到純精神。唯物論否定純粹精神，而導致人對物質的貪求、私欲的增長和道德的敗壞。宗教唯心論否定物質，引導人們逃脫現實世界，從而否定了人的價值和生活的意義。因此，他的整體論就是要消除唯物論與唯心論的對立，克服兩者各自的片面性和極端性，使兩者調和於一個體系中。

(三)協調科學與宗教

一般認爲，科學與宗教是對立的。科學以理性爲基礎，通過感性認識和理性分析，來探索自然界和人類社會的發展規律；而宗教則以超理性爲基礎，相信和崇拜某種超自然的神靈或力量，並通過神祕主義的直覺證悟，來達到精神的解脫或人與神的結

---

❹ 奧羅賓多：《神聖人生論》，卷一，頁17，本地治里，奧羅賓多修道院，1970年。

合。但是，奧羅賓多卻力圖在自己的哲學體系中把科學與宗教調和起來。

奧羅賓多對宇宙進化過程的論述，就明顯地表現出協調科學與宗教的特點。十九世紀的細胞學已經發現蛋白質——一種特殊的物質，通過化學變化在一定的條件下可以轉化爲生命。根據生物化學的研究，生命物質經過長期的發展，在一定的條件下也可以產生思維活動。奧羅賓多一方面攝取了十九世紀的這些科學成果，承認物質進化出生命，生命進化出思維，也就是承認無機物可以轉化爲有機物，生物可以產生精神意識這一科學的進化規律。但是，另一方面，他又站在宗教唯心論的立場上，對這一規律給予超理性的解釋。他認爲，物質向生命、心思的進化完全是由一種神祕的「意識力量」的推動。自然界的發展變化不是由於自身內在的原因，而是由於來自外部的超自然的精神力量。再者，他把物質到心思的進化，即無機界向人的這種自然進化，看作是整個精神進化的一小部分。精神進化更主要的部分，則是從心思向超心思或梵的進化。這種通過直覺證悟和瑜伽實踐從心思向超心思的進化，則屬於宗教神祕主義的範疇。在他的學說中，把科學的自然進化規律與宗教的「體驗精神」、「證悟精神」的思想調和在一起。

(四)融滙自然觀、認識論、倫理觀、宗教觀和社會歷史觀於一體

奧羅賓多以精神進化爲武器，不僅研究了宇宙的進化、人的進化，而且研究了社會歷史的發展變化。這些研究涉及到自然觀、人生觀、認識論、倫理觀、宗教觀和歷史觀諸方面，其中每

個方面都與其精神進化學說有著不可分割的關係。離開了精神進化學說，就不能正確地理解他的任何一種觀點。例如，在認識論中他認爲人的感覺和理智雖然在認識世界中有著重要的作用，但是它們仍屬於不完善的認識方式，不能揭示人內在的精神本質「自我」和宇宙最高本體「梵」。只有靠直覺證悟的方式，才能認識這些眞理。然而，他並不主張拋棄感性和理性認識，而主張通過精神的轉化，將它們提高到精神的水平，轉化爲內在精神的工具，使它們爲人的精神進化服務。在倫理觀中，他認爲人內在的「自我」，來源於代表最高眞善美的宇宙精神本體「梵」，因此「自我」也具有眞善美的本性。人的一切道德活動，乃是要尋求和發現內在的「自我」，以使自己的行爲與最高的眞、善、美相統一。在宗教觀中，他認爲宗教的本質就是尋求神，這個神不是別的，正是精神進化所要追求的最高精神本體「梵」。因此，宗教的目標與精神進化的目標實質上是一致的。他反對只注重教義教規和煩瑣儀式的各種宗教，提倡一種以體悟精神爲主要方式的「精神宗教」，力求把宗教也納入其精神進化的軌道，使宗教成爲人類精神進化的一種輔助力量。在社會歷史觀中，他認爲人類以往的歷史都是不完善的，充滿著各種苦難。爲了徹底擺脫苦難，人類必須通過精神進化的道路，最終建立起「精神化的社會」，到那時人類才能實現自由平等、和諧統一的理想。總之，奧羅賓多以「精神進化」爲一條主線，把他的自然觀、人生觀、認識觀、倫理觀、審美觀、宗教觀、歷史觀統統貫穿起來，構成了一個龐大的思想體系。

分析了以上幾個特點之後，應當指出：奧羅賓多在綜合東西方哲學、唯心論與唯物論、宗教與科學時，並不是均衡地對待各種學說，也不是簡單地把各種觀點雜揉到一起。其哲學的基本立場，是以印度傳統吠檀多論爲基礎的。他吸收西方哲學的營養，注重自然和理性的因素，只是爲了彌補傳統吠檀多的不足；攝取唯物論和科學的內容，也是爲了克服吠檀多唯心論的缺陷。其最終目的只有一個，即試圖建立一個以吠檀多不二論爲核心的，超越唯物論和唯心論的「絕對眞理」的體系。

三、整體吠檀多論的思想淵源

奧羅賓多有著與其他印度現代哲學家不同的生活經歷。他自幼接受西方教育，五歲入英國教會學校，七歲赴英國，留學十三年。在英國他讀過中學、大學，掌握了英語、拉丁語、法語、德語、意大利語和西班牙語，博覽了歐洲古代和近現代的哲學、文學和歷史名著，是一個全面系統地受過西方教育的人。他的著作全部用英文寫成，其英文寫作水平甚至超過一般英國人。回到印度之後，他深感自己對祖國文化了解的不足，開始學習孟加拉文和梵文，並且鑽研印度古代的各種哲學和宗教經典。他曾把吠陀頌詩和各種奧義書譯成英文，多次發表評論《薄伽梵歌》的文章，並以《摩訶婆羅多》中的神話傳說爲素材，創作出著名的詩篇《莎維德麗》。奧羅賓多早年的經歷，爲其後期的哲學創作積累了豐富的知識，奠定了堅實的基礎。他旣了解西方，又了解印度；旣受過西方文化的強烈薰陶，又受過印度文化的深刻洗禮。他一生追求眞理，追求在綜合東西方文化的基礎上創立一個完美無缺的思想體系。因此，在他身上旣體現出東西方文化的圓融貫通，也體現出他對印度和西方思想的批判與吸收、繼承與發展。

具體地說，奥羅賓多整體吠檀多論的思想淵源主要有三個方面:

(一)印度傳統哲學與宗教的影響

在印度傳統文化中，對他影響最大的無疑是吠陀、奥義書和由之而發源出來的吠檀多哲學體系。奥羅賓多在評價印度文化時說:

> 儘管印度文化有許多弊端，並且正在衰退，但是印度文化的精神及其基本觀念和美好的理想，不僅對印度，而且對人類依然具有啓明作用。❺

因此，他把吠陀、奥義書和《薄伽梵歌》等古代經典視爲印度傳統文化之精華，把這些經典中所宣揚的「梵我同一」的眞理和追求精神解脫的理想看作是印度精神的體現。他不僅研究、翻譯和評注這些經典，而且把它們作爲自已哲學創作的理論依據。有趣的是，他在《神聖人生論》的每一章前，都摘錄一兩段吠陀、奥義書和《薄伽梵歌》中的話，作爲此章哲學論述的引言，以表明自已對古代聖典的忠誠。例如，在第一章正文前他引用《梨俱吠陀》的一段話:

> ……居於世界的這種神聖力量的最高出生有三重，皆為真實，皆可想望；他在無限中廣闊地運行著，以純粹啓明的

❺ 奥羅賓多:《印度文化的基礎》，頁31，紐約，1953年。

> 光輝照耀著，完成著……在生死中的那個永生的真實者，就是神，他向內建立的一種能量在我們神聖的力量中工作著……力量啊，高高地升起吧！穿過一切隱障，顯現出我們內中的神性吧！（《梨俱吠陀》，Ⅳ. 1·.7, Ⅳ. 2·1, Ⅳ. 4·5）❻

在第三章前引用奧義書的話：

> 一切皆為梵，「自我」就是梵，「自我」有四重：超緣、無相、不可思議、一切皆靜寂。（《蛙氏奧義書》，2·7）❼

在第八章前引用奧義書的話：

> 眾生中這祕密的「自我」是不明顯的，但是，它能被最高的理智、精細者所見到，能被有微妙視覺的人所視見。（《迦塔奧義書》，Ⅲ. 12）❽

奧羅賓多從吠陀和奧義書中選擇出這些有關「梵」與「自我」性質的描述以及證悟「梵我同一」眞理就可獲得解脫的話語，正是爲了從古代聖典中給自己的哲學觀點找到理論根據，並以此來闡發他的精神進化學說。

數論派哲學，也是奧羅賓多思想的重要源泉之一。在印度教六派正統哲學中，數論是一個具有唯物主義因素的二元論學說。

---

❻ 奧羅賓多：《神聖人生論》，卷一，頁1，版本同前。
❼ 同上書，卷一，頁17。
❽ 同上書，卷一，頁60。

數論主張「神我」（puruṣa，指獨立的精神實體）與「自性」（prakrti，指未顯現狀態的原初物質）是兩個並列的實體，兩者的結合是世界產生的原因。世界演化的過程是：

> 「自性」與「神我」結合之後，首先生出統覺（圓滿智慧），從統覺生出我慢（自我意識），從我慢生出十一根（包括心根，五知根一眼、耳、鼻、舌、身，五作根一手、足、發聲器官、排泄器官、生殖器官）和五種細微原素（色、聲、香、味、觸五種感覺），最後由五種細微原素生出五種粗大原素，即地、水、風、火、空。

儘管數論在物質與精神的轉化上弄得頭足顚倒了，但是它包含著唯物論的思想成分。

在闡述自己的哲學觀點時，奥羅賓多從古代數論中吸收了許多唯物論的思想營養。在說明「什麼是物質」的問題時，他一方面改造了數論的觀點，主張空、風、火、水、地五粗大原素通過五種感官產生出聽、觸、視、味、嗅五種感覺（五細微原素）；另一方面又用十九世紀歐洲盛行的力學觀點解釋空、風、火、水、地五種原素，把印度古人所云的「五大」解釋爲「力」的五種形態，從而使他的物質觀成爲印度數論思想與西方力學觀點的綜合。此外，他還經常借用數論中的「神我」與「自性」的關係比喩其哲學體系中靈魂與肉體的關係，用數論的「三德」學說來說明人的肉體、生命和心思的性質等等。

印度古代各種瑜伽學說，對奥羅賓多的思想產生了重要的影響。印度是一個篤信宗教的國家，宗教的最終目的是實現解脫。

所謂「瑜伽」，簡言之，就是實現解脫的具體修持方法。譬如，有的瑜伽學說主張，通過調息、制感、靜慮、觀慧等方式抑制人的情感和心思，使靈魂擺脫生死輪迴的苦海，上升到與神相結合仙境。自古以來，在印度教的思想體系中產生出各種各樣的瑜伽學說，如智瑜伽、業瑜伽、信瑜伽、王瑜伽、訶特瑜伽、密乘瑜伽等等。奧羅賓多不僅研究了各種瑜伽學說，而且親身實踐瑜伽。在瑜伽實踐中他感到瑜伽學說是印度精神文化的重要象徵，通過瑜伽修行可以改變人的思想，昇華人的精神境界。因此，他博採各瑜伽學說之長，創造出一種新的「整體瑜伽」學說。

奧羅賓多亦從印度教性力派和佛教教義中汲取了不少的思想乳汁。印度教分爲**毗濕奴派**、**濕婆派**和**性力派**三大教派。性力派是流行於奧羅賓多家鄉孟加拉一帶的主要教派，因而對他有較大影響。該派奉迦利、杜爾迦等女神爲至高之神，崇拜女神的性力——「薩克蒂」(Sakti)，認爲這種性力是創造宇宙萬物的根源。奧羅賓多把性力派所崇信的「薩克蒂」引進他的哲學中。他把最高本體「梵」看作是一種遍布宇宙的力量或能量，認爲這種力量就是「神聖的薩克蒂」，並稱它爲「神聖的母親」。他說:

> 印度古代思想所贊成的答案是，力(Sakti)是「存在」所固有的。濕婆與迦利、梵與力是同一個事物，而不是兩個分離的東西。❾

這表明，他把吠檀多論崇拜的「梵」與性力派崇信的「薩克蒂」

---

❾ 同上書，卷一，頁82。

有機地結合在一起，使「薩克蒂」成爲梵的一種重要屬性。另外，奥羅賓多十分推崇佛教創立者釋迦牟尼的思想和人格。他認爲釋迦牟尼在自己「覺悟」或「成佛」之後，還到處佈道傳教，解脫衆生。因此，他把釋迦牟尼視爲其理想中的人物，主張當一個人獲得精神轉化之後，也應當以釋迦牟尼爲楷模，去啓迪和轉化其他的人。奥羅賓多還把大乘佛教所宣揚的「菩薩」和「普渡衆生」的觀念作爲重要的理論根據，輸入到他的理想社會中。他認爲一個人的完善，不是眞正的完善；只有大衆的完善，才是眞正的完善。他所追求的「神聖人生」境界，就是人類的普遍解脫或普遍的精神化。

(二)西方哲學、歷史學及人道主義的影響

在英國留學期間,奥羅賓多閱讀過古希臘和羅馬的哲學著作,也研究過近現代歐洲著名哲學家的思想。歸國後,他曾撰寫《赫拉克利特》一書,專門論述古希臘哲學。西方哲學對他的影響是多方面的，他不僅從西方哲學中了解到唯物主義和理性主義思想以及大量新的哲學概念和術語，而且學到了科學的研究方法。在奥羅賓多的著作中，西方哲學的思想痕跡屢見不鮮。例如，他經常借用西方哲學的術語來說明自己的哲學概念。他用柏拉圖的「理念」解釋「超心思」，把這種神祕的「超心思」稱爲「眞理念」。還借用尼采哲學中的「超人」來稱呼他所追求的精神化的人，當然他的「超人」與尼采的「超人」有著完全不同的涵義。他經常像赫拉克里特或黑格爾那樣，利用辯證思維方法分析問題。他用對立統一的觀點說明了一與多、物質與精神、善與惡、明與無明、眞理與錯誤等哲學範疇。在論述眞理與錯誤的辯證關係時，他說:

在我們的世界上，錯誤永遠是真理的侍婢和開路者；因為錯誤本來是一半真理，只是由於某種局限性而跌倒；它常常是被喬裝起來的真理，以便不知不覺地接近於它的目標。⑩

有時，奧羅賓多還採用印度哲學與西方哲學比較的方式來闡述自己的觀點。他認爲在印度自古就有一種證悟精神、體驗精神的思想，在西方實際上也有這種追求超理性精神的觀點，在這一點上東西方是有共同之處的。他寫道:

在西方，意識的融滙綜合傾向被分析的和分離的傾向所代替，精神的追求和知識的理智幾乎在一開始就分手了，哲學從一開始便轉向一種對事物的純知識和推理性的解釋。但是，有一些派別，如畢達哥拉斯學派、斯托亞學派和伊壁鳩魯學派不僅在思想上，而且在人生行為上都是能動的，並且發展成一種追求人的內在完善的努力和訓練；這種追求內在完善的努力在晚期基督教或新基督教的思想結構上，達到了知識的一種較高的精神境界，在這種精神境界中東方與西方相會合了。⑪

十九世紀末二十世紀初西方出現了一種調和科學與宗教、唯物論與唯心論的哲學思潮，如斯賓塞的實證主義和馬赫主義等。1862～1896年，英國哲學家斯賓塞（Herbert Spencer，1820-

⑩ 同上書，卷一，頁12。
⑪ 同上書，卷二，頁879。

1903) 陸續出版了他的名著《綜合哲學》(十卷本)。在《綜合哲學》的第一部、即《第一原理》中, 他指出在現象、經驗之外還有一種作爲它們基礎的東西, 稱之爲「力的恒久性」(persistence of force)。這種「力的恒久性」是「無始無終的、無條件的」, 是「超出我們的認識和概念以外的」東西。此種「力」不僅是不可知的, 而且是精神性的東西, 是不可思議的「實在」。在斯賓塞看來, 科學和哲學只能研究現象, 而這種超越現象的神祕的「力」, 則是屬於宗教信仰的對象。因此他的結論是:

> 宗教和科學雖然看來是相互對立的, 但實際上只是表達了同一事實相反的兩面, 兩者的看法是可以互相調和的。

從這種意義上說, 他把自己的學說又叫做「哲學—宗教學說」。1883 年, 奧地利物理學家、哲學家馬赫 (Ernst Mach, 1836-1916) 在其《力學及其發展的歷史批判概論》中, 提出了一種「世界要素論」。他認爲, 物體、世界無非是「要素」的「複合體」, 而這種「要素」乃是指人的自我感覺。如他所說:

> 當自我不再感覺綠色, 當自我死了的時候, 綠色這個要素就不再出現於通常熟悉的聚合體中了。⑫

由於有了這種「要素」的聯繫, 在物體和感覺、內部與外部、物質世界和精神世界之間就不存在鴻溝了。因此, 他宣布自己的哲

---

⑫ 馬赫:《感覺的分析》, 第一章第十二節。

學克服了物質與精神對立的「**心物二元論**」，從而達到了超越唯物論與唯心論的高度。奧羅賓多在英國留學期間以及歸國之後，正是斯賓塞的實證主義和馬赫主義哲學在西方盛行之時。特別是斯賓塞的實證主義傳播到亞洲，對當時中國和印度的思想界產生很大的影響。奧羅賓多哲學中調和宗教與科學，唯心論與唯物論的傾向，不可避免地也受到這種思潮的影響。

在歷史學方面，對奧羅賓多影響較大的是德國近代歷史學家卡爾·蘭普雷克特（Karl Lamprecht，1856-1915）。蘭普雷克特曾任波恩大學、萊比錫大學的歷史教授，著有《中世紀的德意志經濟》（三卷）和《德國史》（十二卷）等名著。他是最早研究人類心理因素在歷史發展中的作用的學者之一，並且根據人類心理的發展水平對歷史階段進行了劃分。奧羅賓多的社會進化思想深受蘭普雷克特的心理型史觀的影響。他在考察人類歷史過程中，不僅效仿了蘭普雷克特的心理分析方法，而且沿用了蘭普雷克特所使用過的名稱對歷史進行分期。

從少年時代起，奧羅賓多就是一個文學愛好者。他閱讀了大量英法資產階級革命時期的詩歌、小說和文學作品，這些文學作品所蘊含的人道主義思想以及爭取自由平等的反抗精神深深地印刻在他的腦海中，對其世界觀的形成產生重要的影響。例如，他在回憶雪萊的長詩〈伊斯蘭的反叛〉對他的影響時，說：

> 〈伊斯蘭的反叛〉是我少年時期最喜歡的詩篇，我曾反反覆覆地閱讀它，當然還是不能完全理解它的每一個地方。但是，這首詩顯然對我的人生產生了某種影響，我當時萌生出一種想法：我要將自己的一生奉獻給一種與之相類

似的世界性變革，並且投身於它。除此似乎沒有其他的影響。⑬

青少年時代培養起來的這種爲追求自由平等而反抗和獻身的精神，後來不僅成爲他投身民族獨立運動的力量源泉，而且也是他進行哲學創作的思想動力。他敢於批判印度傳統文化中陳腐落後的東西，批判人類社會中弱肉強食、以強凌弱、以大欺小的不公正現象，主張用自由、平等、博愛的人道主義精神指導人類，最終建立一個人與人相親相愛、國家與國家平等互助的「人類統一」的社會。

(三)西方自然科學的影響

奧羅賓多在英國受過系統的自然科學的教育。他對十九世紀自然科學的偉大成果，如達爾文的進化學說、能量守恒和轉換定律和細胞學都有深刻的了解，這對其哲學和社會進化理論的形成不能不產生重要的影響。在各種自然科學中，對奧羅賓多影響最大的是達爾文的生物進化論。1859年達爾文發表了他的偉大著作《論通過自然選擇或生存鬥爭保存良種的物種起源》，創立了他以自然選擇爲基礎的進化論學說。在達爾文進化論的影響下，十九世紀下半葉和二十世紀初期世界上出現了許多用進化觀點解釋自然和人類社會的學說。奧羅賓多的「精神進化論」就是其中之一。奧羅賓多的進化論一方面承認從無生命的物質進化出有生命的動植物，從無思維的動植物進化出有思維能力的人類，另一方

---

⑬ M. P. 潘迪特：《奧羅賓多大師——現代印度的創立者》，頁20。

面又將這種進化與印度傳統中「梵我同一」、「證悟精神」的理論結合起來，構成了他的獨具特色的精神進化學說。

除進化論之外，奧羅賓多還運用物理學、化學、生物學、心理學、醫學等學科的知識來說明他的哲學觀點。例如，他用物理學的「力」和「能量」，解釋無所不在的梵；用生物學中植物受到外界刺激會引起某種「反應」的觀點，說明植物的生命性和內在精神性；用醫學中的「染色體」，來解釋人的出生和遺傳因素；用「無線電」的傳播，說明物質與精神、肉體與靈魂的聯繫；用心理學的觀點，說明社會的進化與發展等等。

綜上所述，奧羅賓多的整體吠檀多論，一方面淵源於印度傳統文化，一方面受到西方人文科學和自然科學的影響。西方文化的影響使他獲得了辯證思維、邏輯推理的科學分析方法，並且使他站在唯物論和理性主義的立場上批判印度傳統文化中陳腐、落後和愚昧的東西；印度文化的薰染，又使他竭力維護印度文化中超理性的精神論⑭，並且站在精神論的立場上批判西方唯物論和理性主義的不足，以及過分追求物質享受和滿足自私欲望的種種弊端。概言之，奧羅賓多既是印度傳統文化的繼承者，又是批判者；既從西方文化中汲取豐富的營養，又抵制和批判其中與印度精神論相駁的東西。

---

⑭ 印度哲學家常用「精神論」（Spirituality）一詞，此詞意指通過內省直覺的方式證悟人內在的靈魂或「精神」，最終使人的「精神」擺脫肉體的束縛，達到與宇宙最高精神本體的結合，實現人與自然的統一。

第四章　宇宙進化說

奧羅賓多試圖建立一個超越唯物論和唯心論的絕對眞理體系。他認爲，在物質與精神的關係上，無論唯物論還是唯心論都是片面的，都是強調一方，而否定另一方。兩者各自將自己的學說引向極端，只達到「一半的眞理」❶。在論述唯物論時，奧羅賓多承認以理性主義爲基礎的唯物論爲人類做出了巨大的貢獻：它破除了中世紀的各種迷信和形而上學的偏見，促進了自然科學的發展，導致實驗方法的勝利。但是他又指出，唯物論只相信物質世界是眞實的，企圖從物質的角度解釋一切問題，從而忽視人內在的精神作用，限制了對精神的進一步探討。這種極端使人們沉迷於物質的追求，而導致「精神事物的崩潰」❷。同樣，他認爲宗教唯心論，即出世論的缺點，在於一味堅持純粹精神或人的靈魂是實在的，彼岸世界是唯一眞實的，從而否定物質和現實世界的眞實性。這種極端必然貶低人生價値和現實生活的意義，導致「人生的破產」❸。爲了調和唯物論與宗教唯心論的對立，他創立了整體吠檀多學說。

整體吠檀多論的出發點，是要從根本上把梵與世界、純精神與物質協調統一起來。對於人來說，則是使內在的「精神」或

---

❶❷　參見奧羅賓多：《神聖人生論》，第二、三章「兩種否定——唯物論的否定和出世論的否定」。

❸　同上。

靈魂與外在的物質肉體和生命相統一的問題。在奧羅賓多看來，歷史上的各種哲學學說都沒有能解決純精神與物質之間的矛盾。他說:

> 假如我們只承認一種純粹的精神，或者只承認一種機械的、無知的物質或力量，把前者稱為「神」或「靈魂」，把後者稱為「自然」，那麼其結果也必然是：我們不是否定「神」，就是否定「自然」。對於人的心思和生命來說，勢必會二必擇一。人的心思不是否定純精神，以為它是虛幻的想像，就是否定物質，以為它是虛假的感覺。❹

又說:

> 人的心思絕不會滿足於這些不產生結果的矛盾之中。它總是尋求一種全面的肯定，而且只能通過一種明顯的調和才能找到。❺

奧羅賓多力圖尋找到一種對純精神和物質全面肯定的眞理。他的宇宙進化學說，就是圍繞著純粹精神與物質之間的關係這個中心問題而展開的。

❹　奧羅賓多:《神聖人生論》，卷一，頁7。
❺　同上。

一、宇宙最高本體——梵

要探討奧羅賓多的宇宙進化學說，首先需要分析其哲學體系中宇宙最高本體——梵的性質和特點。

奧羅賓多爲了調和純粹精神與物質的對立，他所面臨的第一個問題，就是要尋求一種能協調兩者的眞理。如他所說：

> ……我們必須找到一種真理，這種真理既能完全調和純精神與物質這兩個對立者，又能使兩者在人的生命中獲得應有的地位，在思想中得到應有的證明；既不剝奪其中任何一方的權利，也不否定任何一方的至高性。❻

他進一步指出，能調和純精神與物質的眞理必須具備兩個條件：

第一、這個眞理必須能夠包容萬物，容納萬物於一體；無論是純精神還是物質，都只是它的一個方面或一種表現形式。

第二、純精神與物質作爲兩個極端，相距甚遠，要使兩者統一起來，在它們之間就必須有許多中間環節，如生命、心思等。這個眞理必須承認這些中間環節，以及它們在純精神與物質之間的媒介作用。

那麼，這種眞理是什麼呢？奧羅賓多認爲，其哲學體系中的最高本體——梵就是這種眞理。他寫道：

❻ 同上書，卷一，頁25。

> 我們已經在「宇宙意識」中找到了一個精神與物質的會合之處，在這裡物質對精神來說是真實的，精神對物質來說也是真實的。❼

奧氏所謂的「宇宙意識」(the Cosmic Consciousness)，就是指其哲學的最高本體——梵。在他的著作中，有時按照傳統吠檀多的方式說明最高本體，稱它爲「梵」(Brahman)、「大全」(All)、「唯一」(One)、「神聖者」(the Divine) 等；有時又賦予它以現代哲學的涵義，稱之爲「宇宙意識」、「宇宙精神」(the Cosmic Spirit)、「無限」(the Infinite)、「絕對」(the Absolute)、「無所不在的實體」(the Omnipresent Riality) 等等。

關於梵的概念，奧羅賓多繼承吠檀多不二論的觀點，認爲梵是宇宙的本源，世界萬物的基礎。他說:

> 一個無所不在的實體是一切生命和存在的真理——不管是絕對的，還是相對的；有形的，還是無形的；有生命的，還是無生命的；有理智的，還是無理智的……一切變異物皆起源於這個實體，存在於它，並回歸於它。❽

這句話表明世界萬事萬物，無論物質的還是精神的，都是由梵派生出來的，皆爲它的顯現物。他又說:

---

❼ 同上書，卷一，頁25。
❽ 同上書，卷一，頁33。

> 梵既是開端，又是終點。它是唯一，除了它什麼也不存在。❾

所謂「開端」，意味著梵先於世界，萬物是由它所產生；所謂「終點」，表明梵是世界的歸宿，萬物最終要還原於它；所謂「唯一」，說明萬物皆爲梵的顯現物，都是梵的表現形式。換言之，梵是宇宙的創造因、質料因，也是萬物存在的動力因和目的因。

古代吠檀多論通常從兩個方面闡述梵。一方面，採用**遮詮法**，即以否定的方法達到對梵的無限性和至高性的肯定。他們宣稱，梵無形無性，超越人的感覺經驗和理性思維，是不能用任何語言和邏輯概念來表述的，只能謂之爲「不是這，不是那」(Neti, Neti)，以此強調梵的絕對性。在這方面最典型的表述，如《廣林奧義書》所言：

> 此卽婆羅門所稱不滅者。它非粗、非細、非長、非短、非紅（火）、非濕（水）、無影、無闇、非風、非空、非粘著、無味、無嗅、無眼、無耳、無語、無感覺、無熱力、無氣息、無口、無量度、無內、無外，它不食何物，也不為何物所食。（《廣林奧義》III.8.8）

另一方面，又採用**表詮法**，即以肯定的方式達到說明梵至上性的目的。我們知道，梵不單是哲學意義上的本體，亦是印度教徒信仰的對象、非人格化的最高之神。這個本來無法言表的對象，爲了

❾ 同上書，卷一，頁33。

使信仰者感到信服並加以崇拜，就不得不用語言把它表述出來。因此，吠檀多論者又以肯定的方式賦予梵種種至高的屬性。例如，在《廣林森林書》中把梵的各種屬性概括爲六種：**智慧**、**愛樂**、**實有**、**無終**、**妙樂**、**安固**。後來，吠檀多學者把這六種屬性簡化爲三種，即**實有**、**智慧**、**妙樂**，從而形成描述梵的一個三位一體的公式：**有**、**識**、**喜或眞**、**智**、**樂** (Sachchdananda)。

在論述梵的性質和特點時，奥羅賓多基本上也採取了傳統吠檀多的這兩種方式。從否定的方面，他對梵做了如下的概括：

> 這個唯一者（指梵）在本性上是無法界說的。如果我們用自己的心思去想像它，就只能通過一個無限系列的概念和經驗。最終，我們不得不否定我們最大的概念和最概括的經驗，以肯定這個實在超出一切定義。我們只能借用印度古代仙人的公式：「不是這，不是那」；除此我們沒有任何經驗可以限制它，也沒有任何概念可以規定它。⑩

從肯定的方面，奥氏卻在吠檀多的基礎上對梵的理論進行了創新和發展。他首先肯定了吠檀多的「眞、智、樂」的傳統公式：

> 古代吠檀多學給了我們這樣一個解答：在概念中、在經驗中，梵是唯一的、遍在的、基本的實在，梵的自性為「真、智、樂」。⑪

---

⑩ 同上書，卷一，頁33。
⑪ 同上書，卷一，頁57。

然後，又運用現代哲學的方法和自然科學的成果，對「眞、智、樂」的公式做了全新的解釋，提出了「**純存在・意識—力・歡喜**」新的三位一體說。

新的「三位一體」，就是說，梵本身既是「純粹存在」，又是「意識—力量」，又是「歡喜」或「妙樂」；三者合爲一體，不可分離。下面，我們從這三個方面剖析奧羅賓多的宇宙最高本體的特點：

(一)梵是「純粹存在」(the Pure Existent)

奧羅賓多知道，在現代社會中如果不用理性主義和科學的觀點來說明梵，那是很難令人心悅誠服的。因此，他設法把梵與現代科學的觀點聯繫在一起。在他生活的時代，即十九世紀末二十世紀初，西方哲學中出現了一個新的流派——「**唯能論**」，由德國著名化學家和哲學家奧斯特瓦爾 (Wilhelm Ostwald, 1853-1932) 所創立。唯能論利用當時的新興學科——物理化學的研究成果，提出一種理論。這種理論認爲，世界上的一切現象，無論物質還是精神，說到底都可以歸結爲「能量」或「能量」的轉換形式，於是一種脫離物質而獨立存在的「純粹的能」就成了世界的基礎。奧氏在這種理論的影響下，也借用唯能論的學說重新解釋梵。他說：

> 當我們擺脫了只顧有限的、飄忽不定的、自私的偏見，而以追求眞理的、好奇而冷靜的目光觀察世界時，我們所得到的第一結果，乃是感覺到一種出自無限空間和永恆時間

的無限存在、無限運動和無限活動的無邊無際的能量。⓬

又說:

這巨大的能量，用《薄伽梵歌》的偉大詞語來表達，就是一位平等而公正的母親，即「公平大梵」。⓭

在奧羅賓多看來，科學已經證明宇宙間充滿著無限的能量和能量的無限運動。這無限的能量和運動既蘊含於巨大的事物之中，也滲透於微小的事物之中，它公正地對待世界的一切現象，故稱之爲「公正的母親」。他認爲，這種能量的運動是博然浩大而茫茫無際的，已超出我們頭腦中「時間」和「空間」的概念範圍，亦無法用我們思想中「質量」和「數量」的尺度去衡量它。因此，這種能量雖然是一種存在，但卻是一種超越一切概念和形式的「純粹的存在」或「絕對」。用他的話說:

如果這是一種無限的、無法界定的、超時空的存在的話，那麼它肯定是「純粹的絶對」。它不能用一種數量或許多數量來概括，也不能由一種質量或許多質量來構成。它不是形式的集合，也不是各種形式掛名的基礎。倘若一切形式、數量、質量都消失了，它依然存在著。⓮

⓬ 同上書，卷一，頁71。
⓭ 同上。
⓮ 同上書，卷一，頁75。

由此看來，奧羅賓多是從唯能論的立場出發，推導出「無限的能量」是「純粹的存在」，「純粹的存在」就是梵的結論。其實，「純存在」的提法並非奧羅賓多的創造，早在黑格爾的哲學中就已出現過。黑格爾的「邏輯學」的第一個範疇就是沒有任何規定性的「純存在」，從「純存在」出發，「絕對精神」向前推演，逐步發展出「質」、「量」、「度」等範疇。在這裡，奧羅賓多的創新之處則在於，他利用西方哲學和自然科學的成果重新解釋印度哲學中最古老的概念 —— 梵，以使傳統吠檀多跟上時代的發展。

(二)梵是「意識-力」(Consciousness-Force)

如果說梵是一種超時空、無任何規定性的「純存在」的話，那麼它又是如何在時空世界中進化創造的呢？對於這個問題，奧羅賓多的回答很簡單：梵不僅是「純存在」，而且是一種「有意識的力量」或「有力量的意識」。在傳統吠檀多的「眞、智、樂」的公式中，只把梵看作是最高的「智慧」，而不具有力量，因而在解釋世界的創造過程中往往遇到許多麻煩。爲了避免這些麻煩，奧羅賓多提出了梵是「意識一力」的觀點。

他首先利用印度傳統說法，提出力量是「純存在」本身所固有的一種本性。他說：

> 印度古代思想所贊成的答案是，力是「存在」所固有的。濕婆與迦利、梵與力是同一個事物，而不是兩個分離的東西。⑮

⑮ 奧羅賓多：《神聖人生論》，卷一，頁82。

另外，在他看來，梵作爲創造世界的力量必定是有意識的。如果只是一個盲目的或無意識的力量，世界萬物的和諧和統一就無法解釋。那麼，這裡所謂的「意識」是指什麼呢？他指出：

> 當然，從這種觀點看，「意識」這個詞已經改變了原來的意思。它不再是人的心理活動的同義語，而是表示「存在」的一種自我知覺的力量。⑯

顯然，梵的「意識」並不是指人的心理意識，而是指「純存在」自己認識自己的一種先天意識，或者說，是一種獨立存在的客觀精神。

奧羅賓多認爲：

> 梵的意識在自性上是一種創造的或自我顯現的力量。⑰

意識本身就是一種創造世界的力量，這種力量具有兩種狀態：靜止狀態和運動狀態。當它在超時空的世界時，它處於自我凝集狀態，即表現爲靜止；當它在時間和空間世界時，則處於自我擴散狀態，即表現爲運動。「意識一力」在時空世界中自我擴散，就可以把它內部所蘊含的各種潛在形式顯現出來，從而產生世界萬物。換言之，「意識一力」在時空世界的運動過程，就是梵創造萬物的過程。他說：

---

⑯ 同上書，卷一，頁88。
⑰ 同上書，卷一，頁92。

在創造活動中，「存在」（指梵）能够通過其全能的自我意識知覺其內部的一切形式，並且通過其全能的自我力量產生和控制其內部的潛在的世界。⑱

由此看來，奧羅賓多提出「意識—力」的觀點，乃是要說明梵是創造世界的原理。

這裡需要注意的是，吠檀多哲學的「創造說」與基督教的「上帝創世說」是有區別的。在「上帝創世說」中，上帝創造天地萬物之後，又用地上的塵土造出了人的始祖亞當，並用亞當的一根肋骨造出了夏娃。這是一種人格化的創造說。而吠檀多的創世說是一種「自我顯現說」。梵被看作是包容一切的種子，其內部潛藏著世界的一切形式，所謂「創造」，就是梵自已將其內部潛在的各種形式顯現出來，發放出來，使它們在時空世界得以存在。奧羅賓多把「意識—力」作爲梵的創造原理，就是設想通過「意識」的知覺能力和「力量」的創造能力，使梵內含的各種潛在形式有秩序和協調地顯現出來，從而產生一個和諧統一的世界。

(三)梵是「喜」(Ananda)

「喜」是梵的第三個方面，它與「爲什麼要創造」的問題相聯繫。爲了說明「喜」的作用，奧羅賓多提出這樣一個問題:

即使我們承認這個「純存在」、梵或實體是萬物的開端、

---

⑱ 同上書，卷一，頁262。

> 終點和蘊含者，而且承認梵內在的自我意識與之不可分離，這種意識作為運動的力量向外顯現，而創造出許多力量、形式和世界，可是我們仍然沒有解答一個問題：「梵是完美的、絶對的、無限的、毫無所需、毫無所求的，那麼它為什麼要發放出自己的意識力量來創造這個形形色色的世界呢？」⑲

對於這個問題，奧氏的回答是：

> 喜就是創造的祕密，喜就是創造的原因。

他從兩個方面進行了解說：

第一、從梵的本性來看，他認爲凡具有無限性、絕對性的東西，其本身也必然是純粹的喜。他以人的經驗爲例來說明這一點。當人感受到痛苦時，肯定是他的意志或行爲受到了限制和阻礙；一旦超越這些限制和阻礙，使其意志和行爲獲得無限自由時，人便會感覺到無限的喜悅和幸福。同樣的道理，梵本身作爲「絕對」和「無限」，它不受任何事物的約束和限制，具有無限的意志自由和行爲自由，因此也必然具有無限的喜樂。他寫道：

> 意識存在的絕對性，就是意識存在的無限喜悅。兩者只是同一事物的不同名稱而已。凡一切無量性、無限性和絕對性，皆為純粹的喜。⑳

⑲ 同上書，卷一，頁91。
⑳ 同上書，卷一，頁91-92。

第二、從梵的運動來看，奧羅賓多認爲，既然梵的「意識一力」本身就是「喜」，那麼「喜」也同「意識一力」一樣具有向外擴展、進行運動的屬性。他說：

> 正如「意識一力」能够無限地把自身擴散到形式中，並有無窮的變化一樣，梵的「自我喜樂」也能够運動和變化，並且在無限豐富的世界所代表的無限流動和變化中獲得歡樂。釋放自我的喜悅，並且享受自我喜悅的這種運動和變化，乃是梵的「力量」進行擴散和創造活動的目的。㉑

簡言之，「喜」具有向外流溢，在世界各種形式中表現自已的特性。爲了使「喜」流射出來，並享受這種運動和變化所帶來的歡樂，就是「意識一力」外顯和進行創造的目的。

奧羅賓多對「喜」的詮釋，實際上是對印度古代「宇宙創造說」的一種繼承和發展。在傳統吠檀多論中，梵的創造活動被看作是一種「遊戲」(Lila)，它創造世界的目的不是爲了別的，只是爲了享受這種「遊戲」的歡樂。在印度教的神話傳說中，濕婆大神跳狂歡舞的過程也被看作是創造世界的過程，濕婆創造世界的目的正是爲了獲得跳舞的歡樂和喜悅。奧羅賓多在繼承古代思想的基礎上，把梵的「意識一力」與「喜」合二爲一，一方面可以說明梵創造世界的目的是爲了享受「意識一力」和「喜」的無限運動的歡樂，另一方面也可以說明「喜」與「意識一力」同樣擴散到世界一切形式之中，使人和萬物也具有統一、智慧和歡樂

㉑ 同上書，卷一，頁92。

的本性。人的這種先天的統一、智慧和歡樂的本性，對奧羅賓多下一步論述人類進化學說具有十分重要的意義。

通過奧氏關於梵是「純存在、意識—力、喜」三位一體的說明，可以看出他的梵的最大特點在於，它是「意識」和「力量」的統一體。這種「意識」和「力量」的結合，構成其精神進化學說的基礎。在他看來，假如梵只有「意識」，而沒有「力量」，那麼它必然是靜止不動的，創造世界的活動就無法進行；相反，如果只有「力量」，而沒有「意識」，那麼梵也必然是一種盲目的力量，它所創造的世界肯定是一片混亂。正因爲梵是有意識的力量，所以創造的世界才是井井有條的。奧羅賓多把世界產生和發展歸結爲一種神祕的，超自然的精神力量，並且用世界的和諧統一來證明這種精神力量的「意識」或「智慧」。這種對梵的解釋，可以說，頗接近於神學目的論的觀點。

二、世界的實在性

奧羅賓多繼承吠檀多不二論的基本思想，承認梵是世界一切存在的始基。但是，在梵與世界的關係上，他與古代吠檀多不二論的最大代表商羯羅發生了分歧。他反對商羯羅提出的「摩耶論」，主張現實世界並非虛幻的現象，而是眞實的存在。

奧羅賓多的哲學雖然充滿濃郁的神祕主義色彩，但是在對待世界這個問題上，他卻是現實主義者。他深知如果否定世界的眞實性，就等於否定了人存在的價值和生活的意義。在考察印度歷史文化時，他感到祖國文化最大的缺陷在於，它滲透著一種悲觀的情緒，一種逃避人生的出世觀念。這種觀念自古以來一直壓抑和束縛著印度人民的思想。出世觀念起源於對現實世界的蔑視和否定，「否定世界的哲學」是產生出世論的理論根基。因此，他在《神聖人生論》中，用了大量的篇幅批判了印度歷史上的各種「否定世界的哲學」。

奧羅賓多考察了印度哲學史之後，做出了這樣的評述：

> 在印度，否定世界的哲學是通過兩個最大的思想家佛陀和商羯羅的表述，才具有最高的權威和價值的。在他們之間和以後的時代中，也出現了許多相當重要的其他的哲學派別，其中一些派別被廣泛地接受了；這些派別也是由具有天才和精神洞察力的人以極其敏銳的思想所闡述的，並且或多或少成功而有力地駁斥了這兩大形而上學體系；但是，沒有一個派別能夠表現出同等的論證力量和對人的驅動力量，或者具有同樣巨大的影響。在印度哲學思想的歷史發展中，由於商羯羅提高了、完善了並且取代了佛陀的思想，所以這兩種特殊「精神哲學」的精神一直以奇巨的重量壓在印度的思想、宗教和普通百姓的心理上：到處都籠罩著它的強大陰影、到處皆有它的三大公式的印痕——業力的鎖鏈、生死輪迴的解脫和世界的幻有。㉒

否定世界的觀念在印度思想史中源遠流長。早在奧義書時代，雖然沒有形成明確的否定世界的哲學，但是已經出現了這

㉒ 奧羅賓多：《神聖人生論》，卷二，頁415-416。

種思想的萌芽。奥義書思想是以「梵我同一」、「業報輪迴」和「靈魂解脫」三大學說爲核心的，這些學說的最終目的乃是引導人們摒棄世俗生活，抑制感官欲求，到森林中靜修，以追求靈魂與梵相結合的彼岸境界。公元前六世紀，佛教創始人釋迦牟尼(Śākyamuni，公元前 564-486)提出了一套「否定世界」的理論。他的學說有許多方面，包括四諦說、十二因緣說、五蘊說、無常說和無我說等，其中否定世界的思想可以歸納爲三點:

一、世間一切事物都是因緣和合而生的，無一不是遷流轉化、變易無常的，世界上沒有湛然常住、永恆不變的事物。只有常住不變的事物，才是絕對永恆的實在；變化無常的事物只是相對的、暫時的，因此是不眞實的。正如佛經所云:「一切有為法、如夢幻泡影」。

二、人是形體和精神的集合體，是由色、受、想、行、識五種元素（五蘊）所組成，假名爲人，虛妄不實。人是身心假合，離開五蘊和合則不成爲人，猶如離開樑椽磚瓦也就沒有房子一樣。人如水涓涓，如燈焰焰，念念生滅，相續無窮，也不具有恆常不變的實在性。

三、世間充滿苦難，人生是一個無限痛苦的過程。人間世界猶如火宅或無邊的苦海。芸芸眾生，陷於熊熊的火宅中，備受煎熬；沉淪於茫茫苦海中，受盡苦難。唯一的出路是逃離現實世界，追求彼岸的「涅槃」境界。到了大乘佛教時期，龍樹（Nāgārjuna，約 2 至 3 世紀）進一步發展釋迦牟尼的思想，提出了「緣起中道論」。他認爲世界上的一切事物，甚至包括佛法等都是一種相對的因緣關係，皆爲假借的名相，它們本身沒有實在性或自性。故所謂:「眾因緣所生法，我說卽是空，亦為是假名，亦為中道義」(《中論》)。這種否定世界實在性的觀點，與人們的常識觀念相矛盾，而不能令人信服。爲此，龍樹闡發了「二諦說」。「二諦」，卽**俗諦**與**眞諦**。俗諦指世間的一般常識，眞諦指佛教所謂的勝義認識，卽佛教眞理。從俗諦看，世界的一切現象是有；從眞諦看，一切現象是空。龍樹認爲，將二諦統一起來觀察現象，就不僅能看到現象的性空，而且能看到現象的假有。這種把「空」與「假」綜合起來，不偏於俗諦也不偏於眞諦的方法，卽所謂的「中道」。龍樹把釋迦牟尼「否定世界的哲學」提升到一個新的水平。

到了公元八世紀，佛教日趨衰落，影響漸微。但是，印度教改革家商羯羅在綜合吠檀多不二論和龍樹的中觀派思想的基礎上提出了「**摩耶論**」(卽「世界幻相論」)，則進一步提高和完善了否定世界的哲學。商羯羅認爲，世界只是梵的一種幻現，這種幻現是由於人的無明心思所引發的。在梵顯現世界的過程中，原因被假象地、非眞實地轉化爲結果，好比人把繩誤看成蛇一樣。世界上的各種現象都是「摩耶」，猶如夢幻或海市蜃樓。雖然人從世俗的經驗看，世界是實有的；但是當一個人克服了無明，把握了「梵我同一」的眞理，就會發現世界是虛幻不實的，從而去追求絕對眞實、無限福樂的彼岸世界。隨著印度教的興起，商羯羅的思想影響逐漸擴大。儘管中世紀印度出現了許多反對摩耶論的吠檀多學說，但是這種「世界幻相論」的影響在印度經久不衰，一直延續到近現代。印度近現代先進的思想家，無一不對這種觀念進行有力的批駁。

奧羅賓多在對「摩耶論」的批判中，首先剖析了這種理論的思想根源。他認爲，否定世界的觀念產生於人的悲觀失望心理。當人在生活的道路上長期遭受挫折和失敗，他便失去戰勝困難的信心和勇氣，從而產生悲觀的心理。在這種悲觀的心態中，他開始懷疑自己生存的必要性，進而懷疑周圍一切萬物的眞實性。一旦否定客觀存在的觀念在人的頭腦中戰勝了肯定的觀念，便會引發出否定世界的哲學。奧羅賓多從人的感覺經驗（即「生命心思）和理性認識（即「思維心思」）二個方面進行了分析。他說:

> 生命心思，受到生活的挫折而感到失望，或者不滿意對人生的一切解答，從而被深深的厭惡和失意所壓垮，便感到精神煩惱，一切皆空，準備棄絶人生，並視存在為不真實，凡它所獵取的一切都成了幻相或摩耶；思維心思，破除對存在的一切肯定，發現一切都只是心思的構想，即使有唯一的實在，也是超出現有存在的，非創造的或想像出來的某種「絶對者」和「永恆者」，——凡一切相對的，時間中的事物，皆為夢幻、心思的妄想、或巨大的謬誤、無邊的宇宙幻有、表面存在的惑人的虛相。於是，否定的原則勝過了肯定的原則，而成為普遍和絶對的了。由此，興起了否定世界的各大宗教和哲學派別……[23]

[23] 同上書，卷二，頁415。

分析了「世界幻相論」產生的根源之後，奧羅賓多又進一步對它的兩個理論依據進行了批駁。幻相論的理論依據之一，是把世界比喩成夢幻。奥氏認爲，人的意識可以從一種狀態進入另一種狀態，從一個等級進入另一個等級，但是每個狀態或等級都有其自身的實在性。當幻相論者進入「梵我同一」或「涅槃」的狀態時，自以爲「涅槃」的意識是眞實的；即使這種意識是眞實的，也不能證明其以前的意識，即有關世界的意識是虛妄的，是夢幻。另外，人睡眠時所產生的夢境是一種容易消逝的意識，它既無前導，又無後隨，夢與夢之間缺少充分的連貫性。但是，在清醒狀態中，人們所感覺到的宇宙存在是有著必然聯繫的運動過程，宇宙中的「無限能量」無始無終，永不消逝。因此，夢境與清醒時的經驗並不是一回事兒。他說：

> 夢與清醒的生活不能同喻，這些經驗在性質上、效果和類別上差別甚大。㉔

又說：

> 夢幻的比喻對我們來說是完全不合適的，最好把它拋掉。它可以作為我們心思對其經驗所採取的某種態度的一種生動的比喻，但是對於研究存在的真實性、基本意義和起源的形而上學來說，則沒有任何價值。㉕

㉔ 同上書，卷二，頁420。
㉕ 同上書，卷二，頁429。

幻相論的理論依據之二，是把世界的虛幻性歸因於人的幻覺。他們把幻覺分爲二種：一種是**心思上的主觀想像**，另一種是**視覺的錯覺**；前者的例子是海市蜃樓，後者的例子是見繩爲蛇。奧羅賓多指出，這兩個例子都不能成爲支持幻相論的根據。當人把繩誤認爲蛇時，關於蛇的想像並不是憑空產生的，正因爲他在別的地方見到過眞蛇，頭腦中才會有蛇的印象，才會見繩而聯想起蛇。同樣的道理，因爲在別的地方的確存在著城市綠洲、湖水樓臺，所以在空無一物的沙漠上空才會出現海市蜃樓的景象。假如蛇和綠洲根本不存在的話，那麼關於蛇或海市蜃樓的幻覺也不會產生。按照這種邏輯，假如世界根本不存在的話，那麼有關世界的幻相又是從何而來呢？所以，奧羅賓多認爲，無論是海市蜃樓，還是見繩爲蛇，都不能說明世界是虛幻的。

在奧羅賓多看來，世界幻相論是一種消極悲觀的理論，它否定了人生存的意義和一切現世的努力，對社會造成極大的危害。他對此做了這樣的描述：

> 摩耶的理論，在宇宙存在虛幻或不真實的意義下，所造成的困難遠比它所能解決的問題要多得多；它不僅不能真正解決生存的問題，而且使它變得永遠不能解決。因為摩耶是非實在或不真實的存在，所以，這種理論最終的結果是造成一種純粹的破壞，將一切銷歸於虛無。我們自身與宇宙萬物皆消逝為烏有，或者只是在短時間內保持一點兒真實，幾乎跟假造的一樣。在「摩耶」的純粹非真實的主題下，一切經驗、知識與無明、使我們解脱的知識與束縛我們的愚昧、接受世俗與拒絕世俗，皆成為虛幻的兩個方

面；因為已經沒有什麼東西可以被接受或被拒絕，也沒有什麼人去接受或去拒絕。[26]

在這種極端的形式和影響下，我們人的存在和行為都變成了零，或不被承認，人的經驗、願望和努力完全失去了意義。[27]

在各種否定世界的哲學中，奧羅賓多重點批判了商羯羅的「摩耶論」。他認爲，商羯羅在理論上犯有兩個錯誤：

錯誤之一，是把靜止與運動、靜梵與動梵對立起來。在商羯羅那裡，只有靜止、不動、不變的事物才是眞實的，而運動變化的事物則是不眞實的。由此引導出：無性、無形、靜止的梵是絕對的實在，而有性、有形、運動的梵，包括各種神靈和世界萬物，皆是虛妄不實的。在奧羅賓多看來，靜與動並不是對立的，而是同一事物的兩個方面；靜中有動，動中有靜。他說：

在任何情況下，存在的靜止與存在的永恆運動皆為真實，而且同時存在；靜止接受運動的作用，而這種作用並不消除靜止。因此，我們必須得出這樣的結論：永恆的靜止與永恆的運動，兩者都是「實在」的真實方面，「實在」本身超出靜與動；運動的大梵與靜止的大梵，兩者是同一「實在」。[28]

---

[26] 奧羅賓多：《神聖人生論》，卷二，頁466。
[27] 同上書，卷二，頁467。
[28] 同書上，卷二，頁459。

> 靜止的大梵與運動的大梵，不是不同的、對立的、不可調和的兩個實體，或一個肯定宇宙虛幻，而另一個否定宇宙虛幻；它們是同一個大梵的兩個方面，一正一負，彼此相互需要。㉙

錯誤之二，是把理智與直覺、世俗常識與超理性的證悟對立起來。因此，他的結論是：只有通過直覺所證悟的眞理才是唯一眞實的，而人們用感覺經驗和理性思維所獲得的眞理是虛妄不實的。奧羅賓多反對這種觀點，他認爲理智和直覺不是對立的，兩者各有其用，分別在各自的領域中具有權威性。理智雖然是有限的認識，但它在現象世界中所觀察到的眞理也是正確有效的。因此，他說：

> 思想家的理智從理性的觀點看待現象世界，在這裡理智就是法官、權威，沒有超理性的權威能够勝過它；但是，在現象世界的背後還有一個超上的「實在」，只有通過直覺才能見到它。在那裡，理智，至少是有限的分析的理智，不能勝過直覺經驗……理智應當確定現象存在的實在性，證實現象界真理的有效性，但是這些真理僅在現象存在中是有效的。㉚

奧羅賓多進一步指出，商羯羅雖然堅持吠檀多一元論「梵我同一」的原則，但實際上他的摩耶論與這一原則是相矛盾的。如

㉙ 同上書，卷一，頁26。
㉚ 同上書，卷二，頁461。

果宇宙萬物都是幻相，那麼我們人本身也必然是虛幻的，這樣一來，寓居於我們人體中的靈魂或「自我」也不可能是眞實的。其結果必然是：梵是眞實的，而「自我」是虛幻的，那麼「梵我同一」的公式又如何能成立呢？因此，他批評商羯羅的摩耶論不是眞正的吠檀多一元論：

> 真正的一元論，卽真正的不二論，應當承認萬物皆為唯一的梵，而不是把它的存在分裂成兩個相互矛盾的實體——永恆的真理和永恆的虛幻、梵與非梵、自我與非我、真實的自我與永久的非真實的摩耶。㉛

爲了與商羯羅的「摩耶論」相區別，奧羅賓多稱自己的哲學爲「**眞實論的不二論**」。他說：

> 可能有一真實論的不二論，還有一幻有論的不二論。神聖人生的哲學，便是這麼一個真實論的不二論。㉜

下面要討論的問題是：既然奧羅賓多認爲世界是眞實的，那麼他是如何看待宇宙的各種現象呢？這些現象與最高本體梵是什麼關係？

奧羅賓多綜合印度傳統哲學與自然科學的觀點，把世界的一切現象歸納爲四大類：「**物質**」(Matter)、「**生命**」(Life)、「心

㉛ 同上書，卷一，頁31。
㉜ 奧羅賓多：《瑜伽論書札》，中文版（徐梵澄譯）頁 41，本地治里，奧羅賓多修道院，1960年。

思」(Mind)和「**心靈**」(Psyche)。在他那裡，「**物質**」，指地、水、風、火、空、金屬、礦物等一切非生命現象；「**生命**」，指植物、動物等生命現象；「**心思**」，指人所具有的心理和思維活動，即人的代名詞；「**心靈**」，指寓居於人體內的靈魂或「自我」，即梵在塵世間的代表。關於「心靈」，將在下一章「人類進化說」中詳細介紹，故不贅述。在此，僅談談奧羅賓多對「物質」、「生命」和「心思」的論述。

何爲物質呢？奧羅賓多從唯能論的立場出發，斷言：

> 現象界的一切存在最終都化為力，化為能量的運動。這種力或能量為了對自己的體驗作自我表現，或多或少採取了物質的形式，或多或少採取了粗糙的或精細的形式。[33]

因此，他認爲物質也是「力的表現」或「能量的形式」。

表現爲物質的力，具有五種基本形態：

一、**在空間的純物質廣延狀態**，古時稱爲「**以太**」，其特性爲振動。這種狀態通過聲音現象表現出來。

二、**氣體狀態**，古語稱之爲「**風**」，其特徵爲力量與力量的接觸，這種接觸是一切物質關係的基礎。

三、**自我變異狀態**，光、電、火、熱等現象是這種狀態的主要表現，但它們仍不是物質的穩定形式。

四、**擴散狀態**，又稱「**液態**」，主要表現形式爲水。

五、**凝固狀態**，或稱「**固態**」，主要表現形式爲地。

---

[33] 奧羅賓多：《神聖人生論》，卷一，頁80。

奧羅賓多認爲，我們所感知的一切物質形式，都是由這五種狀態所構成。人的五種感覺，也是這五種狀態作用於人的感官而引起的。力的振動使人產生聽覺，力與力的接觸使人產生觸覺，光的照明作用使人產生視覺，力的擴散引起味覺，力的凝固引起嗅覺。

奧羅賓多這種對「物質」的解釋，實際上是將印度古代數論的物質觀與十九世紀西方所流行的力學觀點相結合的產物。古代數論是一種二元論學說，主張「原初物質」在與「神我」相結合的情況下，首先產生人的意識，由意識產生思維、感覺和行爲的各種器官等，最後由人的色、聲、香、味、觸五種感覺產生出地、水、風、火、空五種粗大物質元素。在說明物質時，奧羅賓多一方面改造了古代數論的觀點，主張空、風、火、水、地五種物質元素通過人的感官而生出聽、觸、視、味、嗅五種感覺；另一方面又用力學觀點依次詮釋空、風、火、水、地，把古人所云的五種物質元素解釋爲力的五種狀態。

應當指出，奧羅賓多雖然借用物理學中「力」和「能」的概念說明物質，但是他所說的「力」和「能」，已超出物理學中「力」和「能」的範圍，而是指一種能夠創造世界的有意識的精神力量。如他所言：

> 物質最終自我表現為某種未知的力的形式……這種創造世界的能量不是別的，正是一種「意志」，而這種「意志」不過是專心於某種工作和結果的「意識」而已。[34]

[34] 同上書，卷一，頁14。

一語道破天機，奧羅賓多所說的「力」正是指梵的「意識一力」。按照他的邏輯：既然物質是「力的表現」，那麼它必然也是梵的表現形式。換言之，物質就是梵。所以，他說：

> 梵不僅是宇宙產生的原因，支持宇宙的力量，寓居於宇宙內中的原則，而且也是構成宇宙的材料，唯一的材料。物質也是梵，不是異於梵或與梵不同的東西。㉟

關於「生命」，奧羅賓多說，古人常把呼吸與生命相聯繫，凡有氣息者便是生命。他認爲這種看法是不完善的，現代科學已經證明不僅動物、而且植物也有對外界刺激的反應，這種對外界刺激的反應才是生命的根本特徵。雖然奧羅賓多利用科學的觀點對「生命」加以說明，但他最終還是把「生命」看作是梵的「意識一力」的一種顯現。他寫道：

> 我們所說的生命，是指我們所熟知的宇宙力量的一種特殊的結果。這種宇宙力量只是自我顯現於動物和植物之中，而不是顯現於金屬、石頭和氣體中；只活動於動物的細胞中，而不是活動於純物質的原子中。㊱

按照他的說法，「生命」也是「宇宙力量」，即梵的一種表現形式。

什麼是「心思」呢？奧羅賓多說：

㉟ 同上書，卷一，頁241-242。
㊱ 同上書，卷一，頁177。

> 凡是能思想，有感情、意志、意識衝動的生命，我們在整體上都叫它「心思」。㊲

他認爲，人就是這種有「心思」的存在，人的感覺和思想正是「心思」力量工作的表現。

> 人乃是古代聖賢所說的摩奴、思想者、「思之成我」、心思之靈。他不僅是一種高級哺乳動物，而且是一種以物質的動物肉體為基礎的，有思維能力的靈魂。㊳

在對待「心思」的問題上，奧羅賓多一方面承認「物質」產生出「生命」，「生命」產生出「心思」這種科學進化的規律，但另一方面又遵循吠檀多「萬物皆爲梵」的基本原理，最終也把「心思」歸結爲梵的一種表現形式。他說:

> 物質本身是「能量」的產物，心思和生命也肯定是同一種「能量」的較高級的產物。如果我們承認「宇宙精神」存在的話，那麼這種「能量」一定是精神的，生命和心思也必然是這種精神能量的獨立產品，它們本身也是這種精神所顯現的力量。㊴

這裡所謂的「宇宙精神」，指的就是梵；說心思是「宇宙精神」的

㊲ 同上書，卷一，頁46。
㊳ 同上書，卷一，頁46。
㊴ 同上書，卷二，頁771。

產物，實際上就是說，心思是梵的產物。

總之，依照奥羅賓多的觀點，「物質」、「生命」、「心思」這些現象界的存在，皆爲梵在時空世界的顯現或不同層次的表現形式。此三者並不是虛幻的，而是眞實的存在。其理由是：

> 我們接近和進入「絶對者」（指梵）時所經過的那些存在狀態肯定是真實的，因為非真實的東西不能進入真實的東西；從「絶對者」流出的東西，即「永恆者」本身所形成、顯現和支持的東西也必然是真實的。㊵

這段話包括兩層意思：

(一)世界上的各種現象最終要進化到梵，在進化過程中所經過的「物質」、「生命」、「心思」等存在等級，必然是眞實的，因爲不眞實的東西不能進化爲眞實。

(二)因爲梵是絕對實在，所以梵所創造和支持的世界萬物——「物質」、「生命」和「心思」，也必然是眞實的。因此，他的結論是：梵是眞實的，梵所顯現的物質世界也是眞實的。

奥羅賓多對「摩耶論」的批判以及強調物質世界實在性的觀點，在當時印度思想界的鬥爭中具有重要意義。商羯羅作爲中世紀印度教正統思想的權威，他所宣揚的「摩耶論」否定世界的眞實性，從而也否定了人存在和生活的意義，否定了人們改變現實世界的必要性和可能性。奥羅賓多對這種觀點的批判，恰恰反映出他對人生價值和人在社會中的作用的重視，也表現出他要求說

㊵ 同上書，卷二，頁477。

明現實世界和改變現實社會的強烈願望。

三、超心思的媒介作用

在奧羅賓多的宇宙進化中，梵是「純存在・意識一力・喜」三位一體的絕對實在，它所顯現的現象世界也是眞實的存在。這樣，對他來說，便產生一個問題：梵是超時空的純粹存在，而萬物卻是時空世界中的具體存在，兩者之間靠什麼來連接和溝通呢？爲了解決這個問題，奧氏認爲，在梵與世界之間還必須建立一個能夠充當媒介或橋樑的中間原理。爲此，他提出了「超心思」(Supermind) 的原理。

關於「超心思」的提出，奧羅賓多做了如下說明：

> 即使我們已經發現萬物皆為「真、智、樂」，但是並沒有把一切解釋清楚。我們知道宇宙的實體，可是我們不知道這個實體是通過什麼過程將自身轉化為各種現象的。我們已經有了解開這個謎的鑰匙，現在還必須找到用這把鑰匙將要啓開的鎖。因為「純存在・意識一力・喜」不能直接去工作，也不能以極不負責的態度去建立各種世界和宇宙，就好像一位魔術師僅僅靠一道命令那樣。我們覺察到這中間有一個過程，我們認識到這裡有一個「法則」。[41]

他的意思是說，雖然梵的「純存在・意識一力・喜」的法則不能

---

[41] 同上書，卷一，頁114。

直接去工作或創造，那麼在梵與世界之間應當有一個能夠進行創造的原理。這個原理不應像魔術師那樣(即「摩耶論」那樣)，而應以認眞負責的態度去創造宇宙萬物。這個創造的原理就是「超心思」，「超心思」的創造過程也就是宇宙實體，即梵轉化爲世界各種現象的過程。

另外，「超心思」的提出，還有一個更深層的哲學背景。在傳統吠檀多不二論中，無論是喬荼波陀還是商羯羅，都是把心思所引起的「摩耶」（幻力）作爲創造的原理，作爲梵與世界之間的中介物。因爲人的心思是無明的，它所引起的摩耶必然與梵的本性相對立，所以用心思所引起的摩耶作爲創造的原理，只能導致「世界幻相」的結論。奧羅賓多說：

> 心思的「摩耶」所建造的世界，肯定是一個不可解釋的矛盾，是意識存在的一種固定而又飄浮的惡夢。這種惡夢既不可歸結為幻，也不可歸結為真。[42]

爲了區別於商羯羅的「心思的摩耶」，爲了說明世界的實在性，奧羅賓多確認創造世界的原則必然是一種超越心思的意識，一種與梵的絕對眞實的本性相同的意識。

那麼，奧羅賓多所說的「超心思」是指什麼呢？超心思，顧名思義，是一種超越人的心理活動的意識、一種超自然的先天意識。奧羅賓多的解釋是：

---

[42] 同上書，卷一，頁116。

> 它是一種超越人的心思，並作為世界創造者的活躍的意志和知識原理，是介於自在的「一」與它所流出的「多」之間的中介力量和狀態。㊸

在這裡，「一」是指「唯一」或梵，「多」是指從梵所流出的世界萬有，而超心思則是介於兩者中間的中介物，起著聯繫「一」與「多」的媒介或橋樑作用。

超心思具有什麼特點能夠充當梵與萬物之間的媒介呢？奧羅賓多說，它有兩方面的特點：

第一、它本身就是梵的意識，並能夠把這種意識中所潛藏的「多」顯現爲世界萬物。確切地說，它是在時間和空間世界中進行顯現和創造的梵。

第二、它又是萬物進化的目標和追求的理想，萬物通過它可以還原於梵。也就是說，「一」通過超心思可以顯現爲「多」，「多」通過它又可以回歸於「一」。

奧羅賓多在描述超心思的第一個特點時，把它稱爲「眞理一意識」(Truth-Consciousness)、「眞理念」(Real-Idea)和「創造者」(Creator)。爲了說明超心思的意義和作用，有必要討論一下這些名稱的由來和涵義。

奧羅賓多把超心思稱爲「眞理一意識」或「眞理念」，主要是針對「心思」意識而言的。要講明這個問題，尙需從梵的創造談起。梵的「眞、智、樂」狀態，是純粹的不可分割的意識。不能分化、不產生差異的意識，是無法進行創造的，因爲它不能把

㊸ 同上書，卷一，頁122。

「一」轉化爲「多」。因此，奧氏力圖設計出一種替代的或過渡的原理，它既能把「一」分化爲「多」，又不破壞實在的統一性。這種原理就是作爲「眞理一意識」或「眞理念」的超心思。爲什麼心思不能承擔此項重任呢？在奧羅賓多看來，「心思沒有能力充分地解釋宇宙的存在」。[44]心思是一種不完善的意識，屬於無明的範圍，不能眞正認識梵的統一和諧的本性。其主要功能是分析和綜合：它首先把未知的事物茫然地分解爲若干部分，分別作爲自己的認識對象，進行分析；然後再把對各個部分分析的結果綜合起來，從而得出有關整體事物的概念。

> 心思只知道它自己對事物的分析和通過對它所見到的各個分別部分及其性質的綜合而形成的有關此事物的理念。[45]

譬如，當談到梵爲「眞、智、樂」三位一體時，對心思來說，先是把「眞、智、樂」設想爲三個分離的實體，加以分析；然後將三者綜合起來，再說它們是一體。心思意識這種先分解再綜合的方法，是無法達到眞正的統一的。相反，作爲「眞理一意識」或「眞理念」的超心思本身，就是梵的統一意識的一種自我擴展狀態。它能夠進行分化和創造，但又不破壞統一；能在雜多中保持統一，在變動中保持穩定，在衝突中保持和諧。如奧氏所言：

> 梵在「真理一意識」中堅定地自我伸展，「真理一意識」包容並支持它的擴散，又阻止它真正的分裂，能在極度多

[44] 同上書，卷一，頁118。
[45] 同上書，卷一，頁127。

> 樣性中保持統一，在極度的變動性中保持穩定，在遍布一切的鬭爭和衝突中保持和諧，在心思只能達到的、自我形成的混亂中保持永恒的宇宙。這就是超心思，卽「真理一意識」或「真理念」，它知道自身和它所變化的一切。㊻

爲什麼稱超心思爲「創造者」呢？這個問題需要從梵的靜止狀態和運動狀態說起。奧羅賓多認爲，超心思本身就是梵，但它不是處於超時空的靜止狀態的梵，而是在時空世界中進行運動狀態的梵。他說:

> 毫無疑問，這種原則（指超心思）就是「真、智、樂」本身，但不是靜止於純粹的、無限的、不變的意識中，而是從這種原初平衡狀態出發，更確切地說，是以此為基礎或借此為基地，進入運動狀態的「真、智、樂」。這種運動狀態乃是梵所具有的能量的一種形式和創造世界的一種手段。㊼

據前所述，梵的「意識一力」具有兩種狀態：在超時空世界「意識一力」是靜止的，處於自我凝聚狀態，卽原初平衡狀態；當它離開原初平衡狀態，進入時空世界，開始自我擴散時，便處於運動或創造萬物的狀態。超心思正是這種從超時空世界進入時空世界進行創造的梵，換言之，也就是離開自我凝聚狀態而進入自我擴散狀態的「意識一力」。「意識一力」的自我凝聚狀態被看作是

㊻ 同上書，卷一，頁128。
㊼ 奧羅賓多：《神聖人生論》，卷一，頁 144，本地治里，奧羅賓多修道院，1970年。

「一」，在「一」中蘊含著無限的「多」，即潛在著世界的各種形式。超心思作爲這種自我擴散狀態的「意識一力」，其特點是能夠把「一」中所包含的「多」顯現到現象世界之中。這種從「一」顯現爲「多」的過程，就是超心思創造世界的過程。所以，奧羅賓多宣布：

> 我們應該把這個包容萬物、創造萬物、完善萬物的超心思看作是「神聖存在」（指梵）的本性。當然，它不是在其絕對的自我存在中，而是在運動狀態中作為我們這個世界的主宰和創造者。㊽

奧羅賓多進一步描述了超心思創造，即由「一」顯現爲「多」的過程。他把這個過程分爲三個階段，亦稱爲超心思的「三重狀態」。在第一階段中，超心思已經不是超時空的「絕對」的那種純粹單一的意識了。在這種意識中，世界的一切形成都處於潛在的發展狀態，但尚未顯現出來。一切仍然是一，而不是多。第二階段，開始出現差異和多。超心思的統一意識開始分化出許多單個的「意識自我」(Conscious-Self)，又稱爲「靈魂」(Soul)或「生命自我」(jivatman)。但這些「自我」仍然處於統一的意識中，尚未分離出來。簡言之，此階段是由一變爲多，但多仍處於一之中。第三階段，是充分創造的階段。無數單個的「意識自我」從統一的意識中分離出來，下降到現象界，顯現爲世界上的各種形式。超時空的「一」，就這樣顯現出時空世界的「多」。

㊽ 同上書，卷一，頁132。

由此可見，超心思實質上就是梵，只不過是在時間和空間中進行創造的梵。所以，奧羅賓多把超心思看作梵的第四個方面或第四個名稱。他說：

> 依照古代吠陀仙人的說法，無限的「存在」、「意識」和「喜」是「不可名狀者」的三個最高的和神祕的名稱，同樣，超心思乃是它的第四個名稱……㊾

超心思的第二個特點是什麼呢？奧羅賓多認爲，不僅梵能通過超心思顯現爲萬物，而且萬物也能通過超心思還原於梵。超心思可以推動萬物回歸於梵，這便是它的第二個特點。上文已經談到，超心思由純粹單一的意識分化出無數單個的「意識自我」，下降到現象界，顯現爲萬物。這些「意識自我」只是披上各種自然的或物質的外衣，成爲有外殼包裹的「潛在意識」，它們隱藏於萬物之中，推動著萬物的發展變化。由於它們有一種恢復自己本來面目的要求，或者說，有一種向上進化的衝動，所以它們能夠推動萬物一級一級地進化。在奧羅賓多看來，自然界已經發生的進化過程可以證明這一點。例如，從「物質」中進化出「生命」，從「生命」中進化出「心思」，都是潛在的意識力量推動的結果。他指出，未來的進化將是心思向超心思的轉化，心思最終將通過超心思而達到梵的「眞、智、樂」的境界（有關心思向超心思的轉化將在下一章詳述）。

由於超心思具有以上這兩方面的特點，所以它能夠在超時空

㊾　同上書，卷一，頁267。

的梵與時空世界之間起到橋梁和紐帶的作用。一方面，梵通過超心思顯現爲世界萬物；另一方面，萬物在超心思所分化的無數「意識自我」的推動下向上進化，最終通過超心思而還原於梵。有關超心思的特點，奧羅賓多作了如下的概括：

> 我們看到，這個具有如此特點的意識（指超心思），必定是一種中介的形式，它向上連接著其上面的一項，向下連接著其下面的一項；同時我們也看到，它顯然是低級者從高級者中發展出來的手段和環節，也同樣是低級者再往回發展，還原於其源頭的手段和環節。它上面的一項，是純粹「真、智、樂」的單一或不可分割的意識，其間沒有區分的差異；在它下面的一項，則是心思的分析或分離的意識……在兩者之間，便是它這個包容和創造的意識，它以其遍在的和通徹的知識功能，作為同一性的自我覺識，即大梵的靜態之子；又以其映射的、對照的和個別的知識功能，作為辨別的覺識，即心思過程之父。[50]

應當說，奧羅賓多設想出超心思的原理，是對傳統吠檀多哲學的一種創新和發展。這種超心思的原理，在以往吠檀多的各派學說中從未出現過。在古代吠檀多論中，不是以心思所引起的「摩耶」，就是以某種人格化的神靈作爲梵與世界之間的中介環節，因此都不能圓滿地說明梵與世界的眞正統一。奧羅賓多克服了以往吠檀多的缺點，創造性地提出了超心思原理，從而使梵與

[50] 同上書，卷一，頁125。

世界萬物有機地融匯爲一體。另外，在奧羅賓多精神進化哲學的整個體系中，超心思也具有十分重要的意義。其意義在於，它不僅溝通了梵與世界的關係，達到兩者的和諧和統一，而且爲以後說明人類的進化，即心思向超心思、人向超人的轉化，奠定了牢固的理論基礎。

四、世界演化的模式

爲了調和唯心論與唯物論，爲了使精神與物質達到眞正的統一，奧羅賓多設計了一個獨具特色的世界演化模式。這個模式包括兩個過程：首先是梵下降到現象界，即**梵退化的的過程**；然後是現象界萬物逐級上升到梵，即**萬物進化的過程**。只有探明這兩個過程，才能眞正認識到奧羅賓多宇宙進化學說的特點。

在探討宇宙演化的過程時，奧氏把世界的一切現象歸納爲八種原理，即「**純存在**」、「**意識—力**」、「**喜**」、「**超心思**」、「**心思**」、「**生命**」、「**心靈**」和「**物質**」。爲了闡明這八種原理之間的相互關係，他列出了如下一個圖表[51]：

純存在————————物　質
意識—力———————生　命
喜　　————————心　靈
超心思————————心　思

---

[51] 同上書，卷一，頁264。

他認爲，這八種原理組成了一個圓圈。「純存在」、「意識一力」、「喜」、「超心思」，屬於高級半圓，亦可稱爲「本體界」，代表宇宙的最高本體或淵源。「物質」、「生命」、「心靈」和「心思」，屬於低級半圓，亦可稱爲「現象界」，代表現實世界的一切存在。低級半圓是高級半圓的折射，低級半圓的各種原理分別與高級半圓的各種原理相對應，並從屬於它們。譬如，「物質」與「純存在」相對應，是「神聖存在」所採取的一種形式；「生命」與「意識一力」相對應，是「神聖意識力量」的一種附屬功能；「心靈」與「喜」相對應，是「神聖妙樂」的一種放射和作用；「心思」與「超心思」相對應，是從屬於「神聖超心思」的一種能力或力量。

奧羅賓多的這種詮釋，充滿濃重的神祕主義色彩，令人難以捉摸。不過，我們從中可以發現，他不像商羯羅那樣貶低物質世界的各種現象，而是把它們視爲神聖本體在世間的映射，把它們提高到神聖原則的附屬能力和作用。其實，此種解釋的目的有兩個:

其一，說明梵是宇宙萬有的始基和本源，現象界的各種存在無非都是它的顯現和變異。

其二，更重要的是說明梵可以下降到現象界，現象界萬物也可以上升爲梵，通過下降與上升的過程，把梵與世界融合爲一個整體，組合成一個圓圈。

正如他所言:

> 神聖者（指梵）從「純存在」下降，經過「意識一力」和「喜」的作用，以及「超心思」的創造性的媒介活動，而進入宇宙的存在；我們則從「物質」上升，經過逐步發展著的「生命」、「心靈」和「心思」，以及「超心思」這個

中介物的觀照作用，上升到神聖的存在。高級半圓與低級半圓的交界，正是「心思」與「超心思」相會之處。兩者之間有一層縵紗，撕開縵紗，就是「神聖人生」在世界降臨的條件。[52]

依照奧羅賓多的觀點，整個世界的演化就成了梵依靠具有創造能力的超心思的媒介作用下降到現象界，和現象界通過超心思的觀照作用逐步上升爲梵的雙重過程。

首先，看看梵的下降過程。梵的下降是有順序的，一級一級地進行的。梵的「意識一力」通過「超心思」下降到「心思」，由「心思」下降到「生命」，再由「生命」下降到「物質」。[53]在這個過程中，「意識一力」潛入或隱藏在「心思」、「生命」和「物質」之中。奧羅賓多認爲，下降過程就是梵自我限制、自我退化的過程，卽「精神潛入無明」的過程。「心思」、「生命」、「物質」這些現象界的存在一級比一級更愚鈍、更無知。每下降一級，較高一級的「意識一力」就被較低一級的無知形式掩蓋起來。具體地說，當「心思」下降到「生命」時，「心思」所包含的「意識一力」被「生命」的無知形式所遮蓋；同樣，當「生命」下降到「物質」時，「生命」所包含的「意識一力」又被「物質」的無知形式所遮蓋。這就好比，全知全能的「意識」被一層一層無知的自然外衣包裹起來。奧羅賓多說：

最高實在的這種下降，在本質上就是一種自我隱藏的過

---

[52] 同上書，卷一，頁264。
[53] 有關心靈在進化中的作用，將在「人類進化說」一章中論述。

> 程；在下降過程中有一個接一個的等級，在這種隱藏中也有一個接一個的遮蔽物。[54]

由此說來，下降的過程是神聖的「意識一力」被無知的形式逐級遮掩起來的過程，也就是梵自我隱蔽或自我退化的過程。

讀到這裡，人們可能會產生一個疑問：爲什麼梵要自我退化或隱藏於無知的現象界之中呢？對於這個問題，可以從三個方面來解釋：

一、奧羅賓多設計這個下降過程，正是爲了說明萬物的上升或進化過程。他認爲，沒有梵的退化，則沒有萬物的進化。因此他強調，下降先於上升，下降是上升的前提。

二、奧羅賓多反對印度古代勝論派哲學的「因中無果」論，而繼承吠檀多派和數論派哲學中的「因中有果」論的觀點，認爲「物質」之所以進化出「生命」，是因爲「生命」的形式通過梵的下降過程已經潛藏在「物質」之中，「生命」的產生只不過是它從隱藏的形式轉化爲顯現的形式而已。倘若「生命」不包含在「物質」之中，那麼「物質」就無法進化出「生命」來，因爲「無」中不能生出「有」。用奧氏的話說：

> 存在於物質世界之上的生命世界或生命等級本身，不能導致「生命」在「物質」中的出現，除非生命等級作為「實在」下降過程的一個組成階段，經過它自己的幾個等級和功能，而進入「無意識」之中，其結果是它自身以及一切

[54] 奧羅賓多：《神聖人生論》，卷一，頁44，本地治里，1970年。

功能退化到「物質」中，以準備以後的進化和顯現。[55]

三、他把萬物都看作是梵的顯現，梵是最高意識，因此「物質」、「生命」和「心思」在本質上也是這種意識的不同等級。然而，從表面上看，它們又是程度不同的無明形式，因爲梵只是作爲「潛在意識」隱藏在它們內中，尚未顯現出來。所以說，下降過程就成了梵的意識自我隱藏或被無知的外衣包裹起來的過程。相反，上升的過程則是梵的意識向外顯現或逐級脫掉無知外衣的過程。

何爲上升或進化的過程呢？奧羅賓多說：

> 進化過程是退化過程的顚倒。退化過程最後派生出來的東西就是進化過程中最先出現的東西，退化過程最先出現的東西則是進化過程中最後出現的東西和最高的顯現。[56]

照此說來，進化過程就是從「物質」，經過「生命」、「心思」、「超心思」，向梵一級一級上升的過程，也是被掩蓋的「意識一力」從無知的形式中逐級顯現出來的過程。

由於在下降過程中梵的「意識一力」分別隱居於每一個等級內，這種「意識一力」不甘於停留在低級等級中，有恢復其本來面目的要求，因此在上升過程中則成爲推動萬物向上進化的動力。進化始於「物質」。「物質」內部隱藏著「生命」，「生命」作爲潛在「意識一力」的形式有向外顯現的衝動，在這種力量的推

---

[55] 同上書，卷一，頁185。
[56] 同上書，卷二，頁853。

動下，便從「物質」中進化出「生命」。「生命」的出現，意味著各種生物，包括植物和動物在世界上的產生。同樣的道理，「生命」內部也隱居著「心思」，「心思」作爲潛在的「意識—力」形式也有向外顯現的要求，因而從「生命」中進化出「心思」。「心思」的產生，標誌著有思維能力的人類在地球上的出現。按照這種邏輯，「心思」內也隱藏著「超心思」，「超心思」也必然能從隱蔽的狀態發展到顯現的狀態。奧羅賓多認爲，「心思」向「超心思」的進化，意味著人向超人的轉化。「超心思」與梵的「眞、智、樂」本性相同一，所以，一旦「心思」進化到「超心思」，則標誌著人達到了與梵相合一的境界。

關於進化的全過程，奧羅賓多作了這樣的論述：

> 因此，從事物的本質看，物質世界必然要從它所隱藏的生命進化出顯現的生命，從它所隱藏的心思進化出顯現的心思；從事物的同一本質上看，它也必然從它所隱藏的超心思進化出顯現的超心思，從它所隱藏的「精神」進化出「眞、智、樂」三位一體的光輝。[57]

又說：

> 全部進化過程，從本質上說，皆是「意識—力」在已經顯現了的存在中上升，升入尚未顯現的事物的更大的深密中，即從物質升入生命，從生命升入心思，從心思升入精神。[58]

---

[57] 同上書，卷一，頁269。
[58] 同上書，卷一，頁726。

奧羅賓多進一步指出，在進化的每一個階段中都包括三重過程:「**上升**」、「**擴展**」和「**統合**」。「上升」，指較低的等級在進化中提升到較高的等級;「擴展」，指進化能爲新的等級提供廣濶的活動範圍，使其在更大的範圍內擴展;「統合」，指進化的過程並不是取代或否定較低的等級，而是轉化和改造它們，使它們與較高的等級統一起來，合爲一體。這三重過程，表明進化的每一個階段都包含著等級的上升、範圍的擴展、以及較低等級與較高等級所形成的新的組合和統一。例如，在「物質」向「生命」進化階段上，當「生命」，卽動植物出現後，動植物的肉體作爲其「物質」部分，這種「物質」已比原來無生命的純「物質」發生了根本的變化; 無論在等級和範圍上都有新的提高和擴展，並與「生命」構成了新的組合體。同樣，在「生命」向「心思」的進化階段上，「心思」的出現標誌著人類的產生；人的肉體與生命，又比動植物的肉體和生命發生了質的變化，並且與人的心思構成新的統一體。奧羅賓多強調這種三重過程，以表明他的進化論是低級等級向高級等級的整體上升和轉化，而不是高級等級對低級等級的簡單否定。其用意不單純是解釋自然界的進化，更重要的是爲了說明，在將來人向超人，卽「心思」向「超心思」的進化中，並不需要否定或斷滅人的肉體、生命和心思，而是轉化、完善它們，使它們整體上升到超心思的水平，達到「神聖的存在」。

綜上所述，梵通過「超心思」，經過「心思」、「生命」，下降到「物質」;「物質」再按「生命」、「心思」、「超心思」的順序還原於梵——這就是奧羅賓多所設計的整個世界演化的模式。通過對這個模式的考察，我們可以得出如下幾點結論:

第一，在奧羅賓多的宇宙進化學說中，世界演化的過程是一

個圓圈。梵既是演化的起點，又是演化的終點。梵作爲世界的本源，其內中蘊藏著自然萬物。萬物從梵出發，循著超心思、心思、生命、物質的順序逐漸派生出來，又沿著相反的順序回返於梵。整個過程中運動的主體是梵，所謂「下降」，就是梵一級級潛入萬物的過程；所謂「上升」，就是被掩蓋的梵逐步顯現出來的過程。「下降」和「上升」只不過是同一循環的兩個方面。既然梵是一種純粹精神實體，那麼整個世界的變化就成了這種精神實體自我下降和自我上升的過程。

奧羅賓多宇宙進化學說的核心，用他的一句話便可概括之：

> 梵在萬事萬物之中，萬事萬物在梵之中，萬事萬物皆為梵。[59]

「萬事萬物在梵之中」，說明梵是宇宙的本源，在梵的意識中潛藏著世界的一切形式；「梵在萬事萬物之中」，意味著梵可以轉化爲自然界，它通過下降過程隱居於萬事萬物之中，成爲有各種形式遮蓋的「潛在意識」，支配著萬事萬物的發展變化；「萬事萬物皆爲梵」，則表明世間一切現象，無論是物質的還是精神的，都是梵的顯現或表現形式。奧羅賓多的這種自然觀，無疑具有明顯的泛神論色彩。

第二、在這種進化學說中，物質與精神不是對立的、不可調和的兩個極端，而是統一地融合爲一體。物質只是掩蓋精神的形式，精神則是物質的本質和內容。按奧羅賓多的話說：

---

[59] 同上書，卷一，頁139。

> 精神是我們所感覺到的物質的靈魂和實在，物質是我們所證悟到的精神的形式和軀體。[60]

純精神在下降的過程中可以轉化爲物質，物質在上升的過程中也可以轉化爲純精神。通過「下降」和「上升」，便把精神與物質緊密地聯繫起來，統一融合爲一體。奥氏認爲，他的哲學克服了唯物論否定純精神和唯心論否定物質的各自片面性，從而達到調和唯物論與唯心論的目的。

第三，用比較的觀點看，不難發現，奥羅賓多所描述的梵下降到自然界的過程與黑格爾哲學中「絶對精神」從邏輯階段向自然階段的轉化過程頗爲相似。在黑格爾那裡，「絶對精神」外在化或異化爲自然界。所謂「外在化」或「異化」，就是「絶對精神」向外轉化爲與自身相異的方面去。「絶對精神」在自然階段所表現的形式，已經不是在邏輯階段中的那些純粹概念的形式，而是感性事物的形式。在自然階段中，「絶對精神」披上了自己建立起來的自然的、物質的外衣，成爲有外殼包裹著的思想或概念。它隱藏在自然、物質的背後，操縱著自然現象的變化與發展。在奥羅賓多這裡，作爲「宇宙精神」的梵逐級下降或退化到自然界。所謂「下降」或「退化」，也同樣是純粹精神向自然事物，即自身相異的方向轉化。梵在自然界中也披上了自己建立起來的「物質」、「生命」和「心思」的外衣，成爲有無知外殼所包裹的「潛在意識」。它隱居於自然現象之中，推動和主宰著萬物的發展變化。天下奇事，無獨有偶。無論黑格爾的「外在化」或「異

---

[60] 同上書，卷一，頁241。

化」，還是奧羅賓多的「下降」或「退化」，都是精神產生自然界，精神創造世界的過程。由此，我們可以推斷，奧羅賓多的哲學或多或少受到了黑格爾思想的影響。

第四，奧羅賓多設計這種世界演化模式的根本目的，在於說明達到了「心思」水平的人仍然是不完善的，他還必須向更高的精神境界——「超心思」的水平進化，以上升到「神聖的存在」。爲了給人的進化製造理論根據，他首先設想出一個梵的下降過程。因爲梵一級一級下降到物質，物質也必然一級一級上升，最終還原於梵。按照他的邏輯，有下降或退化，必然會有上升或進化，以此證明人從心思狀態向超心思狀態進化的必然性和合理性。

在這方面，我們發現奧羅賓多的世界演化模式與古羅馬哲學家普羅提諾斯（Plotinus，公元 204-270）提出的「流溢說」同出一轍。在普羅提諾斯那裡，世界是這樣演化的：從世界本源「太一」流出「奴斯」（nous），從「奴斯」流出「靈魂」，從「靈魂」流出「物質」；「物質」再經過「靈魂」、「奴斯」，還原於「太一」。從本質上說，奧羅賓多與普羅提諾斯的哲學都是要說明世間萬物與人是從某種超自然的精神實體或「神」那裡流溢出來的，因此還必須回歸於它。人生的最高目的，就是要回歸於「神」，達到與「神」合一的境界。

第五章　人類進化説

人類進化學説是奥羅賓多精神進化論體系的重要組成部分。這個學説探討了人爲什麼要進化、如何進化以及進化到何等境界等問題。在他看來，當地球上出現了有心思的人類之後，整個進化過程並沒有就此停止，「心思的人」還必須向「超心思的人」進化。「心思的人」怎樣向「超心思的人」轉化，正是人類進化學説所要研究的主要課題。奥羅賓多哲學的根本宗旨，是要爲人類尋找一條擺脱苦難、獲得無限自由和幸福的道路。從這個意義上看，他的人類進化學説比宇宙進化學説更重要。宇宙進化説只是爲人類進化説提供了理論根據，而人類進化説才是實現其哲學價值的眞正目的。

一、人類的最高理想

奥羅賓多在其哲學巨著《神聖人生論》的開篇，就闡述了人類的最終企望和追求。他認爲，人類自古至今有一個永恆的理想。這個理想表現在對神的追求、對完美和幸福的嚮往、以及對眞理和永恆者的探索之中。人類這種痴狂的追求雖然歷經數千年，但經久不衰；雖然受到各種懷疑和貶斥，但依然保持至今。到底這種理想是什麼呢？用他的話説：

在人類古代知識的萌芽中，為我們保留了這種永恆企望的

> 見證；今天我們看到人類儘管已經充分享受著對外部自然界的成功分析，但是依然不滿足，而且準備回轉到他原初的渴望中。這種最古老的智慧公式，也可能成為最終的公式，它就是「神」、「光明」、「自由」和「永生」」。❶

「神」、「光明」、「自由」和「永生」，在奥羅賓多看來，是人類自古至今的永恆理想。在這裡，他雖然沿用這些印度傳統哲學的古老術語，但是卻從精神進化論的角度對它們做了全新的解釋，使它們改變了原有的內涵。他所謂的「神」，並不是指超自然的，彼岸世界的神靈，而是指把「自私的、動物性的人」轉化爲具有統一整體知識的「神聖存在」，卽把人轉化爲「神」。所謂的「光明」，是指把人的心思意識的「半明半暗」，轉化爲超心思意識的「光明」。所謂的「自由」，指在充滿痛苦和束縛的世界上建立起無限的「自由」和「歡樂」。所謂的「永生」，乃是在人的有生死變化的肉體中發現和實現「永生」的生命和精神。❷奥羅賓多反對傳統宗教輕視物質世界，而一味追求虛無飄渺的彼岸天堂；也不贊成唯物論否定精神追求、只重視物質世界，從而導致私欲的無限膨脹。他力求調和兩者，把宗教所追求的彼岸天國搬到地面上來，把具有物質私欲的人轉變爲無私無欲的精神之人，在現今充滿苦難和罪惡的世界上建造一個無限自由、光明和幸福的「神聖人生」境界。

印度古代宗教學說，一般都對人持輕視和否定的態度。與之相反，奥羅賓多對人卻採取積極肯定的態度，宣稱「人是生物中

---

❶ 同上書，卷一，頁1。
❷ 參見奥羅賓多：《神聖人生論》，卷一，頁2。

最偉大者」。在他看來，人之所以是偉大的，原因有三條：

(一)人是最高級的哺乳動物，他有思想、有感情、有意志。

(二)人內部隱居著靈魂，這靈魂是宇宙精神——梵的代表，梵所具有的眞善美的本性都潛藏於人體之中。他說，如果動物是一個活的實驗室，從中進化出人來，那麼人也將是一個有思維的實驗室，從中必然進化出「神聖存在」或「超人」。

(三)人與動物不同，動物易於滿足，而人從不滿足。人有一個永不休止的追求，不實現這個追求，絕不罷休。

> 人是永遠不會休止的，直至他達到至高的善。人是生物中最偉大的，因為他最不容易滿足，因為他能感受到各種限制的壓力。也許唯有他，能為追求遠大的理想而被神聖的瘋狂所俘獲。❸

奧羅賓多亦從現實生活的角度分析了人的複雜心理狀態。他說，現實生活的人在追求這種崇高理想的過程中，往往處於一種自相矛盾之中。一方面，人通過某種直覺體驗已經感受到永恆存在的力量、光明和歡樂。而另一方面，他在實際生活中所接觸到的大量事實，卻與上述的體驗相對立，從而使他懷疑和否定這些體驗。奧氏寫道：

> 人在這個世界上、在他的內部和他的周圍，經常遇到與他所肯定的觀念相對立的事物。死亡，永遠與他同在；限

---

❸ 同上書，卷一，頁46。

> 制，圍困著他的軀體；錯誤、冥頑、缺點、惰性、憂愁、痛苦、罪惡都成為他進行這種努力的壓抑者。❹

簡單地說，人雖然感受到光明、自由、永生的無限存在並去追求它，但是又受到實際生活中的死亡、痛苦、罪惡和各種限制的困擾，從而處於一種自相矛盾的心態之中。

爲什麼會產生這個矛盾呢？奧羅賓多認爲，這種矛盾出自於人頭腦中一種不正確的觀念和態度。人不能正確地看待自己在世界的地位、自身與世界的關係，所以他對自己和世界採取了一種錯誤的態度。這種人生態度，使他與世界的關係失去了和諧和平衡。奧羅賓多進一步指出，這種不正確的態度產生於「一種被歪曲或分裂的意識」，這種「分裂的意識」就是人的心思。心思是一種不完善的意識，缺乏整體統一的觀念。其主要功能是把整體分割成無數部分而加以分析，因此它使人產生一系列的二元性的觀念，如生與死、樂與苦、善與惡，全部與部分等等。他說：

> 倘若大全真理是「真、智、樂」的話，那麼死亡、痛苦、罪惡、限制只能是一種被歪曲的意識（指心思意識）的產物，從實際效果上雖然是正面的，而在本質上則是反面的；這種被歪曲的意識從自身整體和統一的知識中脫離出來，墮落到某些分裂的、局部的、經驗的錯誤之中。❺

由此可見，奧羅賓多把死亡、痛苦、罪惡等觀念歸結爲人的

---

❹ 同上書，卷一，頁47。
❺ 同上書，卷一，頁51。

心思的產物。

心思之所以會產生死亡、痛苦和罪惡等觀念，奧羅賓多認爲，這是因爲心思受到「私我」的限制。何爲「私我」(ego) 呢？所謂「私我」，是指人的表面肉體和生命所產生的自私自利的欲望。這種自私的欲望具有排外性，只關注自己的需求，而排斥其他人的需求；只關心與自身相關的事物，而排斥其他的事物。私我在本質上是無明的，它是「錯誤、憂愁、苦惱、死亡和罪惡等等反面觀念產生的決定因素。」❻由於人的心思把肉體和生命作爲自己認識和行動的工具，因此不可避免地會受到肉體和生命的限制，受到它們所產生的自私欲望，卽「私我」的束縛。於是，心思在看待一切事物時，是從「私我」的角度出發；在檢驗和衡量一切事物時，總是以「私我」爲標準。

> 對於心思意識來說，神是圍繞著個人的私我而旋轉的，神的一切工作和方法都被帶到我們私我的感覺、情緒和概念的裁判面前，在那裡得到表述並估量其價值。這些表述和價值是對事物眞理的顚倒和歪曲……❼

奧氏把人的心思與私我聯繫起來，認爲私我導致心思產生各種錯誤的觀念。

把世間痛苦和罪惡的根源，歸因於受私欲所束縛的心思，——這是印度傳統哲學的一貫主張。釋迦牟尼在「十二因緣說」中把心識所產生的欲望看作是一切痛苦之源，商羯羅也把無明的

---

❻ 同上書，卷一，頁58。
❼ 同上書，卷一，頁53。

心思視爲世界幻相之源。在他們看來，人的心思是不可救藥的東西，只有冥滅心思，斷除七情六欲，靈魂才能獲得解脫。奧羅賓多雖然把心思看作是一種分裂的或不完善的意識，但是他並沒有像古代哲學家那樣全盤否定心思，而是對心思採取基本肯定的態度。他的肯定態度表現在三個方面:

其一，承認人的心思在認識世界中的作用，承認心思所產生的觀念和標準在現實生活中是有效的。他說:

> 肯定地說，我們的感官和我們的二元性的感覺心思所給予我們的實際價值在其自己的範圍內確實是有效的，應當承認這是一般生活經驗的標準，直至達到已經準備進入的更大的和諧。❽

其二，心思在本質上是追求知識的，它承認在自己之上還有一個更高的意識境界，它的整個目的就是消除錯誤、追求眞理，渴望超上的境界。

其三，從精神進化的意義說，心思不是頑固不變的，它是可以被轉化和提高的。心思只是宇宙進化過程的一個中間階段，它將會上升到更高的意識水平——超心界。到那時，心思將會改變原來的觀念，它原來的那種死亡、痛苦、罪惡、局限的觀念將會被永生、歡樂、至善和無限自由的觀念所代替。奧羅賓多對心思的基本態度， 不是斷滅它， 而且將它轉化和昇華到超心思的水平。

---

❽ 同上書，卷一，頁52-53。

依照奧羅賓多的觀點，人世間苦難和罪惡的眞正根源在於私我，私我來自於人的肉體和生命。因此，要消除私我，就必須轉化人的整體，不僅要轉化心思，而且要轉化肉體和生命，最終使人內部潛在的眞善美的本性顯現出來。他說:

> 人，這個個體，應當成為一種世界存在，並且像世界存在那樣生活；他的有限的心思意識，應當擴展成一種超心思的統一性，在這種統一性中每一種意識都包含著整體；他的狹隘的心胸，應當學會無限的包容，以普遍之愛代替他的貪欲和傾軋；他的有限的生命，應當經受得起世界對它的全部震撼，並且享受普遍的歡樂；他原本的肉體，應當懂得自身不是一個分離的存在，而是與萬物整體不可分割的力量的奔流相統一，並且在自身中延續這種奔流；他的整體本性，應當再現出那至高無上的「存在、意識、歡喜」的統一性、和諧性和萬物一體性。❾

通過以上的分析，可以得出這樣的結論:

(一)在奧羅賓多看來，人類追求自由、光明和幸福的永恆理想，是推動人向更高精神境界進化的動力，也是人爲什麼要進化的原因。

(二)心思是一種有限的意識，它產生的錯誤觀念使人與世界的關係失去平衡，導致人在進化道路上發生動搖。

(三)心思產生錯誤觀念的根源在於私我，私我出自人的肉體

---

❾ 同上書，卷一，頁110。

和生命；要消除私我，就必須對人進行整體轉化，使人的肉體、生命和心思都上升到更高的水平。

二、人的本性和雙重靈魂觀

如果說奧羅賓多對人類最高理想的闡述，涉及到「人爲什麼要進化」的問題，那麼，他對人的本性的論述，則是爲了說明「人爲什麼能夠進化」。

他從「梵在萬事萬物之中」的觀點出發，認爲人也不例外，梵也蘊含於人體之中。人體內部的中心存在——「生命我」(Jivatman) 就是梵的顯現，它代表人的眞正本性。關於人的整體結構，奧羅賓多作了這樣的解釋：

> 人的存在是由這些成分所構成的：在背後支持一切的心靈，內部的心思、生命和肉體，以及作為內部存在表現工具的表面的心思、生命和肉體。但是，最重要的是中心存在（卽生命我），它利用一切成分來顯現自己，它是神聖自我的一部分。⑩

在奧羅賓多看來，人的存在分爲兩個層次：表面的存在和內部的存在。表面存在處於人體的外部，包括表面的肉體、生命和心思。他所謂的「表面存在」，實際上是指現實生活中人的軀體、生命能力和各種心理與思想活動，卽人的自然部分。他認爲，人

---

⑩ 奧羅賓多：《論瑜伽》，頁15，加爾各答，1944年。

的「表面肉體」是由物質所構成的外在軀殼,「表面生命」是受物質軀體所束縛的有生死變化的生命,「表面心思」也是被肉體和生命產生的私我所包圍的心思。這些表面存在, 在外界物質環境的影響下, 充滿各種自私的欲望和變化無常的喜憂苦樂。它們是無明的, 能力是有限的,「皆屬於我們渺小的,私我的存在」⓫。世俗凡人只知道這些表面的存在, 而認識不到自己內在的精神本性。

所謂「內部存在」, 處於人體的內部, 包括內部的肉體、生命和心思, 還有「心靈」(Psyche)和「生命我」。奧羅賓多認為, 在表面肉體的後面還有一個更精細的肉體, 在表面生命的後面還有一個能力更強大的生命, 在表面心思後面還有一個具有更大智慧的心思。在這三者的背後支持一切活動的是「心靈」, 而內部存在的中央是「中心存在」, 亦稱「生命我」。

心靈和「生命我」是什麼關係呢?按照奧氏的觀點, 心靈和「生命我」是人的靈魂的兩種形式。「生命我」作為最高精神本體——梵在人體中的代表, 實際上它就是在宇宙進化學說中超心思的統一意識由一轉化為多的過程中所分化出來的「意識自我」, 這種「意識自我」下降到現象界, 隱居於人體之中, 成為人的中心存在。「生命我」是永恆的存在, 它與梵的本性是同一的, 具有無限的智慧、力量和歡樂。但是, 它本身是靜止的, 不參與人的生命活動, 只通過心靈來顯現自己。心靈則是「生命我」在人體活動中的代理者, 它隱居於我們心思、生命和肉體的背後, 祕密地參加人的生命活動, 作為生命活動的觀察者、控制者和指導

⓫ 同上書, 卷一, 頁221。

者。奧羅賓多說:

> 這個隱蔽的心靈存在，是神的光輝，永遠在我們內中長明……它是來自神聖者的焰火，是居住於無明中的發光者，在無明中逐漸增長，一直到把無明轉化為明為止。它是被隱蔽著的見證者、控制者、隱蔽著的指導者、蘇格拉底的靈明、神祕大師內部的光明和聲音。它是長存的，在我們內部生生世世永不磨滅，不為死亡、朽壞、腐化所觸及，是神聖者永不熄滅的火花。⓬

他認爲，人們可以通過瑜伽的手段促進心靈的增長和顯現，一旦心靈充分地顯現出來，它就能夠控制和支配人的表面存在，把我們表面的無明轉化爲明，把表面肉體、生命和心思轉化爲精神的性質。

人爲什麼能夠進化呢？他認爲，這是由人的本性所決定的。人表面的心思、生命和肉體只是無知的私我的存在，並不代表人的本性。人的中心存在，即「生命我」，是隱居於人體內的梵或神聖者，具有統一的意識和眞善美的本性，它才是人眞正精神本性的代表。這種內在的精神本性是天生的，人人固有的。人生之所以充滿痛苦，是因爲人內在的至善本性暫時被表面無知和私我的形式所遮蓋著，尙未顯現出來。人的進化，就是要消除表面的無知和私我，恢復人內在的至眞至善的本性。由於這種至善的本性是人人皆有的，所以人人都能夠進化。另外，「生命我」的代理者

⓬ 同上書，卷一，頁225。

—「心靈」具有能動性，它能參加和支配人的各種生命活動。一旦人們通過瑜伽手段使心靈的作用充分發揮出來，它就能控制和指揮人的全部存在向更高的精神水平——超心思轉化。

從奧羅賓多對靈魂的闡釋中，可以發現，他的靈魂觀與古代吠檀多的靈魂觀有著明顯的差別。他在繼承吠檀多靈魂觀念的基礎上，提出了一種獨具特色的雙重靈魂觀。他認為，人的靈魂有兩種形式：**一種是高級的形式，即「生命我」**，它是人體內的神聖者，相當於古代吠檀多「梵我同一」學說中的「我」或「個我」。**另一種是較低級的形式，即「心靈」**，它是「生命我」在生命活動中的代表。「生命我」是靜止不動的、超越人的進化過程；而心靈是能動的，它代表「生命我」參與人的進化活動。只有當心靈逐漸發展，使其作用充分發揮出來並控制人的全部存在時，心靈才能與「生命我」合二為一。奧羅賓多提出這種雙重靈魂觀，說穿了，是把人視為一個小宇宙，小宇宙在本質上與大宇宙是相同的。他所謂的「生命我」，相當於大宇宙中的最高本體，即永恆無限、超越一切變化的靜態的梵；所謂「心靈」，相當於大宇宙中能夠進行創造的動態的梵或超心思，它在生命活動中起著聯繫「生命我」與表面存在的媒介作用。

應當肯定，奧羅賓多對傳統靈魂觀的發展和創新，就在於他提出了一種能動的「**心靈說**」。在古代吠檀多論中，人體內的「自我」，即靈魂，是靜止不動的，不與人的肉體、生命和心思發生任何聯繫。而人的肉體、生命和心思則被看作是束縛靈魂的牢籠。靈魂只有掙脫這個牢籠，永遠拋棄肉體、生命和心思，才能獲得解脫。但是，在奧氏靈魂觀中，不僅有靜止的靈魂——「生命我」，而且有能動的靈魂——心靈；心靈代表「生命我」參與生命活動，並且能夠逐步控制和指揮表面存在，最終轉化表面存在。奧羅賓多這種主張的目的，是爲了說明他的精神進化學說不需要拋棄或斷滅人原有的肉體、生命和心思，而是將它們改造和轉化爲精神的性質。

在討論奧氏的靈魂觀時，有必要談談他對印度古代宗教學說中「業報輪迴」法則的批判。印度的各種宗教雖然對解脫有不同的詮釋，但是都承認「業報輪迴」的法則。他們認爲，人的一切行爲——「業」，皆有報果，善有善報，惡有惡報。靈魂在業力的驅使下不斷地進行再生，從而處於生死輪迴的循環之中。因此，人必須停止一切行爲，才能使靈魂從生生死死的痛苦中解脫出來。

奧羅賓多雖然也承認「業報」法則在道德生活中的作用，但是他明確指出，這個法則只是一個外在的、簡單的、機械的公式，不能作爲人生一切活動的唯一決定者。人的內在精神或心靈是通過許多方面顯現自己的：有身體行爲和感官活動，有各種欲望、情感和衝動，還有對眞、善、美的追求等等。人的行爲和精神活動是一個複雜的整體，怎麼可能用一個簡單的、機械的「業報」公式來控制人的不斷變化的行爲和情感呢？因此，他說：

> 不可能設想，人的內在精神是一臺在「業報」控制下的自動機器，是前世行為在今生中的奴隸；真理肯定不是僵死的，而是變化的。倘若前世之業的某種數量的報果在今世中通過公式表現出來，那麼它也必須要得到心靈存在的允許；因為心靈存在統轄著它在世間經驗的新的形成，它不僅要順應一切外在的強迫性的過程，而且還要順應一種祕

> 密的意志和嚮導。這祕密的意志不是機械性的，而是精神的；祕密的嚮導是來自一種智慧，這種智慧可以利用各種機械的過程，但從不從屬於它們。⑬

在這裡，奧羅賓多強調人的心靈存在並不是前世行爲的奴隸，也不受「業報」法則的支配。「業報」法則屬於外部的強制過程，而心靈是在內部精神「意志」或「智慧」，即「生命我」的指導下，利用這種外部的機械過程，卻不隸屬於這個過程。

在他看來，「業報」法則不僅是機械的法則，而且是不公正的法則。在現實生活中，常常會見到善人在受苦，很難想像這些道德高尙者在前世中做過什麼惡事。相反，也會看到許多惡棍享福作樂，得到善報，人們難以設想他們在前生會有過什麼善行。他說：

> 在我們人生中，有一個很大的因素，稱之為「幸運」或「運氣」，它常常挫傷我們對業報的追求……⑭

> 業報觀念作為人生和自然界的一種不公正的報償，正是這個理論虛弱的基礎，因為它把人的淺薄而表面的感情和標準視為宇宙法則的意義，其理論根據是不穩固的。業報的法則應當有其他的更堅固的基礎。⑮

奧羅賓多進一步分析了業報法則產生的根源。他認爲，這個

⑬ 奧羅賓多：《神聖人生論》，卷二，頁808-809。
⑭ 同上書，卷二，頁811。
⑮ 同上書，卷二，頁812。

法則是人們把自己私我心思所創造的道德標準，強加於宇宙無限的自由運動的結果。人把道德上的善惡行爲與表面肉體的歡樂與痛苦、幸福與不幸聯繫在一起，假設其中必有一個等式，善行必獲獎賞，惡行必遭懲罰，並且假設自然界必然有一個祕密而公道的最終裁判。這種假設出自於我們私我的心思，因爲心思追求幸福與歡樂，憎惡和恐懼痛苦與不幸，從而制定出一個「業報」的法則，以約束人們的善惡行爲。一方面設想用幸福和歡樂來鼓勵和補償人們行善的努力，另一方面又試圖利用痛苦和不幸來阻止和懲罰人們離開行善的艱難道路。這顯然是人的自私心理在道德上的一種表現。奧羅賓多的結論是：

> 這一系列的賞罰規則，其實貶低了善的道德價值，化美德為自私，使美德變成自私自利的商業性的討價還價，使正當的禁止為惡的動機，被一種卑劣的動機所代替。⑯

> 宇宙並不是一個具有普遍正義的龐大的行政體系，也不是把賞與罰的宇宙法則作為它的機器，或者有一個神聖的立法者和裁判官坐在其中央。在我們看來，宇宙最初是「自然」能量的一種偉大的自動，其中出現一種意識的自我發展運動，因此也是「精神」在「自然」能量活動中顯現自己的一種運動。⑰

由此可見，在奧羅賓多看來，業報的法則並不能解釋宇宙各種現

---

⑯ 同上書，卷二，頁812。
⑰ 同上書，卷二，頁815。

象和人類的進化活動。宇宙存在是一種「精神」或「意識」的運動，只有通過精神進化的理論才能說明宇宙和人類社會的一切現象。

三、明與無明

在奧羅賓多的人類進化學說中，「明」與「無明」的觀念占有十分重要的位置。《神聖人生論》第二卷的標題，即爲〈明與無明——精神的進化〉。在此卷中他用大量的篇幅論述了「無明」的性質、「無明」的起源、「無明」的種類、以及「無明」如何向「明」轉化等等問題。通過這些論述可以看出，他的「無明」觀念與印度古代「無明」觀念的明顯區別，以及他的人類進化學說所具有的新的特點。

「明」與「無明」，即「知識」與「無知」，是印度傳統哲學中一對最古老、最基本的命題或範疇。據奧羅賓多考證，早在三千多年以前的《梨俱吠陀》中，當時印度哲學還處於萌芽時代，就出現了「明」與「無明」的觀念。在《梨俱吠陀》中，「明」與「無明」是用梵語citti（心）和acitti（無心）來表示；「明」指有關「眞理」和「正道」的認識；相反，「無明」則指對「眞理」和「正道」的無知或不理解。到了奧義書時代，「明」與「無明」的概念發生了變化，原來的名詞 citti 與 acitti 已被 vidya（明）與 avidya（無明）所代替。吠陀概念中所包含的複雜聯想和豐富內容大都消失了，取而代之是更精確的、沒有伸縮性的哲學概念。這時的「明」專門指有關「太一」或「永恒者」的知識，因爲「太一」或「永恒者」代表梵，即最高眞理，所以「明」

也是指有關梵的知識。與此相反，「無明」則是指有關「多」或「變易者」的知識。「太一」的知識是「明」，而「多」的知識是「無明」，兩者純然對立，沒有調和的餘地。後來，在一些吠檀多學說中，把「無明」的概念與「摩耶」的概念聯繫在一起，認爲心思的「無明」產生出「摩耶」（幻力或幻覺），給原本無形無性的梵強加上種種形式和屬性，故使梵顯現出虛幻不實的現象世界。此時的「無明」，作爲一種幻覺或虛妄的認識，則變成「宇宙幻相」的種子。除吠檀多論之外，佛教也承襲了奥義書中「明」與「無明」的觀念。佛祖釋迦牟尼在其「因緣說」中，把人的生老病死等一切痛苦的根源歸因於「無明」。在他那裡，「明」是指他所創立的「苦、集、滅、道」四聖諦，而「無明」就是對這四種眞理的無知和愚痴；只有消除「無明」，眞正把握四聖諦，才能逃離世間苦海，達到淨寂常樂的涅槃境界。

概言之，在印度傳統哲學中「明」與「無明」的觀念有三個基本特點：

(一)「明」與「無明」是兩個針鋒相對、截然相反的概念，兩者之間沒有調和的可能。

(二)要獲得「明」，就必須剷除「無明」；換句話說，斷除「無明」是獲得「明」的基本前提。

(三)「無明」是萬惡之源，它是由人的心識所引起的；要消除「無明」，則必須冥滅人的心識，斬斷七情六欲，以此實現靈魂的解脫。

奥羅賓多不贊成印度古代的這種無明觀，他從整體論的立場出發，提出了一套新的無明學說。他認爲，古代吠檀多把「無明」與「明」對立起來，從而造成梵與現實世界的對立，從根本

上破壞了宇宙的絕對一元性和統一性。他寫道:

> 明與無明不是兩個不可調和的原則: 一個是創造世界的原則，而另一個是令人不能容忍的毀滅世界的原則。它們在宇宙中是兩個並存的力量，雖然在宇宙發展的行為中以不同的形式運行著，但它們在本質上卻是同一的，並且能够通過自然的演變而相互轉化。⑱

既然「明」與「無明」在本質上不是對立的，而是統一的原則，那麼，兩者的性質是什麼呢？奧羅賓多指出，「明」是有關梵的神聖大全知識，這種知識具有宇宙的統一性、無限性、永恒性和和諧性，超心思的「眞理一意識」是這種知識的代表。而「無明」，並不是絕對的無知，它也是一種知識，只不過是一種受限制、被蒙蔽的局部知識，心思意識則是這種知識的代表。爲了說明「無明」的性質，他從精神進化的角度把「精神」，即宇宙意識的發展分爲三個大的層次或等級: 最高等級是至高無上的**神聖知識**，即梵或超心思的「**超意識**」; 最低等級是與神聖知識相對立的「**無意識**」，愚鈍的物質屬於這種「無意識」; 在兩個極端之間則是「**無明**」，代表「無明」的是有限的心思意識。如他所說:

> 我們見到在這兩個相對者之間作為中間一項的意識（指心思），是以一種局部的、有限的自我覺識性在工作著……

---

⑱ 奧羅賓多:《神聖人生論》，卷二，頁498。

> 這種意識處於中介狀態，在兩個對立者，即「最高意識」與「無意識」之間似乎建立起一種妥協，但是從我們事實材料的更廣的觀點看，可以證明它是知識向表面發展的一種不完善的顯現。這種妥協或不完善的顯現，我們稱之為「無明」……⑲

在他看來，「無明」只是宇宙意識從低級狀態向高級狀態發展過程中的一個中間環節，也就是從「無意識」向「超意識」進化的一個中介階段。

關於「無明」的起源問題，還需要追溯到上一章。在「宇宙進化說」中，我們已經論述，梵的「眞、智、樂」大全意識通過超心思下降到自然界的過程，乃是一種自我限制、自我退化的過程。當超心思的意識下降到心思時，它作爲一種潛在意識隱居於心思之中，卻被外在的心思形式所遮蓋，所限制。心思由於受到表面肉體和生命的包圍，建立起一道分離的牆壁，從而產生出一種分裂的意識。這種分裂的意識脫離了超心思統一意識的基礎，誤把表面的身體存在當作自己的「自我」，看不到內在的本質——「生命我」，也看不到自身的「自我」與他人的「自我」以及與宇宙最高「自我」的統一性和聯繫性。心思的這種分裂意識，正是無明產生的根源。所以，奧羅賓多說:

> 無明，如我們已經陳述過的，來自於較後的階段，作為一種較後的運動，也就是當心思從其精神的或超心思的基礎

---

⑲ 同上書，卷二，頁498。

> 脫離出來，到達人世間的生命的時候。在這裡，眾多的個人意識通過分裂的心思自認為自身與某種形式相同一，而這種形式正是分裂的唯一穩定的基礎。⑳

儘管「無明」屬於一種分裂的意識，但是奧羅賓多並沒有像古代哲學家那樣對它採取完全排斥的態度，而是把「無明」作爲梵的神聖意識在整個進化過程中的一個中間發展階段。他說:

> 無明只是絕對者在其顯現的關係中的一種可能的狀態，無限者在其一系列的有限的工作中的一種可能的狀態，「太一」在「多」中自我享樂的一種可能的狀態。㉑

所以，他反對古代哲學家斷除「無明」的觀點，而主張通過心思向超心思的進化而實現「無明」向「明」的轉化。

具體地說，「無明」是指什麼呢？奧羅賓多列舉了「無明」的七種類型，因爲這些類型的關係是層層遞進的，故又稱爲「七重無明」。

(一)原初的無明

人生活在現實世界中，習慣於把自己周圍的局部事實及這些事實的暫時關係看作是宇宙的全部眞理。他不知道在一切存在的背後尚有一個「絕對者」或梵，這個「絕對者」乃是世界萬物及一切變化的根源。這種「無明」是所有「無明」中最基本的一種，其他的「無明」皆由它而產生，故稱「原初的無明」。

---

⑳ 同上書，卷二，頁579。
㉑ 同上書，卷二，頁595。

（二）宇宙的無明

由於人對「絕對者」的無知，所以把宇宙在時間和空間中的運動和變化視爲存在的全部眞理，而不知道宇宙的眞正本質乃是超越時空的、不動不變的「最高自我」或梵。這種「無明」，叫做「宇宙的無明」。

（三）私我的無明

這種無明涉及到人自身的本性。人不了解宇宙「最高自我」，也不知道自身的「自我」與「最高自我」和他人的「自我」在本質上所具有的統一性。因此，總是把自己表面私我的心思、生命和軀體當作眞正的「自我」，而把異於它們的一切事物視爲「非我」。這就是所謂的「私我的無明」。

（四）時間的無明

人們不了解自身的靈魂或「生命我」是超越時間和生死變化的，而把我們「在時間上只占一小段，在空間只占一小方」的暫短生命，當作我們存在的開始和終結。這種「無明」，叫做「時間的無明」。

（五）心理的無明

人不知道自身是一個複雜的意識整體，只重視心思所產生的感覺經驗，並把這種有限的表面意識看作是我們生存的眞理，根本體悟不到我們內部還存在著「超意識」和「下意識」等等。這種「無明」，稱爲「心理的無明」。

（六）機體的無明

人不了解自身的全部結構，只把表面的肉體、生命和心思當作自己的整個機體。他不知道在表面存在的背後還有更強大的內部肉體、生命和心思，以及心靈和「生命自我」，不知道這些內部存在才是支持我們外部活動的力量源泉。這就是所謂的「機體的無明」。

(七)實踐的無明

由於上述的這些無明，我們在實際生活及實踐活動中則變得十分盲目和困惑，不知道生存的目標，失去了努力的方向。奧羅賓多對這種無明作了如下的描述:

> 作為上述所有無明的結果，我們不能真正認識、控制和享受我們在世間的生活；我們在思想、意志、感情和行為上都是無知的，在每一點上對世間所提出的疑問皆做出錯誤的或不完善的回答；我們徘徊於謬誤與希望、奮鬥與失敗、痛苦與歡樂、罪惡與失足的迷途中，循著一條曲折的道路，為著變化無常的目的盲目地摸索著——這便是第七種無明，即實踐的無明。㉒

與「七重無明」相對應的是「整體知識」，又稱「七重明」。它們包括:

(一)證悟到「絕對者」、「最高自我」或梵是萬物之源。

(二)證悟到時空中的宇宙乃是超時空的「最高自我」或梵的顯現。

(三)破除私我，體悟到內在的「自我」與宇宙「最高自我」和他人的「自我」在本性上是同一的。

(四)體悟到自己內在的心靈或「生命我」具有超時間的永生

㉒ 同上書，卷二，頁654-655。

性。

（五）認識到表面存在的背後還有超心思的潛在意識。

（六）認識到在表面存在的下面尚有更強大的內部存在，以及兩者的眞正關係。

（七）認識到我們思想、意志和行爲的相互和諧性和眞正用途，改變我們表面私我的性質，爲追求精神進化和整體眞理而努力。

在這「七重明」之中，關鍵是第一和第三兩項，即證悟到梵是萬物的本源，體悟到人的內在本質「生命我」與宇宙最高本體梵的同一性，這兩點正是傳統吠檀多「梵我同一說」的核心。由此表明，奧羅賓多有關「七重無明」與「七重明」的論述，不僅堅持了古代吠檀多「梵我同一說」的基本原則，而且使它更加精緻化和系統化。

綜上所述，奧羅賓多的「無明學說」的創新之處，就在於他打破了印度傳統哲學中把「明」與「無明」絕對對立起來的觀點。他認爲，「無明」不是完全的無知，只是一種有限的、不完善的知識，因此人不是去消除「無明」，而應當把「無明」轉化爲「明」。他相信，人的進化過程就是「無明」向「明」的轉化過程。在這個過程中，心思承擔著由「無明」向「明」轉化的重任。心思雖然受肉體的束縛，尚處於無明的狀態，但是它內部也蘊含著追求眞理的衝動和力量，這種衝動和力量將促使它逐步上升到「整體知識」的光明境界。對此，奧羅賓多寫道：

> 心思也是一種追求真理的力量，它的思想內室向「明」敞開著，如同向「無明」敞開著一樣；倘若它的出發點是

「無明」，倘若它的道路是經過錯誤的和曲折的路線，那麼它的目標則永遠是「明」和「知識」；在它的內中蘊藏著尋求真理的衝動和力量，儘管這種力量是次要的和有限的，但是它一定能够發現真理、創造真理。㉓

在他看來，心思將由「無明」的起點出發，歷經曲折艱難的路程，最終的目標則是「明」或「整體知識」。這種由「無明」向「明」的轉化過程，實際上就是心思向超心思的進化過程。這將是我們要探討的下一個重要課題。

四、三重轉化與神聖智者

如何實現從「無明」向「明」的轉化呢？奧羅賓多認為，人的心思意識是「無明」的代表，超心思的「眞理—意識」則是「明」或「神聖整體知識」的象徵；由心思向超心思的進化過程就是由「無明」向「明」的轉化過程，也是普通凡人向「超人」(Superman) 或「神聖智者」(Gnostic Being) 的轉化過程。

心思向超心思的進化，是一個長期而曲折的發展過程。此過程要經過三個階段：**心靈轉化、精神轉化和超心思的轉化**。這種「三重轉化」學說具有濃郁的超理性神祕主義色彩，是常人的理智所難以理解的。但是，為了深入地了解奧羅賓多的人類進化學說，我們尚有必要簡要地評述一下他所設計的各種轉化的性質和特點：

㉓ 同上書，卷二，頁496。

(一)心靈轉化 (Psychic transformation)

心靈轉化是實現超心思轉化的第一步。據上文所述，心靈是人的內部存在，它是「神聖者的純粹光輝」，具有眞、善、美的本性，但是它卻被表面私我的肉體、生命和心思覆蓋著。奧羅賓多說:

> 我們內中的心靈實體是永存的，並且基本上總是處於同一狀態：它包含著我們一切顯現的基本可能性，但它並不是由這些可能性所構成，不受其顯現物的限制，不受不完善的顯現形式的控制，也不被表面存在的不完善、不純潔、缺陷和墮落行為所污染。它是潛在於事物之中神聖性的一種永恒純潔的光焰，任何接近於它的事物、任何進入我們經驗中的事物都不能玷污它的純潔性或熄滅它的光焰。這種精神的質料是皎潔而光明的，並且由於這種完全的光明，它能直接地、親密地領悟存在的真理和本性的真理；它深深地覺知到真、善、美，因為真、善、美與其固有的本性同屬一族，皆為其內在本質中的形式。㉔

心靈是我們內在本性的代表，是眞、善、美的儲藏所，但是暫時處於隱蔽狀態，尙未顯現出來。因此，喚醒我們內部潛在的心靈，使其智慧、力量和光輝充分地展現出來，就是所謂的「心靈轉化」。

㉔ 奧羅賓多:《神聖人生論》，卷二，頁 891，本地治里，奧羅賓多修道院，1970年版。

奥氏指出，心靈存在是能動的，在我們尚未揭示它之前，它也能祕密地或局部地向表面存在發放信息和力量，然而由於受私我的限制，表面的心思、生命和肉體卻很少能接受或聽從這些信息和力量。所以，人們必須通過瑜伽修煉，體悟內在的心靈，認識到它的重要作用，促使它的智慧和力量影響和支配我們的表面存在。

心靈與我們表面存在的直接接觸，是心靈充分顯現的根本條件。這種接觸有三個途徑：首先，心靈以「思維心思」(thinking mind)爲工具來影響我們的理智，使理智感受到我們內部所潛在的至高的眞、善、美的本性，並竭盡全力去追求它。其次，心靈以「情心」(heart)爲工具，與我們的生命和情感相接觸，使我們在情感上產生出對「至高神聖者」的崇拜以及對眾生的熱愛，從而轉化我們的生命和感情。再者，心靈以「實際意志」(pragmatic will)爲工具，與我們的身體和行爲相接觸，逐漸消除我們表面私我的意志和欲望，使我們培養出一種爲工作無私奉獻的精神和行爲。奥羅賓多寫道：

> 凡此三道的結合，卽心思之道、意志之道和情心之道的結合，便創造出「精神」或心靈在表面的存在和性質中顯現的條件，在這種條件下將會產生一種使我們內部的心靈之光和精神的「自我」向外更廣濶更深刻的開放……㉕

心靈轉化的結果，將我們表面的存在變成心靈的工具，完全

㉕ 同上書，卷二，頁903-904。

處於它的控制和指揮之下。

(二)精神轉化 (Spiritual transformation)

心靈控制了人的身體、生命和心思，這尚不夠，心靈還必須促使心思向更高的精神狀態轉化。這種轉化表現為人的心思向「精神心思」(Spiritual mind) 的上升，即心理意識向較高的精神水平進化。所謂「精神心思」，是指心思在上升到超心思之前所要經歷的幾個中間階段。它包括四種：**高等心思**、**照明心思**、**直覺**和**高上心思**。

高等心思 (Higher mind) 是我們的心思意識向上昇華的第一步。高等心思已不再是「光明與黑暗相混雜的半明心思」，而是一種光明的心思。它在本質上是具有多種能動性的單一意識，能形成多方面知識的聚合。在它這裡，已不需要心思所進行的分析和一步一步推理的邏輯思維活動。其主要功能是大量的觀念化，並通過單一意識來證悟眞理的整體，以及觀念與觀念之間的內在聯繫。高等心思是趨向綜合的意識，它打破了邏輯和理性分析的束縛，而直接進入觀念的領域。

高等心思仍然是局部的悟性，尚未完全擺脫經驗和理智的壓抑。心思上升的下一階段便是**照明心思** (Illumined mind)。照明心思具有「精神的光輝」，這種光輝能起到「照明觀察的」作用。因此，它不是靠思維來工作，而是靠「視覺」來觀察，在這裡思維只是起促進內在視覺觀察力的輔助作用。在奧羅賓多看來，用視覺工作的意識要比思維意識具有更大的認識力量。照明心思正是這種意識，它通過「眞理視覺」、「眞理光輝」及其觀察力能產生一種更大更統一的認識力量。

直覺（Intuition）被看作是比前兩種心思更接近眞理或「大全知識」的一種意識力量。直覺具有四種功能：**觀察眞理**的功能、**聞聽眞理**的功能、**觸覺眞理**的功能和**分辨眞理與眞理之間精確關係**的功能。由於這四種功能，直覺能夠直接把握眞理。但是，他認爲，直覺也有其不完善性：直覺的「閃光」是突發而短暫的，使人很難理解其帶來的信息；直覺證悟的信息在得到充分表達之前，常常被攔截或被取代。因此，心思還必須超越直覺階段，昇華到高上心思。

高上心思（Overmind）不再是個別的中心意識，開始成爲一種「宇宙意識」。所謂「宇宙意識」，是指高上心思經過前三個階段的上升，已經變成一種充分擴展的普遍意識。奧氏在描述這種狀態時說：

> 高上心思的轉化是精神能動轉化的最後和最完善的運動，它是精神心思領域中最高的能動狀態。它獲得低於它的三個階段之中的一切，並且把它們的特殊功能作為最高和最大的力量，使它們具有意識和力量的普遍廣度、知識的和諧一致化、存在的更多方面的歡喜。㉖

高上心思作爲一種宇宙意識，它有能力獲得「最高眞理意識」的光輝，它最接近超心思，可以與超心思直接接觸，因此是心思向超心思上升的最合適的橋樑。

上述的精神心思的四個階段，在形式上很類似於佛教或印度

㉖ 同上書，卷二，頁952。

教瑜伽學說所描述的「三昧」狀態的各個等級。實質上，這些等級都是瑜伽修行者在直覺冥思過程中所獲得的不同程度的主觀體驗，只不過奧羅賓多的描述更精緻、更具有現代哲學語言所雕琢的痕記。

(三)超心思轉化(Supramental transformation)

奧羅賓多認爲，精神轉化已經使人的心思意識進入了高級精神領域，已經觀察到宇宙統一性，並且接近於「神聖整體知識」，但是尙未牢固地把握這種知識。因此，要使心思根本改變，還必須進行超心思轉化。他說：

> 正如心靈轉化必須在精神轉化中完成一樣，第一精神轉化也必須在超心思轉化中才能完成。因為所有這些前進的步驟皆像它們的前者一樣，是過渡性的，所以在進化中從「無明」的基礎向「明」的基礎全部的根本轉化，只有靠超心思力量的介入及其在世間存在中的直接作用才能實現。㉗

超心思的轉化，最終使心思上升到超心思的水平，使人徹底擺脫「私我」和「無明」的束縛，而獲得神聖的整體知識。

上述的「三重轉化」過程，就是心思向超心思，「無明」向「明」的進化過程。下面，我們討論「三重轉化」所導致的結果是什麼。

奧羅賓多認爲，「三重轉化」將使人發生根本的變化。他把

㉗ 同上書，卷二，頁917-918。

實現了「三重轉化」的人，稱之為「**超人**」、「**神聖智者**」或「**精神的人**」(Spiritual man)。這三個名稱是從三個不同的角度而言的：從心思向超心思進化的角度看，實現三重轉化的人不再是「心思的人」，而成為「超心思的人」，即「超人」。從「無明」向「明」轉化的角度看，實現三重轉化的人不再是「無明的人」，而成為具有神聖統一智慧的人，即「神聖智者」。從世俗性質向精神性質轉化的角度看，實現三重轉化的人也不再是「世俗的人」，而成為「精神的人」。奧氏雖然採用尼采哲學中「超人」的這個術語，但是他的「超人」與尼采所鼓吹的那種實現權力意志、擴張自我、妄圖駕馭一切的「超人」是截然不同的。

那麼，奧羅賓多所謂的「超人」或「神聖智者」具有哪些特點呢？歸納起來，有如下四個特點：

(一)神聖智者生活在與世界和衆生的統一和諧之中

神聖智者擺脫了私我與無明的限制，而成為有神聖整體知識的人。他不僅體悟到自身的心靈或「自我」，而且覺悟到自身的「自我」與他人的「自我」以及宇宙「最高自我」(即梵)在本質上的同一性。他破除了原來固步自封、自我孤立、與世界隔絕的狀態，產生出一種強烈的統一意識，因而他的生活與行為能夠與周圍的人和整個社會生活和行為相和諧。奧羅賓多寫道：

> 超心思的人，在他的意識中能見到和感受到眾生皆是他自己，並且以這種觀念去行動；他將在一種普遍意識的指導下，在一種他個人的自我與整體自我，他個人的意志與整體意志，他個人的行為與整體行為相和諧中去進行活

動。㉘

(二)神聖智者能與他人共享「精神」的歡樂

奧氏認爲，達到超心思水平的人將生活在無限喜樂的「精神」狀態中。這種人沒有自私的欲望和要求，也不想爲自己獲得什麼；他已經實現了自身內部生命與外部生命的統一，也實現了自己與世界的和諧統一。他生活的唯一目的，就是追求「精神」所顯現的喜悅。原來最使他感到痛苦的是，他與世界關係的不完滿，他對世界的要求與世界對他的要求總是產生矛盾和衝突。現在這些痛苦的原因已經消失，他不僅處於「精神」的妙樂之中，而且也將這種妙樂帶給他人，與眾生共享「精神」之歡樂。對此，奧羅賓多作了這樣的描繪:

> 由於自身的「自我」與眾生相統一，超心思者不僅尋求「精神」在他自己內部所顯現的悅樂，同時也尋求「神聖者」在眾生中所顯現的悅樂；他將具有宇宙的喜樂，也將有能力把「精神」的妙樂,「存在」的喜樂帶給他人；因為他們的歡樂，也將是他自己的歡樂。為一切眾生謀幸福，將他人的喜與憂變成自己的喜與憂——這將是已經解脫了的和實現精神化的人的一個象徵。㉙

(三)神聖智者的心思、生命和身體已實現了整體轉化

奧羅賓多強調，超心思的轉化不僅使人的心思昇華到超心思

㉘ 同上書，卷二，頁974。
㉙ 同上書，卷二，頁975-976。

的水平，而且也使身體和生命在性質上發生根本變化，並伴隨著心思同時被精神化。故而，神聖智者的生命和肉體沒有被斷滅，也沒有受到壓抑，相反地它們與心思一起成爲「精神」的有效工具，爲「精神」的目的而服務。他把人的心思、生命和肉體的共同轉化稱之爲「整體轉化」。在描述這種轉化時，他說:

> 一種光明和能量，一種知識和力量被人感覺到了，它們首先占據心思，將其重新塑造；然後占據生命部分，亦將其重新塑造；最後占據肉體意識，不再讓其變得微小，而是使它變得更廣大、柔順、甚至無限。㉚

又說:

> 超心思的轉化，即超心思的進化，必然帶來心思、生命和肉體的提高，使它們超出自身而進入一種更大的存在方式，在這裡它們自己的方式不會被壓抑或被廢除，相反地卻通過自我超越的過程而達到圓滿和完善。㉛

(四)神聖智者的生活方式發生根本變化

奧羅賓多說，神聖智者在經歷了超心思的轉化之後，他的世俗意識和生活方式將發生根本的轉變。他原來的思想和行爲皆隸屬於私我的慾望和無明的原則，而現在他的思想和行爲則服從於統一的精神意識和神聖整體知識的原則。由於獲得了整體的知識，他原有的心思的一切標準都消失了，他對待事物的觀念和方

㉚ 同上書，卷二，頁913。
㉛ 同上書，卷二，頁982。

式也隨之發生改變。這好比一個無知的人拾到一塊金礦石時，他會把它當作一塊普通的石頭而扔掉；然而，一旦他認識到金礦石的價值，他對它的態度就完全改變了。神聖整體知識，即「明」，並不是創造什麼新的人種，只是使原來世俗凡人的人生觀念和生活方式產生根本的變化。所以，奥羅賓多斷言：

> ……在凡人的無明生活中，由於凡夫私我的分離性和渺小性及其感覺有必要去打擊、占有和利用其他生命，這便導致衝突、混亂、放縱和自私的無秩序狀態。但是，這些情況在神聖智者的生活中則不存在。㉜

> 具有神聖智慧的人，將是盡善盡美的精神之人；他的存在、思維、生命和行為的全部方式，都將被一種博大、遍在的精神力量所支配。㉝

綜上所述，奥羅賓多有關「三重轉化」和「神聖智者」的論述雖然具有濃重的神祕主義色彩，但是透過這層神祕的面紗，我們可以發現，他的人類進化學說與印度古代的宗教解脫觀有著本質的區別。這些區別表現在：

首先，奥羅賓多進化觀的本質在於，低級存在在進化過程中被逐步改造和轉化為高級的存在。他強調人的肉體、生命和心思在「三重轉化」中也隨之精神化和完善化。實現了三重轉化的神聖智者，不需要擺脫原來的肉體、生命和心思。進化的目的並不是創造什麼新的人種，而是將原來人的每一部分都整體轉化為神

㉜ 同上書，卷二，頁1004。
㉝ 同上書，卷二，頁971-972。

聖的存在。反之，印度傳統的宗教解脫觀念卻認爲，人的軀體，生命和理智都是束縛靈魂的桎梏，是頑固不化、不可救藥的物質外殼。靈魂只有掙扎桎梏，拋棄肉體和生命，泯滅七情六欲，才能獲得解脫。奧羅賓多否定這種陳腐的觀念，主張人的進化不必擺脫或毀滅原來的肉體、生命和理智，而是將它們全部轉化爲精神的性質。這種新觀念，一方面表明奧羅賓多對人本身價值的重視，另一方面也說明他運用西方人道主義觀念對印度傳統宗教哲學的改造和發展。

其次，奧羅賓多一再強調，神聖智者雖然是已經解脫了的、脫離世俗意識的「精神之人」，但是他仍然生活在這個世界上，並爲這個世界和眾生服務。如他所言：

> 神聖智者的個人，將生活在這個世界上並屬於這個世界；但是在他的意識中卻超越這個世界，並生活在此之上的超然的「自我」之中。[34]

因此，有人將奧羅賓多的神聖智者比作印度古代的「有生解脫者」。在表面上這兩個概念很相似，然而在本質上卻完全不同。

古代印度教曾提出「有生解脫」的觀念，佛教也提出了與此相類似的「有餘依涅槃」的觀念。當一個人在精神上獲得解脫，而身體依然在人世間，這種人被稱爲「有生解脫者」。有生解脫者在精神上達到自由，已經不會再造新的業，但過去所造的業尚未耗盡，待到過去的業力完全耗盡之後，靈魂才能徹底從物質束縛中解脫出來，返回到它的原初狀態──梵，與梵合爲一體。達

[34] 同上書，卷二，頁972。

到這種解脫的人，才被稱爲「無身解脫者」。

從表面上看，奧羅賓多的「神聖智者」與古代的「有生解脫者」確實有某些相似之處。比如，他們好似兩個世界的公民：作爲有肉體生命的人，他們生活在現實世界上；然而，作爲精神已經解脫的人，他們又屬於超然世界。但是，從本質上看，這兩個概念卻有根本的差別：

第一，古代思想家只把「有生解脫」看作是達到最終解脫的一個暫時的過渡階段。只有當一個人在精神上已獲得自由，而舊的業力尚未耗盡的短暫階段，才叫做「有生解脫」。一旦舊的業力耗盡，靈魂便完全擺脫肉體，復歸於梵。這種擺脫肉體的解脫，即「無身解脫」，才被視爲眞正的解脫。但是，奧羅賓多並沒有把處於肉體狀態的神聖智者看作是暫時的過渡階段。在他看來，神聖智者是在肉體狀態獲得精神自由的人，也是人在世俗世界中的最高完善，沒有必要再去達到什麼所謂的「無身解脫」。

第二，古代思想家認爲「有生解脫者」不會再造新的業，只待舊的業力耗盡，從而徹底擺脫生死輪廻。與此相反，奧羅賓多認爲，神聖智者達到超心思轉化之後，他的任務並沒有完成，業也不能停止。他還要繼續工作，用自己的善與愛的行爲去啓廸和感化他人，以幫助他人也獲得精神的眞正自由。因此說，奧羅賓多的神聖智者與古代的「有生解脫者」只是貌相似而質不同。

再者，在三重轉化中奧羅賓多雖然也借用傳統宗教的一些超理性的方法，如內省直覺、證悟心靈等，但是他的眞正目的是爲了揭示人固有的眞善美的本性，創造出一種無私忘我的、對他人充滿愛和同情的、與社會生活協調統一的、能爲大眾謀幸福的理想之人。神聖智者或「超人」，就是這種理想人物的具體體現。從這一點上看，奧羅賓多的進化觀與古代解脫觀是完全不同的。可以說，在奧羅賓多神祕主義學說的背後，隱匿著他的現實主義的目的和人道主義的理想。

五、「神聖人生」的境界

按照奧羅賓多的觀點，當心思進化到超心思，即人轉化爲「超人」或神聖智者之後，人類的整個進化過程尙沒有結束。人類的進化不會因爲出現幾個神聖智者而停止，它的最終目標是在地球上創立一個無限美好的、無限福樂的理想仙境——「神聖人生」的境界。

何爲「神聖人生」的境界？它具有什麼特點呢？從奧羅賓多的大量論述中，我們發現它具有如下三個主要特點:

(一)創造一個由神聖智者所組成的新型人類

奧羅賓多說，「神聖人生」是人世間最完美、最圓滿的境界，在這個境界中生存的將是一個由神聖智者所組成的新型人類。當一個人從凡夫轉化爲神聖智者之後，他的任務尙未結束。在周圍的人仍處於無明的狀態下，神聖智者還是孤立的，他個人的完善也沒有保障。因此，他必須用自己的智慧和力量去啓廸和幫助周圍的人，使他們也能達到超心思的轉化。他寫道:

> 正如《薄伽梵歌》所說，實現精神證悟的人，已經解脫了的人應當為一切眾生謀福利。佛陀，在他發現涅槃道路之後，又返回到那些仍處於迷妄之中，認定自己為非真實或

> 非存在的人中間，為他們指出正道；維韋卡南達，由於被「絶對者」所吸引，已經感知到隱居於人類之中的神性的呼喚，尤其是墮落者的呼喚，以及在宇宙黑暗中自我對自我的呼喚。㉟

在奧羅賓多看來，一個神聖智者在自己獲得解脫之後，應當像《薄伽梵歌》教導的那樣去爲眾生謀幸福，應當以佛陀和維韋卡南達爲榜樣去拯救仍處於苦難之中的眾生，使他們也從無明之中解脫出來，這才是其生存的眞正目的。印度學者 R. S. 斯里瓦斯塔瓦在評述奧羅賓多的這一觀點時，曾作了一個生動的比喻：

> 超人用其所具有的無限意識和力量去照亮一切墮落的自我。他們把無明從人類中驅趕走，使一切眾生超心思化。正如一只火把點燃另一只火把，另一只火把再去點燃第三只火把一樣，超心思作為照明的火炬和火焰般的意識能夠點燃一切靈魂，使他們在大火中燃燒。超人的超心思意識要掃除一切人的無明，並把知識、力量、意識、真理和歡樂帶給他們。㊱

由此可見，奧羅賓多所追求的理想境界並不是少數人的解脫，而是整個人類的完善化和神聖化。因此，他指出：實現「神聖人

㉟ 同上書，卷二，頁1050。

㊱ R. S. 斯里瓦斯塔瓦：《現代印度哲學》，頁 138，德里，1965年。R. S. 斯里瓦斯塔瓦 (Rama Shanker Srivastava) 教授爲印度比哈爾邦蘭契大學哲學系主任。

生」的一個根本條件，就是

> 建立一個新世界，改變整個人類的生活，或者至少在塵世的性質中建立一種新型的完善化的集體生活。這不僅需要孤單的已經進化了的個人在未進化的大眾中出現，而且需要由許多神聖智者所組或的新型族類，以及超越現今個人的一種新的共同生活和共同存在。㊲

(二)創立一種新型的生活方式

奧羅賓多預見，在「神聖人生」的境界中將出現一種全新的生活方式。這種生活方式表現爲兩個方面:

其一，在未來的神聖生活中，一個神聖智者能夠

> 完全地和整體地 認識到他的「自我」和他存 在的一切真理。㊳

這意味著神聖智者超越了表面私我的限制，體悟到自己內在的心靈，充分發揮心靈的精神力量，使表面的肉體、生命和心思成爲內在精神力量的工具，眞正生活在自身內部存在與外部存在的和諧統一之中，生活在精神的喜悅之中。

其二，神聖智者不僅達到自身的完善，而且還實現了他與周圍世界關係的完善。他眞正證悟到自已的「自我」與他人的「自

㊲ 奧羅賓多:《神聖人生論》，卷二，頁1031，本地治里，奧羅賓多修道院，1970年。

㊳ 同上書，卷二，頁1024。

我」在精神本質上的統一性，並且按照這種統一的精神意志去生活和行動。因此，神聖智者能把一切人的「自我」感知爲自己的「自我」，把一切人的行爲看作是自己的行爲，把一切人的喜樂視爲自己的喜樂；在生活中他愛他人、同情他人，爲衆生行善，替社會謀福利。

奧羅賓多認爲，神聖智者的生活方式是無私的，歡樂的，甘爲精神的統一性和普遍性忘我地奉獻。如他所言：

> 神聖智者不是為了單個的私我而生活，同樣也不是為任何集體的私我目的而生活；他是為了他內中的「神聖者」而生活，並生活在「神聖者」之中；為了集體中的「神聖者」、萬物中的「神聖者」而生活，並生活在這「神聖者」之中。他的這種行為的普遍性，是通過洞察一切的意志在實現萬物統一的意識中形成的，這種普遍性便是其神聖生活的法則。㊴

(三)創立一種和諧統一的人間秩序

奧羅賓多設想，在未來的理想境界中人與人、集體與集體之間將會產生出一種完全和諧統一的生存秩序。他認爲在我們今天的人類生活中，由於共同的生活、共同的文化或共同的經濟利益而組合成各種各樣的社會集合體，這些集合體建立在集體私我的基礎之上，是靠相互妥協或強制的力量才實現的，因此各集合體之間一遇到分歧和矛盾，便會產生各種衝突和對抗。他預見，在

㊴　同上書，卷二，頁1030-1031。

未來「神聖人生」的境界中也會有神聖智者所組成的各種集合體，但是在這些集合體之間充滿著和諧和統一，而不會發生任何衝突和對抗。其原因在於：那時候一切人都按照「神聖統一意識」聯合起來，在聯合的集體中他們「**會感知到自己是唯一自我的多種形體，唯一實在的多個心靈**」；他們「**被根本統一的知識所照亮和推動**」，「**通過根本統一的意志和感情**」去實踐一種「**表現精神眞理**」的生活秩序，在這種秩序中將出現一種「**在觀念、行爲和目的上的天然的和諧**」㊵。他還說：

> 在各個神聖智者的團體中，也將有很大的自由差異，每個團體都將建立自己的精神生活體；在同一個團體中，個人的自我表現也會有很大的自由差異。但是，這些自由的差異，不會是一種混亂，不會產生任何衝突；因為同一知識真理和同一人生真理的各種差異，將是相互依存的，而不是相互對抗的。在神聖智者的意識中，不會有私我所執著的個人觀念，也不會有個人利益和意志的奮爭和喧鬧；相反地，卻會有一種在多種形式中的共同真理，一個在多個意識和身體中的共同自我的統一意識。㊶

這裡需要解釋一下，在奧羅賓多看來，一個人內在的「自我」與其他人內在的「自我」都來源於宇宙「最高自我」——梵，它們只不過是梵的多種表現形式。它們同根同源，本性是同一的。一旦人體悟到自身的「自我」與他人的「自我」的這種同一性，

㊵ 參見上書，卷二，頁1031-1032。
㊶ 同上書，卷二，頁1032。

就會產生出統一的意識或知識。這種統一的意識和知識，即所謂的「神聖智」。神聖智者就是遵循這種統一意識去行動和生活的，因此他能與其他人保持和諧統一的關係，由神聖智者所組成的集體與集體之間也能保持和諧統一的關係。所以，奥羅賓多宣稱，統一性、相互性和和諧性乃是「神聖人生」的必要法則和最大的特點。他說:

> 統一性是神聖智意識的基礎，相互性是這種意識直接感知到差異中統一性的自然結果，和諧性是其力量進行工作的必然功能。因此，統一性、相互性與和諧性是一個共同的或集體的神聖智的人生不可缺少的法則。[42]

日本著名東方學家中村元先生，在論述印度民族的思維方式時說:

> 當大多數印度人認為每一個人的自我與他人的自我在本質上是同一的，並且認為人與人之間的區別僅僅是現象形態的區別時，他們自然把自我與他我不二的境地看作是他們的理想。他們在奥義書中教導說，「你是所有的一切」，「我是梵」。這些陳述構成了他們倫理的核心。婆羅門教和印度教都建立在這種不二論的基礎上。[43]

---

[42] 同上書，卷二，頁1033。
[43] 中村元:《東方民族的思維方式》，頁20，中文譯本，浙江人民出版社，1989年。

由此可以推斷，奥羅賓多的這種人與人、集體與集體之間和諧統一的觀點，正是對奥義書和吠檀多「梵我不二論」的一種繼承和發展。他在人與人和諧統一的基礎上所建立起來的那種普遍之愛和慈悲爲懷的觀念，也是印度傳統倫理學的集中體現。

「神聖人生」作爲奥羅賓多所追求的最高理想境界，到底是什麼樣子呢？爲此，他作了這樣具體的描述：

> 顯然，在神聖智的意識所統御的人生中，戰爭及其對抗和敵視的精神、政治鬥爭及其長久的衝突、恒常的壓迫、欺騙、卑鄙、自私、無知、愚昧、混亂，皆無存在的餘地。各種藝術和工藝依然存在，它們不是為了任何卑下的心思和生命的娛樂、消遣、消除緊張或追求快意，而是作為「精神真理」與生存之美和喜的表現工具。生命和身體，不再是暴虐的君主，不再要求十分之九的生存以滿足它們的需求，而是作為「精神」的表現手段和功能。同時，由於物質和身體都得到承認，所以控制和正確地利用物質事物，將是精神生活在世俗性質中進行顯現的一部分。[44]

根據上述「神聖人生」的三個特點和奥羅賓多對「神聖人生」境界的具體描繪，可以看出他所追求的是人類社會的整體完善，是一個至善至美、和諧統一的人間新秩序。他的這種追求，正是出於對他所生活的時代及社會的憎惡和不滿。他看到了當時人類社

[44] 奥羅賓多：《神聖人生論》，卷二，頁1066，本地治里，奥羅賓多修道院，1970年。

會的種種弊病和罪惡：物質欲求的貪婪、道德和精神的淪喪、人與人之間的傾榨和壓迫、民族與民族之間的對抗和戰爭等等。因此，他認爲，「今天的人類正經歷一個進化的危機」。㊺在他看來，人類自古以來一直在追求幸福、歡樂、和諧和統一，但是在現今的進化階段上這種理想破滅了，人類徬徨、迷惑，尋找不到前進的方向。今天的社會雖然建立起各種龐大而複雜的行政、經濟和文化的機構和組織，以滿足人類對統一理想的追求，然而這些機構和組織並不是靠精神和道德力量來支配，而只是作爲個人私我或集體私我的工具。因此，人類一直處於矛盾、對抗和衝突之中。如他所說：

> 在我們的社會建制中……我們所建立的只是一個結構上的統一體，一個靠法律和風俗所强迫實施的，人為的結構秩序；在這種秩序中，一些人的利益超過另一些人的利益，只有靠一半被接受一半被强迫的、一半自然一半人為的調整，才能維持社會的整體存在。團體與團體之間的利益很難協調，經常反覆出現集體私我與集體私我的衝突。㊻

既然今天的人類正處於進化的危機之中，那麼，如何使人類從危機中解脫出來呢？如何眞正實現他所設計的「神聖人生」的理想呢？

㊺ 同上書，卷二，頁1053。
㊻ 同上書，卷二，頁1035。

奧羅賓多在闡述這個問題時，首先批評了兩種解決人類進化危機的方式：一種是**唯物論的方式**，另一種是**宗教的方式**。他認爲，自近代以來興起了一種「唯物論有關人及其生活的理性的或科學的公式」，作爲達到社會完善的途徑。不管這種方式所依據的眞理是什麼，它都不能眞正滿足人類的需要和解決人類進化的危機。唯物論方式的缺點在於：

(一)它只重視物質和經濟生活，使人們陷入無休止的物質貪求和自私的競爭之中，喪失了精神和倫理，回到了原初的野蠻狀態，是人類文明的一種倒退。

(二)它爲了達到集體的統一生活，強力推行幾種有限的觀念，崇揚它們，而排斥一切其他的思想；把集體的私我美化爲國家或民族的心靈，用國家的形式強制個人，以集體的私我代替個人的自由；用民族經濟的統一組織，迫使人們的思想和生活完全一致，使人處於一種人爲的、機械的統一之中。

(三)儘管科學能使人支配和利用宇宙力量的許多潛能，但是運用科學的人卻爲著個人或集體私我的利益而服務。因此，他認爲唯物論的方式無法使人類實現和諧統一的理想。

宗教的方式能否使人類從一個機械的社會中解脫出來呢？奧羅賓多對此也給予否定的回答。他認爲，宗教只能使人皈依某種信仰，遵從教會、教禮和種種儀式，在形式上接受它所規定的倫理標準，但是，「它不能轉化人類，不能創造出人類生存的新的原則」。[47] 另外，宗教在歷史上雖然提出過「一切人皆爲兄弟」的觀點或口號，以使人類達到統一，但是這種觀念以前曾多次試行

---

[47]和[48] 參見奧羅賓多：《神聖人生論》，卷二，頁1058-1059。

過，卻沒有獲得成功。這是因爲「人類的私我和生命的本性太强大」，很難通過一種宗教觀念在人們心思上所發生的作用，來徹底克服人類的私我㊽。

唯物論和宗教的方式都不能使人類從進化的危機中解脫出來，那麼，人類的出路何在呢？奥羅賓多明確指出，唯一可行之道，就是他所設計的「精神進化」的道路，即上文所述的「三重轉化」的方式。他說:

> 人的真正出路，是發現他的心靈，發現心靈的自我力量及其各種工具的作用，以此代替心思的機械化和生命性質的無明和混亂。㊾

> 唯獨心靈的充分顯現，「精神」固有的力量和光明的充分下降，隨之而來的是我們不完善的心思和生命性質的轉化和昇華，昇華為精神的和超心思的「超上自性」，才能創造出進化的奇蹟。㊿

奥羅賓多進一步闡明，通過「精神進化」的途徑實現「神聖人生」的理想，必須分三個階段或步驟。首先，是實現個人的完善化。個人的進化是人類進化的關鍵，個人的完善是社會整體完善的基礎。因此，「最大可能的個人完善，乃是我們第一重要之事。」(51)第二步，是實現「個人與周圍的人在精神上和實際關係上

㊾ 同上書，卷二，頁1058。
㊿ 同上書，卷二，頁1051。
(51)(52) 同上書，卷二，頁1031。

的完善化。」[52]第三步,是實現集體與集體關係的完善化,進而轉化整個人類的生活,建立至善至美的新世界。他預言:

> 「神聖人生」的圓滿境界是我們人類發展的必然目標,或遲或早將會出現於我們命運的某一階段上。

通過以上的分析,我們可以得出如下結論:

奧羅賓多提出「神聖人生」理想必然在塵世間實現的觀點,是對印度傳統觀念的一個重大突破。印度各種傳統宗教歷來都把現實世界視爲一堆苦難,認爲靈魂只有擺脫這苦難的塵世,上升到清淨無爲的彼岸世界,才能獲得永恒的歡樂。但是,奧羅賓多衝破傳統思想的桎梏,反對把擺脫苦難的希望寄托於「死後的解脫」和虛無飄渺的彼岸境界。他主張彼岸的天堂可以在我們現存的世界上建成,「神聖人生」正是這美好的境界。在這種境界中,人不僅享受眞正的精神自由,而且還能獲得美好、和諧、幸福的生活。奧羅賓多否定靈魂脫離塵世上升到彼岸的必要,改變了傳統吠檀多的方向,把彼岸的天堂搬到地面上來,移植於人世間。他有一段話非常明確地表達出這種觀點:

> 問題的關鍵,不是人上升到天國,而是在這個世界上人上升到「精神」之中,「精神」也下降到普通的人類之中,使這個世界的本性得到轉化。人類長期昏暗而痛苦的旅途的最終目標,人類所期望的真正新生正是為了此目的,而不是什麼死後的解脫。[53]

---

[53] 奧羅賓多:《社會進化論》,頁 329,本地治里,奧羅賓多修道院出版社,1949年。此書英文名稱爲"*The Human Cycle*"(《人類循環論》),按內容譯成《社會進化論》爲宜。

不難看出，奧羅賓多的這種思想，與印度傳統宗教觀念形成了多麼鮮明的對照。

除「**死後解脫**」的觀念外，奧羅賓多也反對印度傳統宗教中「**個人解脫**」的觀點。他提倡一種「**普遍解脫**」(Sarvamukti)或「**人類集體解脫**」的思想，「神聖人生」正是這種思想的體現。在印度傳統宗教學說中，除了大乘佛教提出「**普渡眾生**」的思想外，其他各教均把個人的解脫，即靈魂從生死輪迴的痛苦中解脫出來，作爲人生的最高理想。與此相反，奧羅賓多認爲，個人的解脫不應是人生的最終目的。當周圍的人尚處於無明狀態中，一個人的精神化是不能鞏固和保持下來的。因此，他主張，當一個人實現了「三重轉化」之後，應當繼續生活在塵世間，用自己的智慧和力量去啓明和轉化其他的人，只有當一切眾生都達到精神化時，人類才能進入「神聖人生」的美好境地。奧羅賓多這種普遍救世的思想，應當說，正是對大乘佛教「**弘揚佛法、普渡眾生**」觀念的繼承和發展。D. R. 巴里對此評論道:

> 衆生解脫觀，是奧羅賓多的一個具有重要意義的觀點，也是他整體哲學體系中富有人道主義觀念的一個明證。[54]

---

[54] D. R. 巴里：《現代印度思想——從羅姆・摩罕・羅易到 M. N. 羅易》，頁162，新德里，1980年。

第六章　整體瑜伽觀

自古以來，哲學在印度被稱為「見」(darsana)。所謂「見」，主要是指證悟或直覺宇宙最高實在，探求有關「實在」的眞理❶。印度哲學認識實在，探索眞理的最終目的是為了改變人的生活態度，解決人生的道路問題，換言之，是為了給人尋找一條擺脫苦難、獲得常樂，以達解脫的途徑。按照英國著名印度學學者馬克斯・繆勒的說法：在印度，研究哲學「不是為了知識，而是為了人在此生為之奮鬥的最高目的」。❷照此說來，印度哲學並不是單純的學術哲學，而是把知識與實踐融為一體的哲學。印度哲學與西方哲學的一個重要區別，就在於它更重視哲學的實踐方面，一切理論研究都是為「解脫」這個最高目的服務的。

奥羅賓多在考察印度古代文化時，曾對印度哲學作出這樣的概括：

---

❶ 關於「見」，密斯拉在《正理一勝論的物質概念》中說：「『見』幫助我們認識的眞理是什麼？唯一的眞理，即印度思想的最終目的，是感覺到或直接認識到『自我』。一切『見』的目的，在於按照它們自己的視角達到對『自我』的眞知。」S. 拉達克里希南在《印度哲學》(I.44) 中說：「『見』是一種精神知覺，一種啓示靈魂感覺的視力。只有在哲學所在的時間和地點中才能有的這種靈魂視力是一個眞正哲學家的特有標誌」。(引自 D. 恰托巴底亞耶：《印度哲學》，中文譯本，頁43和200，北京，商務印書館，1980年)

❷ D. 恰托巴底亞耶：《印度哲學》，頁 43，北京，商務印書館，1980年。

> 印度哲學的整個目的，它之所以存在，是為了認識精神、體驗精神，並尋求達到精神存在的正確途徑。它的唯一目的和宗教的最高意義是相符合的。❸

奧羅賓多本人繼承了印度哲學這一傳統特點，不僅注重理論方面的探討，而且更重視實踐方面的研究。如果說他的精神進化學說是從理論方面論證「認識精神」、「體驗精神」的必要性，那麼他的整體瑜伽論則是從實踐上闡發「認識精神」、「體驗精神」，「達到精神存在」的具體方法和途徑。1918年奧羅賓多完成精神進化學說的代表作《神聖人生論》之後，他的大部分時間都用於瑜伽實踐的研究和著述上，撰寫了《綜合瑜伽》四部、《論瑜伽》、《再論瑜伽》、《瑜伽的基礎》等等。這些著作從各個方面詳盡地闡述了「整體瑜伽」的性質和特點，完善了精神進化學說的實踐方面，使他的哲學成爲理論與實踐的統一。

一、何謂「整體瑜伽」

奧羅賓多在印度古代瑜伽學說的基礎上，創立了獨具一格的「整體瑜伽」論。他的「整體瑜伽」，是對各種傳統瑜伽術的綜合和融匯，故又名「綜合瑜伽」。爲了說明「整體瑜伽」（Integral Yoga），有必要介紹一下印度瑜伽思想的產生和發展，以及各種瑜伽的特點。

「瑜伽」一詞，是梵語「Yoga」的音譯。在《梨俱吠陀》中，「瑜伽」原指「軛」或「伽」（牛馬拉車時架在脖子上的器

---

❸ 奧羅賓多：《印度文化的基礎》，頁63，紐約，1953年。

具)，有「用軛連結」、「服牛駕馬」的意思，後來詞義逐步擴展，引申爲「連結」、「結合」、「歸一」、「化一」等等。按照《薄伽梵歌》的解釋，瑜伽就是促進個體靈魂（小我）與宇宙靈魂（大我或梵）結合化一的手段。《瑜伽經》稱瑜伽爲「抑制心的作用」，即指一個修行者通過瑜伽種種行法，控制自己的心理活動，使個人精神與宇宙意識相結合，從而獲得解脫。

「瑜伽」的思想源遠流長，最早可追溯到公元前3000年前的印度河文明。據考古發現，當時居住在印度河流域的達羅毗荼人已經開始瑜伽的實踐。在莫亨卓·達羅和哈喇帕的遺址出土的一些石雕和印章上，就刻有作瑜伽冥思和坐法的圖案。雅利安人侵入印度河流域後，吸收了達羅毗荼人的文化，也把瑜伽實踐作爲他們宗教信仰的補充。公元前 1500 年左右出現的《梨俱吠陀》中，有一首贊歌描述了人們通過瑜伽所獲得的神奇的智慧和力量。到了奧義書時代，瑜伽的思想和實踐進一步發展。例如，《石氏奧義書》把瑜伽解釋爲「統制心和各種器官的活動」，《白騾奧義書》談到瑜伽的各種行法：身體的姿勢、呼吸的調整、修習的場所和目的等等。後期的《慈氏奧義書》對瑜伽行法作了系統的分類，形成最初的**「六支行法」**。這六支行法包括**調息**、**制感**、**靜慮**、**執持**、**觀慧**和**三昧**。此時，瑜伽學說基本成形，它已成爲婆羅門教的修持方式，其特點是通過對身體、感官和心思的抑制，達到人與神、個人靈魂與宇宙意識相結合的神祕境界。

到史詩時代，瑜伽已在印度民間廣爲流行。《摩訶婆羅多》記載了許多有關瑜伽的內容，無論在身體修煉還是在精神控制方面，都有生動的敍述。在這個時期，瑜伽的形式也有新的發展，出現了各種類型的瑜伽。《薄伽梵歌》中提到了三種瑜伽：**「智瑜伽」**、**「業瑜伽」**和**「信瑜伽」**。在《薄伽梵歌》之後，又產生了一種「**王瑜**

伽」。由於這四種瑜伽對奧羅賓多有較大影響，故分別介紹一下：

（一）智瑜伽（Jnanayoga）

主張通過增長「智慧」或「知識」的途徑，實現個人靈魂與宇宙精神的結合。智瑜伽的倡導者認爲，知識的獲得不能光靠學習經典和賢師的教導，還要靠自己的瑜伽修習來體悟「梵我同一」的眞理。因此，此種瑜伽在方法上強調「**自制**」和「**三昧**」，「自制」是對肉體一切情感和欲望的抑制，「三昧」意味著把自己的全部精神集中起來，專注一處，證悟梵我化一的最高境界。

（二）業瑜伽（Karmayoga）

主張通過無私忘我的行爲來實現精神的解脫。《薄伽梵歌》就是提倡業瑜伽的典型，它宣揚一種「**無欲業**」，卽無私無欲的行爲。譬如，該書第三章第十三頌曰：

> 善人食祭餘之食，一切罪惡得解脫；有罪者食其惡果，獨為個人煮食故。

所謂「祭餘之食」，是指獻給別人之後而剩下的食物，善良之人先把食物獻給別人，而自己吃剩餘的，這是一種無私的利他行爲。《薄伽梵歌》倡導：一個人必須服從神的意志，不計較個人得失，無私忘我地工作，最終通過無私的行動，超脫世俗，達到與神相結合的境界。

（三）信瑜伽（Bhaktiyoga）

主張通過對神的虔誠崇信而達到精神的解脫。這種瑜伽的倡導者認爲，神不是看不見摸不著的抽象概念，而是人們在現實生活中可以感受到的有形存在。因此，一個信徒不需要高深的知識，也不必進行繁煩的祭祀儀式，只需要從感情上對神無限虔誠和信愛，就能沐浴於神恩之中，達到與神的結合。信瑜伽一般分為三個階段：第一為**外部崇拜階段**，包括崇拜神的化身，供奉神的偶像，朝拜神廟，進行簡單的儀式等；第二為**內部崇拜階段**，包括從內心中向神祈禱、反覆默誦神的名字、吟頌讚美神靈的聖歌等；第三是**與神結合的階段**，通過禪思冥想，體悟遍在的神靈，達到與神的合一。

（四）王瑜伽（Rajayoga）

主張通過對身體和心思的控制，使人在生理和心理上得到修煉，從而實現解脫。這種方法被人認為是最穩妥、最迅速的解脫之道，其功效超過前三種，有「瑜伽之王」之稱，故名「王瑜伽」。王瑜伽的修習者認為，身體和心思的狂熱活動是對內在靈魂的束縛，這些活動消耗了靈魂的潛能，阻礙靈魂向外顯現，因此必須竭力抑制身體和心思的活動。他們有一套完整修煉身體和心思的方法：**禁欲** —— 禁絕一切欲望；**忍耐** —— 在痛苦中不覺困擾，在歡樂中不覺自得；**堅定** —— 擺脫欲樂引誘，面臨困苦，意志愈堅；**自制** —— 對感官和意識活動嚴格控制，保證內心清淨平和等。

以上四種瑜伽的最終目的是一致的，即達到梵我化一或人神合一的理想境界，在方法上也有一些相同和相似的地方。它們的區別，主要是各自強調的側面和修煉的形式有所不同。智瑜伽強調探求「梵我不二」的眞理，側重於從認識的方面實現解脫；業瑜伽強調履行道德義務的重要性，側重於從行為的方面實現解脫；信瑜伽強調對神的虔誠信仰，側重於從感情方面實現解脫；王瑜伽強調對意識活動的控制，側重於從心理修煉方面達到解脫。

公元 3 ～ 5 世紀，印度的瑜伽思想已從單純的修持方法演化為完整的哲學體系，以鉢顛闍梨（Patañjali）所著的《瑜伽經》為代表的瑜伽派成為婆羅門教正統六派哲學之一。瑜伽派哲學體系是瑜伽實踐方法與數論派哲學相結合的產物，因此其理論與數論頗爲相似，只有不大的差別。數論的核心是**「二十五諦說」**，該學說認爲神我與原初物質（自性）的結合是世界演變的原因，但是神我在與原初物質結合後，只作爲旁觀者，而不參加原初物質的變異活動。瑜伽派在數論「二十五諦說」的基礎上，另立了主宰之神，即自在天，認爲自在天推動原初物質的活動，是原初物質的動力因，從而增加了有神論的色彩。故有人稱瑜伽派哲學爲「有神的數論」。瑜伽派哲學最大的特點在於它的**「瑜伽八支行法」**。「八支行法」是以往各種瑜伽方法的總匯，包括兩方面的內容：一方面是抑制感官和意識的活動，另一方面又加入道德規範和行爲準則的倫理內容，並且把這些內容作爲抑制感官活動和冥思禪定的先決條件。此八種行法是：

（1）**禁制**，包括五種禁戒：不殺生、不妄語、不偷盜、不邪淫、不貪求。

（2）**勸制**，指應遵守五種行爲準則：清淨（對身體和食物的清淨爲「外淨」，對內心污濁的清淨爲「內淨」）、知足（不求份外的東西）、苦行（耐受飢、渴、寒、暑，遵守齋食、巡禮等誓戒）、讀誦（學習經典，念誦聖音「唵」）、敬神（敬信自在天，並爲之奉獻一切）。

（3）**坐法**，即保持身體姿式安穩平靜，輕鬆自如，如蓮花坐、英雄坐、吉祥坐等等。

（4）**調息**，即調整呼吸。

（5）**制感**，指制止心或意識的各種活動。

（6）**執持**，指心專注或凝聚一處，如臍、鼻尖、心臟等。

（7）**禪定**，亦稱「靜慮」，進一步使心持續地集中於靜慮的對象。

(8) **三昧**，指心與靜慮的對象冥合爲一，主客觀完全融合，是修持的最終目標。

在這八種行法中，前五支稱爲「**外支**」，著重於道德和身體的訓練；後三支稱爲「**內支**」，側重於精神的修煉。

十二世紀以後，隨著印度教的發展，又出現一種「**訶特瑜伽**」(Hathayoga)，意譯爲「**力量瑜伽**」。此瑜伽的創始人爲古羅俱商那特 (Goraksnāath)，著有《訶特瑜伽》和《護牛頌》等書。訶特瑜伽有幾十種功法，偏重於調息、坐法和身體的各種訓練；後來逐步演化爲一種體育鍛煉的方式或保健體操，有許多方面類似於我國的氣功。到了近現代，瑜伽思想在印度社會仍有重要的影響。許多哲學家用科學和心理學的成果對瑜伽進行各種不同的解釋。一些社會改革家和民族運動領導人也鼓吹瑜伽思想，試圖把它納入救國救民的軌道。例如，維韋卡南達和提拉克都大力倡導「**行動瑜伽**」，號召人民用自己的一切行動來改變社會，實現民族獨立的目標。

奧羅賓多也同維韋卡南達和提拉克一樣，汲取印度古代瑜伽學說的營養，建立起他的「整體瑜伽」理論，力圖以此實現其轉化人類，改造世界的宏偉計畫。他從精神進化論的立場出發，研究了印度歷史上的各種瑜伽形式，認爲每一種形式都有其片面性，僅僅調動人體中的某一種能力，使這種能力成爲人達到神聖存在的手段或工具。在他看來，人的進化是整體的轉化，只靠一種瑜伽形式是遠遠不夠的；只有把各種瑜伽形式綜合起來，調動人的一切潛能，才能實現人的整體轉化。如他所說：

瑜伽的原則，是將我們人類生存的某種能力或一切能力，化為達到神聖「存在」的一種手段。在尋常的瑜伽中，有體的一種主要能力或某一集團的能力，乃當作了手段、工具、道路。而在一綜合瑜伽中，一切能力皆將合併，攝於移易著的工具作用中。❹

在考察傳統瑜伽時，奥羅賓多對訶特瑜伽、王瑜伽、智瑜伽、業瑜伽和信瑜伽等五種形式，作了具體的評述。他認爲，**訶特瑜伽**是把人的身體和生命當作工具，通過「體式」、「調息」和其他各種訓練，使身體和生命的能力寧靜化、純潔化，最終把它們引導到身體的中心，即心靈的隱居處，達到心靈與宇宙神聖意識結合化一。**王瑜伽**是把心思當作工具，借助「體式」、「調息」和「靜慮」等綜合訓練，先是使身體的力量寧靜化，然後使心思排除一切外誘和擴散，高度集中於某一定境之中，最後使心思逐漸消融於心靈之中，實現與神聖意識的匯合。**智瑜伽**只是以理智和心思爲工具，經過淨化和集中等訓練，使它們變成追求神聖者的知識和體悟神聖者的手段，最終使心靈與神聖者合一。**業瑜伽**是以人的「工作意志」爲工具，通過對此意志的各種訓練，使整個人生都奉獻給神聖者，最終實現心靈與神聖者的結合。**信瑜伽**則是以「情感」和「愛美的功能」爲工具，經過各種訓練，產生對神聖者的無限崇敬和信愛，從而達到與神聖者的融合。

通過對上述瑜伽的分析，奥羅賓多發現各種瑜伽之間存在著

❹ 奥羅賓多：《瑜伽論》（中文譯本，徐梵澄譯），頁1，北京，商務印書館，1988年。此書原名爲 "*The Synthesis of Yoga*"（《瑜伽的綜合》），據紐約1949年版譯出，中文譯本易名爲《瑜伽論》。

某些共同性或統一性:

第一，雖然每種瑜伽都是以人的某一種能力爲工具，但是人的一切能力最終皆可歸結爲心靈或精神的功能。他說:

> 訶特瑜伽的程序，是心理和生理的；王瑜伽的程序，是心思的和心靈的；知識之道（指智瑜伽），是精神的與認識的；敬愛之道（指信瑜伽），是精神的、情感的和愛美的；工作之道（指業瑜伽），是精神的，以行事為動力的。每個皆被導引於其自有的特殊能力之路上。但一切能力終極只有一個，一切功能如實皆為心靈之功能。❺

既然每一種瑜伽都是喚醒心靈的功能，因此就有可能，也有必要把各種瑜伽綜合起來，以集中全力調動和發揮心靈的作用。

第二，儘管各種瑜伽在程序和方法上有所不同，但它們所追求的目標和結果卻是相同的。訶特瑜伽注重於身體訓練，但最終是將身體和生命變成心靈的工具，促使心靈與宇宙神聖者的合一。王瑜伽雖然側重於心思的訓練，但其結果也是使心思成爲心靈的工具，爲心靈與神聖者的結合服務。同樣，智瑜伽、業瑜伽和信瑜伽的最終目標，都是爲了實現心靈與神聖者融合化一。用奧羅賓多的話說:

> 一切瑜伽共通的原初的目的，是人的心靈之解放，從其今之自然的無明和礙限中釋出，放入精神本體，與最高的自

❺ 同上書，頁3-4。

> 我和「神明」相結合。但尋常這不但作為起始的目的，也成了整個和終極的目標。❻

這種在最終目標上的統一性，也爲綜合各種瑜伽提供了可能性。

因此，奥羅賓多決定把各種瑜伽綜合起來，吸收每一種瑜伽的長處和精華，創造一種新型瑜伽，即「**整體瑜伽**」或「**綜合瑜伽**」。他的這種綜合，是以實現人的精神進化爲指導原則的。具體地說，就是通過各種瑜伽修持，喚醒內在的心靈，充分發揮心靈的作用，使身體、生命和心思在心靈的指導下逐步精神化，最終實現人的整體轉化。揭示心靈、發揮心靈的作用，乃是「整體瑜伽」的關鍵。爲了達到這一目的，奥羅賓多重點是綜合智瑜伽、業瑜伽和信瑜伽。他曾說:

> 為了那理由，我們的起手著力之處，在於利用心思中心靈的權能，以知識、行業、敬愛的一串三把鑰匙，去打開精神之鎖。❼

至於訶特瑜伽和王瑜伽，他也並不排斥，並從中吸取了一些可行的方法。

總之，奥羅賓多的「整體瑜伽」，正是對印度古代各種瑜伽的融通與綜合。這種瑜伽是精神進化學說的實踐方面，它能充分利用各種瑜伽的優點，顯現內在心靈的作用，以此實現人的整體轉化。

---

❻ 同上書，頁5。
❼ 同上書，頁4。

二、「整體瑜伽」的目的與特點

「整體瑜伽」雖然是印度各種傳統瑜伽的綜合或總匯，但是在性質和方法上與傳統瑜伽也有許多不同之處。通過下面我們對「整體瑜伽」的目的和特點的分析，可以清楚地看出它們之間的差別。

關於「整體瑜伽」的目的，奧羅賓多論述道：

> 我們的綜合瑜伽之目的，在這方面也和其他部分一樣，必然更完整、更概括，包納了一更大的自我圓成的衝動的那些原素或那些傾向，加以和諧化，或毋寧是加以統一；為了成就這，它必須攝持一真理，廣於尋常的宗教原則，高於塵世原則。❽

這段話告訴我們，「整體瑜伽」從以往的各種瑜伽中吸收了一切有利於自我完善的因素，將它們協調融匯起來，因而其目的也更加寬廣、高遠，甚至超越了世俗的理想和宗教的目標。由此，引出兩個問題：到底「整體瑜伽」的目標是什麼？為什麼說它超越世俗與宗教的理想？

「整體瑜伽」的目標與精神進化論的目標是完全一致的。概括地說，它包括兩個方面：

（一）實現個人的整體完善

---

❽　同上書，頁9。

在精神進化學說中，所謂「個人的整體完善」，是指人的身體、生命和心思的共同精神化和完善化，而不是其中某一部分的完善。奧羅賓多爲此設計了「三重轉化」的過程，即上文所述的「心靈轉化」、「精神轉化」和「超心思的轉化」。「整體瑜伽」正是實現這種三重轉化的具體方法，因此三重轉化的過程也就成爲「整體瑜伽」的三個步驟或階段。「心靈轉化」是其第一步，目的在於通過瑜伽修煉，喚醒沉睡於人體內的心靈，使身體、生命和心思變成心靈的工具，置於心靈的控制之下。「精神轉化」是第二步，在此階段中心思在心靈的指揮下向更高的意識狀態，如「高等心思」、「照明心思」等發展；在心思向上發展的同時，身體和生命也隨之精神化。「超心思轉化」是「整體瑜伽」的第三步，在此階段中不僅心思上升到超心思的水平，而且身體和生命也同樣被神聖化。所以，「整體瑜伽」的首要目的，是將人的整體，包括身體、生命和心思全部完善化。用奧羅賓多的話說：

> 這是將人的整個本性，全般提升到其一神聖的精神存在的權能之中。整體性則是這種瑜伽的一個重要條件。❾

（二）實現人類的整體完善

個人的完善並不是「整體瑜伽」的最終目的，其最終目標是實現「神聖人生」的理想，使整個人類達到完善化和神聖化。奧羅賓多把個人的瑜伽修習看作是人類集體瑜伽活動的一個組成部分。已經獲得完善的個人，只是實現人類整體完善的工具。他應

---

❾ 同上書，頁6。

當盡一切努力促使其他人的精神轉化，最終使整個人類達到精神的統一，生活在「神聖人生」的美好境界中。奧羅賓多明確指出：

> 我們的瑜伽的目標，是把超心思的意識帶到塵世間，讓它定居在這裡，按照超心思意識的原則創造一個新的人類，指導個人和集體的內部與外部的生活。⑩

評論家P．A．索羅金說：

> 整體瑜伽的目的，不僅僅是個人的超上解脫，而且是整個肉體生命的神聖化和人類的集體解脫。⑪

下面討論，爲什麼奧羅賓多說整體瑜伽的目的「高於塵世的原則」和「廣於尋常的宗教原則」。在他看來，世俗原則是把人看作由身體、生命和心思所構成的存在物，因此世俗的理想只是企望在這個範圍實現人的完善。換言之，世俗理想追求的是「純潔的理智」、「高尚的道德」、「優雅的情感」、「健康的生命和身體」，渴望在社會上出現「更豐富」、「更和善」、「更快樂」、「更公正」、「更和諧」的生活等等⑫。但是，世俗原則最大的缺點在於，忽略了人內中最重要的精神因素，看不到人內在的心靈存

⑩ 奧羅賓多：《整體瑜伽的實踐指南》，頁25，本地治里，1959年。
⑪ 引自D．R．巴里：《現代印度思想——從羅姆・摩罕・羅易到M．N．羅易》，頁161，新德里，1980年。
⑫ 參見奧羅賓多：《瑜伽論》（中文譯本 ，徐梵澄譯），第二章「整體完善化」。

在。它不要求心思、生命和身體的完善與內在的精神因素相結合，因此這種理想是暗淡的，僅局限於人類生命的低級完善化。相反地，整體瑜伽的原則卻把人視爲由身體、生命和心思所包裹著的一個「神聖的精神存在」，力圖實現內在精神本性的充分解放，以及心思、生命和身體在與心靈相結合的前提下達到整體完善化。人的內在心靈與宇宙「神聖者」的和諧統一，乃是這種完善的重要標誌。整體瑜伽一方面吸收了世俗原則的內容，另一方面又使世俗生命與其內在的精神本性相結合，從而使世俗的理想從有限的、短暫的意義昇華到無限的、永生的意義。奧羅賓多說：

> 整體瑜伽並不拋棄世俗目標中的精華，卻將其擴大，發現於今從之隱障了的更真更大的意義，且生活於其中，將其從一有限的、世間的、有生死的事物中，轉變為親切的、神聖的、永生諸價值的一形相。⑬

從這個意義上說，整體瑜伽的目標顯然超出世俗的理想。

另外，奧羅賓多認爲，整體瑜伽儘管在某些方面與宗教的理想相符合，但是在更廣的意義上卻超出了它。因爲宗教的理想排斥和否定現實世界，嚮往彼岸的天堂，冀望死後的解脫或涅槃。一切宗教瑜伽的目的，都是促使靈魂早日脫離身體和心思的束縛，而上升到彼岸。與之相反，整體瑜伽是以「精神」或梵的普遍存在爲根據的，相信人也是一個「神聖的精神存在」，因此它的目標不是彼岸也不是死後，而是在今生今世把人內在的精神本

⑬　同上書，頁12。

性顯現出來，轉化表面的身體、生命和心思，使人的世俗性轉化爲神聖的精神性。奧氏描述了這種轉化的結果:

> 我們的倫理體，整個轉化為神聖本性之「真理」和「正義」；我們的智識體，化為神聖知識之光明；我們的情感體，化為神聖的愛與一體性；我們的動力和意志，化為神聖權能的一種工事；我們的愛美性，化為神聖美的一全滿感受與一創造性的享受，最終甚至不排除生命和軀體的神聖轉化。⓮

整體瑜伽既承認世間的生命，又承認超世間的「精神」，故把兩者結合起來，使世俗的人轉化爲具有神聖精神本性的人。從這個意義上說，它的目的無疑也廣於宗教的理想。

奧羅賓多的整體瑜伽說與其精神進化說同出一轍，目的都是要調和入世論與出世論，使兩者融匯起來，合二爲一。所以，他說:

> 我們的瑜伽的這二重性格，將其升出了世俗完善化的理想以外，同時它也超越了那較崇高、較深密，然更狹隘的宗教公式。⓯

這種調和唯物論與唯心論、入世論與出世論的圓融精神，乃是貫穿於奧羅賓多哲學的理論與實踐方面的一條主軸。

⓮ 同上書，頁13。
⓯ 同上書，頁11。

由於整體瑜伽的目的與宗教的理想不同，因此它也具有許多自身的特點:

其一，各種宗教的瑜伽，皆把由物質構成的軀體看作束縛靈魂的牢籠，把身體產生的行爲和心理活動視爲靈魂解脫的障礙，因此採取一切手段抑制人的行爲、感官追求和心理活動。但是，整體瑜伽卻認爲人的身體、生命和心思與內在的靈魂或心靈不是對立的，不主張棄絕身體、生命和心思，而強調這三者的整體上升和超心思意識的下降，通過這種上升和下降的雙重過程促使人的整體轉化。奧羅賓多說:

> 我們的瑜伽有上升和下降的雙重過程：它上升到越來越高的意識階段，同時它又使意識力量不僅下降到心思和生命，而且最終下降到肉體。瑜伽所追求的最高階段就是超心思，只有超心思被帶下來時，塵世間的意識的神聖轉化才有可能發生。⑯

其二，宗教瑜伽學說一般都認爲，只有在「三昧」，即意識活動完全中止的狀態中，靈魂才能與宇宙神聖者相結合。例如，印度教的《瑜伽經》把「三昧」分爲兩個階段:「**有想三昧**」和「**無想三昧**」。在「有想三昧」階段，人的意識完全集中於某一對象，苦樂煩惱的情意已減少到最低的限度。到了「無想三昧」階段，意識活動最終停止，徹底擺脫了世間的煩惱。據說，只有在意識活動消失，與現實世界斷絕一切聯繫的狀態中，靈魂才能

---

⑯ 奧羅賓多:《今世之謎》，頁2-3，加爾各答，1946年。

與梵或神相結合。與此相反，整體瑜伽不主張斷滅意識活動，而主張在醒覺意識狀態，即意識活動不停止的情況下，人就可以與「神聖者」相結合。

其三，各種宗教瑜伽皆要求修習者經過嚴格訓練而培養出一些特殊的功能，而這些功能並不是每個人都能輕易達到的。譬如，「訶特瑜伽」要求修習者必須進行淨化腸胃的活動，即把一根很長的布條呑入食道和胃中，然後拉出來，帶出胃腸的髒東西；《瑜伽經》有各種「坐法」和「調息」的嚴格規定；「王瑜伽」也有許多培養特殊功能的儀式和功法。然而，整體瑜伽不強調身體的姿式和呼吸的訓練，不要求遵守特殊的儀式，也不主張背誦某些咒語或禱文。它只是一種進行精神轉化的內部瑜伽，強調克服私心雜念以促進心思、生命和身體的整體轉化。這種瑜伽是任何一個人都能夠實踐的。

徐梵澄先生曾在奧羅賓多修道院修習多年，從他對修道院的描述中可以看出整體瑜伽的這一特點。他說：

> 室利·奧羅賓多修道院，空氣不同了。這裡沒有佛堂，沒有神像，沒有十字架，沒有法服，沒有袈裟，沒有任何儀式，沒有戒律，無所謂清規。曾經有弟子問室利·奧羅賓多：「我們當守些什麼規律？」答覆：「這裡沒有什麼規律。你只須在心中樹立一警衛，凡有什麼情命欲念要進來了，驅遣它。」——所共同信仰的是「神聖者」如此而已。⑰

⑰ 徐梵澄：《南海新光》，頁28，本地治里，奧羅賓多修道院國際教育中心華文組，1971年。

在修道院中，有人願意靜坐內省，有人喜歡散步或聽音樂，「各從所好，從不勉強」。只是

> 若干年來，大眾同修一「集體瑜伽」，每星期大眾聚集一次，聽一陣音樂，靜坐一刻鐘。再一次，聽聽神聖母親的廣播，再坐一刻鐘。在修為上呢，一人進步了，大眾也同時進步了。大眾進步了，一人也同時進步了。⑱

由此看來，整體瑜伽並沒有什麼清規戒律，只須在內心中樹立一個警衞，防止各種私欲的侵襲。

其四，歷史上的各種瑜伽，往往只強調人生某一方面的修煉。智瑜伽側重於知識的追求，業瑜伽側重於行爲的奉獻，信瑜伽側重於情感的培養。但是，整體瑜伽最大的特點，是強調「整個人生就是瑜伽」⑲。在奧羅賓多看來，爲實現人的整體完善，應當把人生的一切行爲和體驗作爲達到完善的手段，其中包括對眞理的追求、無私奉獻的行爲、對神聖者的虔誠崇信等等。人生的每一個方面都不能忽視，皆爲整體瑜伽的一個組成部分。他寫道:

> 我們內部的神聖力量把全部人生都作為整體瑜伽的工具。與我們周圍世界相聯繫的每一個體驗和外部行為，無論是微小的瑣事，還是重大的不幸，都可用於這項工作；每一

---

⑱ 同上書，頁29。
⑲ 奧羅賓多:《瑜伽的綜合》，引自《奧羅賓多百年誕辰文庫》，卷二十，上册，頁4，本地治里，1971年。

種內部的體驗，即使是令人厭惡的痛苦或使人感到羞辱的失敗，都是在通向完善化的道路上所邁出的一步。[20]

由於把人生的每一個行爲和體驗都作爲實現完善的手段，所以整體瑜伽並不強調某一特殊功能的訓練。在奧羅賓多修道院中，整體瑜伽的修習者們既參加務工或務農的生產勞動，又從事文化學習；既進行體育鍛煉，又有音樂和藝術的欣賞；他們把全部精神修煉融貫於日常生活每一個或大或小的行動之中。這就是所謂的「整體瑜伽」。

通過以上的討論，可以看出奧羅賓多改造並發展了印度傳統瑜伽學說，其主要貢獻是使傳統瑜伽脫離了宗教的軌道而走向世俗化。整體瑜伽的這種世俗化表現在三個方面:

(1) 它改變了宗教瑜伽的目的，把對彼岸的追求和死後的解脫，改變爲人在今生今世的精神轉化。

(2) 反對斷滅人的肉體、生命和心思，而主張三者在精神力量的作用下實現整體完善。

(3) 取消了脫離實際生活的特殊功法的修煉，而把精神轉化融貫於日常生活的一言一行之中，使整個人生都變成了瑜伽。

---

[20] 奧羅賓多:《瑜伽的綜合》，引自《奧羅賓多百年誕辰文庫》，卷二十，上册，頁42，本地治里，1971年。

第七章　社會進化論

奧羅賓多以精神進化論爲武器，不僅研究了自然界和人的進化，而且也探討了人類歷史和社會的發展變化。他的歷史觀和社會進化論，就是其精神進化學說在歷史領域的具體運用和發揮。奥氏一生著有百餘種著作，其中《社會進化論》和《人類統一的理想》是其歷史觀和社會進化理論的精華。在這兩部書中，他以整個世界爲背景，分析了人類歷史的發展，探索了社會進化的規律，闡述了未來社會的前景和世界大同的理想，提出了一整套說明人類社會和改造人類社會的理論。

一、社會發展的法則

奧羅賓多的社會進化觀，是以其精神進化學說爲理論基礎的。只有深刻地了解精神進化的學說，才能透徹地理解和把握他的社會進化理論。

概括地講，精神進化論的基本要旨是：世界的本源和人的本質是一種超自然的純精神實體，稱之爲「梵」或「宇宙精神」。宇宙萬事萬物——不管是有形的，還是無形的；有生命的，還是無生命的；有理智的，還是無理智的……都起源於梵，存在於梵，並還原於梵。爲了追求運動所帶來的歡樂，梵從純精神狀態顯現或異化爲自然萬物。在自然界，它披上了自己所建立起來的各種自然外衣，成爲有無明外殼包裹著的「潛在意識」。這種「潛在意識」隱藏於自然萬物之中，有恢復其本來面目的強烈衝動，所以推動著萬物向「精神狀態」進化。同樣的道理，人也是梵的顯現，梵也以「潛在意識」的形式隱居於人的存在之中，而成爲人的精神本質或本性。在人體中它被稱爲「生命我」、「自我」或「心靈」等。當人尙未認識或體悟到它時，它只是部分地、祕密地發生作用。人的進化就是要揭開表面無明的「面紗」，喚醒內在的心靈，使具有統一、和諧、智慧、歡樂的精神本性充分顯現出來。一旦喚醒內在的心靈，並在它的指揮下發生整體轉化，那麼人就會成爲「超人」或「神聖智者」。當整個人類都成爲「超人」或「神聖智者」時，世界上將會出現一個統一和諧、美好圓滿的境界。

奧羅賓多的社會進化論，正是這種精神進化學說在人類歷史和社會領域中的具體發揮和應用。

他的歷史觀是以「個人」爲中心的。他認爲，個人是社會的基礎，是組成社會的成分。國家和社會無非是無數個人所組成的集合體。從這一立場出發，他認爲旣然人是梵的顯現，那麼國家和社會也同樣是梵的顯現；人的內部隱居著一個支配一切的「心靈」，國家和社會的背後也肯定有一個同樣的「心靈」。所以，他說：

> 國家或社會與個人一樣，也有一個軀體，一個有機的生命，一個講道德的、愛美的氣質和發展著的心思，而在這些表象和力量的背後，還有一個心靈（卽靈魂或國魂），所

有一切都是為這一心靈而存在著。❶

在奧羅賓多看來，社會或國家也同人一樣，不僅有表面的軀體和生命，而且在內部還隱藏著一個主宰一切的「心靈」或靈魂。個人進化的法則，是揭開表面無明的「面紗」，喚醒內部的「心靈」，使其潛在的精神本性顯現出來，以達到自身的完善。同樣，國家和社會的進化，也是驅除表面的自私性，喚醒內在的「心靈」，使其固有的精神本性得以顯現，以此實現國家和社會的完善。用他的話講:

> 社會、集團或國家的原本法則和目標，也是尋求其本身的自我完善。它正是力求發現自我，在自己內部知覺到自身存在的法則和力量，盡可能圓滿地完成和實現自身的一切潛能性，過其自我啓明的生活。道理是一樣的，因為社會或國家也是「永恒真理」的一種存在，一種活的力量，「宇宙精神」的一種自我顯現，所以它應當以自己的方式、盡其所能地表現和實踐自身內部的「宇宙精神」的那種特殊的真理、力量和意義。❷

個人與社會之間是什麼關係呢？奧羅賓多認爲，個人與社會是彼此相依、不可分離的，因此兩者在進化的道路上也是相互促進、相輔相成的。社會是由許多個人所組成的一種「集體生命」，沒有個人的存在與發展，也不會有社會的存在與發展。如果社會

❶ 奧羅賓多:《社會進化論》，頁39-40，本地治里，1949年。
❷ 同上書，頁39。

壓制或抹煞個人，就等於從自身生命中奪走了「增長和發展的源泉」，對自己是一個巨大的損害。同樣，個人也不能脫離社會而存在，個人的進化和發展也需要他人和社會的幫助。

> 一切周圍的生命，對他來說，都是實現其內部神聖目的的一種助力，每一個人皆是他的工作伙伴，或者通過聯繫和結合，或者通過衝突和反對，而幫助他。❸

假如個人忘記了自己與他人、與社會的統一性，不顧社會而只圖自身的發展，那麼他自己的完善和神聖目標也不可能實現。爲了強調個人與社會的這種相互依存關係，奧氏指出：

> 社會沒有權利為自身的最佳發展和自我滿足，而壓抑和消滅個人；個人，至少當他生活在這個世界上時，也沒有權利只為了自身單獨的滿足和發展，而不顧他的同胞，或者與他們為敵，或者尋求一種自私的、孤立的完善。❹

按照奧羅賓多的觀點，社會的完善必須具備兩個條件：一是**自由**，即在一個社會中要保障個人的自由，也要保障集合體，如國家和民族的自由；二是**和諧**，一個完善的社會光有自由是不夠的，還必須使人與人、國家與國家之間的各種力量保持和諧和統一。自由與和諧是保持社會完善的兩個必不可少的原則。自由的原則，在一個社會統一體中是維護個人或國家個性差異的必要

❸ 同上書，頁77。
❹ 同上書，頁54。

保證；和諧的原則，乃是在保證個人和國家自由的前提下維護社會統一性的根本條件。因此，他說：

自由與和諧，這兩個表現「差異」與「統一」的必要原則……是保證健全的進步和成功的完善的兩個條件。要實現此兩者，結合此兩者，乃是人類在其全部歷史中模模糊糊、半明半暗的一貫追求。❺

那麼，到底如何實現社會的進化和完善呢？奧羅賓多說，社會歸根結底是由個人、國家和人類這三個永恒的因素所組成的，社會的進化就是使這三種因素都能得到圓滿的發展。爲了促進三者的圓滿發展，他從精神進化論的立場出發，提出了一個獨具特色的「社會發展法則」，並且認爲這是「最理想的法則」。其內容是：

對於個人來說，

乃是通過內部的自由發展來完善自己的個性，同時尊重和幫助他人同樣的發展，亦從中得到補益。個人的法則，是使自己的生活與社會集合體的生活協調一致，並把自己作為一種增長的和完善的力量貢獻給人類。❻

對於國家來講，同樣是

---

❺　同上書，頁78。
❻　同上書，頁84。

> 通過其內部的自由發展來完善自身，幫助並充分利用個人的發展，而且尊重和幫助其他國家的自由發展，亦從中受到補益。國家的法則，是以自身的生活與人類的生活相協調，並將自己作為一種增長和完善的力量傾注於人類。❼

對於人類來講，

> 乃是充分利用所有個人、國家和社會集團的自由發展及其成果，繼續向上進化，直到發現並顯現出「人類的神聖者」。有朝一日，人類將不是在理想上，而是真正地成為一個神聖的家庭。即使人類成功地統一了自己，也還要尊重並幫助組成它的個人和集體的自由成長和活動，以便從中獲得助益。❽

簡言之，奧羅賓多的「社會發展法則」，包括三個要點：(一)無論個人或國家都要「通過內部的自由發展而完善自身」；(二)在自身完善的基礎上尊重並幫助他人或他國的自由發展；(三)將自身作爲完善的力量貢獻給社會，以保持與整個社會的協調統一。此三個要點集中地體現出他所堅持的「自由」與「和諧」的社會完善原則。但是，也應當看到，在這三個要點中最關鍵、最難理解的是第一點，即「通過自由發展而完善自身」。這句話意味著什麼呢？奧羅賓多所謂「通過內部自由發展而完善自身」的過程，實際上就是證悟「心靈」，體驗「心靈」，使自身潛在的精神本性

---

❼ 同上書，頁84。
❽ 同上書，頁84。

顯現出來的過程。在他看來，社會要進化，首先是組成社會的個人和國家通過內部發展，喚醒內在的「心靈」，在「心靈」的作用下求得自身的完善，然後再去幫助和促進他人或他國的完善化。當所有的個人和國家都完善了，在此基礎上人類便可以揭示出一個共同的精神本質——「**人類的神聖者**」。於是，個人、國家和人類才能在同一精神本質的基礎上達到眞正的統一，它們之間的生活才能相互協調，整個社會將成爲一個「**神聖的家庭**」。

由此可見，奧羅賓多的「社會發展法則」，實質上是個人、國家和社會都通過自我認識、自我完善的道路去揭示內在的「心靈」，顯現「心靈」，最後在共同精神本性的基礎上達到和諧和統一。這表明，奧氏不是從歷史的內部去尋找社會發展的法則，而是從歷史的外部，即把自己哲學體系中的超自然的精神實體——梵輸入到歷史中來。因此，可以說，他所認定的「社會發展法則」是想借助於某種超自然力量的干預，即某種先天「心靈」的顯現，而最終實現社會的完善。

二、人類歷史的分期

奧羅賓多考察了人類發展的全部歷史。他認爲，人類歷史是一個從低級向高級的發展過程。歷史的發展雖然受到經濟因素的影響，但歸根結底還是由人類的理性決定的，社會發展的各個階段與人的心理或思想水平相一致。

奧羅賓多批評了那種單純以經濟發展作爲劃分歷史標準的觀點。他說，近代科學的發展使人們陶醉於物理學的偉大，迷惑於物質是唯一存在的觀念，從而忽視了以生理學爲基礎的眞正心理

學的重要性。因此,

> 在歷史學和社會學中,注意力皆集中於外在事物的記錄、法律、制度、禮儀、習俗和經濟因素的發展上;反之,在人這樣一個有思想、情感和理念的生存體的活動中起重要作用的心理學因素,卻被完全忽略了——這是無足為怪的。這門學科,以最大的可能用經濟的需要和動機,從最廣泛的意義上用經濟學的觀點來解釋歷史和社會發展中的每一個事件。甚至有些歷史學家,否認在人類制度的發展中曾有過思想家的影響和觀念的作用,或者將它們擱置一邊作為附庸。有人認為,法國大革命正是由於經濟的需要而發生的,即使盧梭和伏爾泰從未寫過著作,十八世紀思想界的哲學運動從未提出過大膽而激進的推測,它也會發生。❾

按照他的看法,要說明歷史的發展,不應單純以經濟學的觀點,而主要應以心理學的觀點,因爲在推動歷史發展的諸多因素中,人們的理性觀念和心理發展水平起著決定性的作用。

因此,奧羅賓多十分推崇德國近代歷史學家卡爾・蘭普雷克特的心理型歷史觀。蘭普雷克特在其《德國史》一書中,根據人們心理發展的等級,將德國歷史劃分爲六個階段:把上古時代稱爲「**象徵時代**」,把早期中世紀稱爲「**典型時代**」,把中世紀後期稱爲「**成俗時代**」,把文藝復興和啓蒙時期稱爲「**個人主義時代**」,

---

❾ 同上書,頁1-2。

把浪漫主義和工業革命時期稱爲「主觀主義時代」，把最近時期稱爲「神經緊張時代」。奧羅賓多認爲，蘭普雷克特對歷史學的主要貢獻，在於他爲人們提供了一種用心理學分析歷史的方法和一些有啓發性的名詞術語。但是，在他的歷史分期中也有其缺點:

(一)這種嚴格的劃分是用一種心理發展的直線取代了歷史實際發展的曲線或螺旋式上升的過程。人類社會的種種心理現象錯綜複雜，交織在一起，因而不適應任何一種嚴格的形式分析。

(二)這種理論並沒有說明各個階段心理現象的內在涵義，也沒有指出人類社會應趨向什麼目標。

所以，奧氏在劃分歷史階段時，一方面仿效蘭普雷克特的心理分析方法，另一方面又用自己的精神進化學說加以補充，以克服蘭普雷克特在理論上的缺陷。奧羅賓多把人類歷史的全部過程也分爲六個時期。他基本上沿用了蘭普雷克特所使用過的術語，將人類已經走過的歷史劃分爲五個階段，即「象徵時代」、「典型時代」、「成俗時代」、「個人主義時代」和「主觀時代」；而將人類社會發展的方向，即未來社會，稱之爲「精神的時代」。下面，討論奧羅賓多所劃分的每一歷史階段的思想內涵和特點:

(一)象徵時代 (Symbolic Age)

人類的最初階段常常是宗教的社會，在這個社會上人們的想像力和直覺能力非常活躍。他們通過想像或直覺感覺到在自己生活和行動的背後，有一種神祕而浩大的力量支配著自己，而自己的行動只是這種神祕力量的「象徵」或「表象」，這種力量被稱爲「神」。因此，當時一切宗教的敬禮、禁忌和社會建制皆滲透著一種「象徵」的精神，或者說，把一切都看作是神的「象徵」。人們借助這些「象徵」，力圖表現他們所想像和猜測到的那種神祕力量。

奥羅賓多認爲，印度的吠陀時代就屬於這一時期。在吠陀時代中，祭祀的風俗統治著全社會，祭祀儀禮的每一類型或每一細節都充滿著神祕的「象徵」意義。譬如，《梨俱吠陀》中有一首關於男女結婚的頌詩，此詩的眞正意義是讚頌太陽女神蘇里耶(Surya)與其他天神的婚事，而把人的婚姻看作是天神婚姻的低級表象。《梨俱吠陀》的另一首贊歌，名爲「**原人歌**」，說四個種姓分別出自「原人」，即神的頭、臂、腿和足。其目的是要說明**婆羅門**種姓是天生的智慧者，**刹帝利**種姓是天生的掌權者，**吠舍**種姓是天生的生產者，**首陀羅**種姓是天生的服務者；這四個種姓的差異來源於神，他們只是天神的不同部位的象徵物。

(二)典型時代（Typal Age）

到了這個時代，神祕的象徵觀念逐漸淡化，不再占主要地位；而倫理道德的觀念卻上升爲人們的心理典型，成爲社會的主導思想；宗教也轉化爲實現倫理目標，促進道德修養的形式。奥氏說：

> 第二個時期，我們可稱之為「典型時代」，主要屬於心理和倫理性的；其他一切，甚至精神的和宗教的事物，皆隸屬於心理觀念和表現這種心理的倫理觀念。⑩

---

⑩ 同上書，頁 8。

他認爲，在印度的典型時代，「達摩」(dharma) 這種道德觀念曾起過重要的作用。「達摩」對社會的貢獻，是它創造了偉大的社會理想，樹立起「社會榮譽」的觀念。比如，婆羅門的榮譽在於純潔、虔誠、執著地追求知識；刹帝利的榮譽在於勇猛、善武、忠誠於自己的高貴義務；吠舍的榮譽在於正直、慈善、善於從事商業和生產；而首陀羅的榮譽則表現於服從、役屬和無私的服務上。

(三)成俗時代 (Conventional Age)

在這個時代，倫理道德觀念已經約定成俗，變成一種嚴格的固定不變的制度。此時，觀念的外在表現變得比觀念本身更爲重要，就像服飾似乎比人本身還重要一樣。作爲倫理體系外在表現的家庭身世、經濟職責、宗教禮儀和社會習俗都在人們心中紮下根，固定下來，成爲絕對權威。誰要懷疑它，誰就要受制裁。成俗時代最主要的特點，是建立起一個嚴格的等級制度，並加以形式化，使人的一切行爲都隸屬於這個不變的形式。

在奧羅賓多看來，印度的封建社會和歐洲的中世紀則屬於這一時代。世襲的種姓制度是印度成俗時代的重要標誌。在典型時代，確定婆羅門的標準是看他的知識和對宗教的虔誠程度；而在成俗時代，一個婆羅門之子理所當然地就成了婆羅門。身世和遺傳因素，已成爲這種等級制度的基礎。在這種制度下無學問的祭司盜用了婆羅門之名，貴族和封建王公充當刹帝利，圖利的商人成爲吠舍，饑餓的勞動者變成了首陀羅。奧氏認爲，這種虛僞、

---

⑪ 同上書，頁 8。

頹廢、多疾的等級制度，必將在個人主義時代的熔爐中消失。

(四)個人主義時代 (Individualist Age)

在個人主義時代，人們開始打破常規習俗和神聖不可侵犯的東西，要求用理智、理想、欲望去觀察一切、檢驗一切，以尋求社會已失去的眞理。這個時代的到來，是成俗時代腐敗和墮落的結果，也是對僵化、定形的等級制度的反叛。此時，

> 個人主義原則把人看作是單獨的存在，人有自由按照自己理智所支配下的欲望，去發展自己，完善人生，滿足心理的要求、情感和生命的需要，以及肉體的生存。⑫

個人主義時代的主要傾向和心理基礎，是人們要用自己的理智重新發現被成俗時代的虛僞所遮蓋了的人生眞理。因此，這個時代又被稱爲「理智時代」(Rational Age)。

奧羅賓多說，在西方個人主義時代開始於十五、六世紀的文藝復興和宗教改革運動，到十九世紀達到極點；而在東方，現在才剛剛開始。他認爲，在歐洲的個人主義時代發展中，文藝復興的作用要比宗教改革運動更重要。

> 歐洲的進化並非取決於宗教改革，而是取決於文藝復興；歐洲的繁榮發展是由於後者猛烈地轉向古希臘羅馬的理性，而不是由於前者尋求希伯萊式的和宗教倫理的氣質。文

⑫ 奧羅賓多：《社會進化論》，頁 64，本地治里，1949年。

> 藝復興，一方面將希臘思想中的自由好奇性，對最初原理和理性法則的强烈追求，以及通過直接觀察和個人推理對人生事實帶有極大樂趣的理智探索還給了歐洲；另一方面，也將羅馬人强大的實踐性，以及有條理的生活與充分的實用性和事物的正確原則相和諧的意識還給了歐洲。⑬

正是由於這些原因，歐洲的個人主義時代才得以迅速的發展。

但是，在個人主義時代由於無限制地運用個人的理智，則導致個人意志的膨脹和個人欲望的擴大；個人意志的膨脹，又引起社會的各種矛盾和衝突。奧羅賓多認爲，在這種情況下人們在心理上則產生兩種追求：**一是追求普遍的眞理，以限制個人意志的膨脹；二是追求和諧的社會秩序，以約制個人欲望的擴大**。在人類的這兩種追求中，便產生出新的主觀時代。

(五)主觀時代（Subjective Age）

在說明主觀時代之前，需要解釋一下奧羅賓多所謂「**客觀論**」與「**主觀論**」的具體涵義。他認爲，人們在對待人生的態度上有兩種觀點：一種是在人自身之外去尋找人的發展規律，並且利用各種力量把這種外在的規律強加於自身，從而使人的進化變成一種機械的管理過程。此種觀點，被稱爲「**客觀論**」。另外一種觀點是在人自身之內，尋求人的本性和發展規律，把內在的「心靈」或「自我」視爲人的本性，把整個人生看作認識「自我」和實現「自我」的過程，這種向內的主觀態度，即所謂的「**主觀論**」。

---

⑬ 同上書，頁19。

奥羅賓多說:

> 主觀論的全部衝動，就是達到「自我」，生活在「自我」之中，以「自我」的觀點去觀察事物，無論對內對外皆遵照「自我」的真理而生存，但對外則常常是以內部的指導為核心。⓮

到了主觀時代，人們開始探求人自身和事物主體的祕密，正如探索事物的客觀形式一樣。在研究人和世界時，他們發現自己的理智是一種不完善的工具，僅限於對事物表面的分析，因此不得不用內省直覺的方式去探索表面事物背後更深層的眞理——人內部的「心靈」和宇宙的「最高精神」。主觀時代的基本特點是，原來的理性主義開始隸屬於直覺主義；實用主義的標準讓位於「自我證悟」的標準，以「物質」本性爲基礎的生活規律讓位於以「精神」本性爲基礎的生活規律。奥氏說:

> 倘若使人類的主觀時代產生最佳的效果，每個國家不僅要證悟自身的「心靈」，而且還要彼此證悟他國的心靈；不僅在經濟和知識方面，而且在主觀和精神方面學會相互尊重、幫助和互惠。⓯

奥氏指出，十九世紀末二十世紀初期在歐洲，尤其是德國和法國，興起了一種以「直覺主義」和「生命論」爲主導的超理性

⓮ 同上書，頁96
⓯ 同上書，頁45。

思潮。這種思潮擺脫了個人主義時代的唯物主義、理性主義和實用主義，試圖透過生命的種種表面現象，而尋求生命背後的眞理和奧祕。例如，尼采 (Friedrich Wilhelm Nietzsche, 1844-1900) 的「**超意志論**」和柏格森(Henri Bergson, 1859-1941) 的「**生命哲學**」等等。在文學和藝術上也表現出超理性的觀點，過去的文藝作品大多缺乏對人生本體的內視，很少達到我們表面行爲和情感背後所蘊含的眞理，而此時的文學和藝術開始脫離理性和客觀論的教條，轉向主觀的內省，尋求人內部所隱蔽的「神聖者」。這種超理性思潮的出現，標誌著人類主觀時代的到來。

在奧羅賓多看來，主觀時代雖然對個人主義時代來說是一種進步，但是它並不是最理想的時代，只不過是人類歷史從個人主義時代向未來精神時代發展的一個中間過渡階段。由於主觀時代脫胎於個人主義時代，個人主義時代中強大的心思意識和私我觀念對它仍保持著極大的影響，因此在主觀時代中常常會出現一種假的主觀論。什麼是假主觀論？人雖然有許多外在的形式，但是內在的「心靈」或「自我」只有一個，它代表著人的眞正本性和精神眞理。所謂「**假主觀論**」，就是在心思的作用下把表面的「私我」誤認爲眞正的「自我」，把表面自私的肉體性質誤認爲至眞至善的精神本性。奧氏說，德國的主觀論就是這種假主觀主義的代表，它所點燃的第一次世界大戰的戰火就是這種假主觀論的例證。德國的假主觀論產生的根源，是把個人主義的私我論轉變爲一個更大的集體主義的私我論，把「集體日爾曼的私我」以及維持這種私我的增長和統治，看作是日爾曼民族的最高使命。對此，他評論道:

德國運用個人主義的立場來實踐其集團主體的生存，同樣地，它也運用近代唯物論和生命論的思想，並且用主觀論的哲理武裝自己。因此，它所要達到的虛妄信條——「客觀的主觀論」，與主觀時代的真正目標相差甚遠。⑯

由於主觀時代易於產生這種假主觀論的事實，奧羅賓多斷定，主觀時代並不是人類歷史最完善的時代，人類社會進化的最終目標應當是無限美好的「精神時代」。關於「精神時代」的特點，我們將在第四節「未來社會的藍圖」中專門論述。

通過以上的討論，可以看出，奧羅賓多的這種歷史分期，只是從心理型史觀的角度勾畫出了一個人類心理意識發展的總的輪廓。他並沒有詳細地考察歷史事件，只是把人們在歷史活動中的某些思想動機突出出來，作為各個時代的標誌，因而他所劃分的各個發展階段之間並沒有明確的時間界限，也沒有大量的史料作為依據。當然，奧羅賓多並不是一位歷史學家，他不可能像歷史學家那樣去研究歷史。那麼，他考察人類歷史的目的何在呢？說穿了，他的目的只有一個：就是力圖說明人類以往歷史的各個階段都是不完善的，皆不能把人類從黑暗和痛苦中解放出來，因此他要為人類尋找出一條擺脫黑暗和苦難的光明之路，為人類揭示出社會發展的必然方向。在他看來，只有通過精神進化的道路達到「精神的時代」或「精神化的社會」，才是社會發展的最終歸宿。這樣一來，他便把人類歷史的發展也納入其精神進化的軌道上來。

⑯　奧羅賓多：《社會進化論》，頁63，本地治里，1949年。

值得注意的是，奧羅賓多在評述個人主義時代和主觀時代時，曾對西方近現代文明中的種種弊病進行了深刻的分析和批判。他承認，在西方近現代由於唯物論和理性論的盛行，加速了科學的發展；科學的發展，不僅提高了人們的知識水平，而且也促進了社會經濟的增長。然而，由於唯物論只重視物質的價值，而忽視「精神」的作用，從而導致人們對物質生活的無限追求，個人私慾與集體私慾的無限膨脹，因此引發出社會的各種弊端和謬論。奧氏對其中的一些弊病和導致侵略和戰爭的理論做了批判：

(一)近代歐洲文明的核心是商業主義

奧羅賓多在評價歐洲近代文明時說：

> 雖然十九世紀的歐洲文明具有生產上的一切成功和碩果，科學上的偉大發展，以及知識工作上的各種成就，但是我們卻對它加以貶斥，這是因為它將一切事物都納入商業主義，納入為維持生命成就的粗俗的用途上。我們說，這不是人類所應當追求的完善，它的方向是背離，而不是進入人類進化的高等弧線。⑰

在他看來，這種文明不是被「眞、善、美的高尚理想」所支配的，而是被「生命的、商業的和經濟的生存觀念」所統治著的，因而產生出商業主義。何謂商業主義呢？用他的話說：

⑰ 同上書，頁111。

> 聚斂越來越多的財富，追求越來越多的占有，奢侈、排場、享樂、累贅而又不藝術的豪華，貪圖過多的方便，毫無美感和高貴的生活，庸俗的或被無情地形式化了的宗教，商業化和職業化了的政治和政府，娛樂本身也變成了一種商業——這就是商業主義。⑱

被商業化了的人，可謂是一種「經濟的野蠻人」，他以滿足自身的慾望和財富的積累為最高人生目標。

> 他的文明觀念就是享樂，道德觀念就是在社會上受到尊敬，政治觀念就是提倡工業、開闢市場，隨著國旗而行的侵略和貿易，宗教觀念，至多是一種虔誠的形式主義，或某種生命情感的滿足。⑲

他們推廣教育，只是為了工業的發展和社會的競爭；倡導科學，也是為了利用各種發明達到自己的安樂和舒適，或者裝備機器以刺激生產。奧氏認為，這種商業主義的文明不是眞正的文明，而是文明的倒退；它間接地鼓動起一種新的野蠻，即「工業的、商業的和經濟的野蠻」。

(二)「國家至上論」是導致戰爭的理論

奧羅賓多在論述主觀時代時，對德國給予了很大的關注。他認為，德國的假主觀論表現為許多形式，其中之一就是「國家至

⑱ 同上書，頁95。
⑲ 同上。

上論」。所謂「國家至上論」，是把國家的私我，即集體的私我誤認爲「神聖者」的代表，使它具有最高的權威；視個人爲國家的一個細胞，個人的生命必須完全投效於國家的生命之中。這種理論，本質上是將個人的私我主義轉化爲一種集體的私我主義。在這種「國家」中，個人的私我必須消融於「國家」的私我中，化爲它的一部分；個人遵從集團的意志，服務於「國家」的利益，是不容置疑的絕對道德。他說：

> 讓國家成為完善的、主宰的、充滿一切、觀察一切和影響一切的；只有這樣，集體的私我才能集中起來，才能發現自己，其生命才能達到力量、組織和效率的最高程度。德國就是這樣建立和鑄造了一個正在發展著的近代錯誤，即「國家崇拜」，不斷增長的個人服從，最終乃至抹煞個人。⑳

在國家與國家的關係上，

> 由於每一個「國家」都力圖占有全世界，或至少要主宰世界，成為世界第一，所以戰爭乃是這種「國家」與其他「國家」關係上的全部事業，包括武裝的戰爭、商業的戰爭、觀念和文化的戰爭、集團人物之間的戰爭。㉑

在戰爭中，毫無道德可言。凡是能導致戰爭勝利的行爲，就認爲

⑳ 同上書，頁57。
㉑ 同上書，頁58。

是有理的；凡造成戰爭失敗的行爲，則視爲無理。卽使在和平時期，也依然存在著商業和經濟的競爭，這只是武裝戰爭的一種隱蔽形式。奧氏認爲，德國的這種「國家至上論」，正是導致戰爭的理論，第一次世界大戰就發源於此種理論。

(三)「優等民族論」的本質是征服與侵略

奧羅賓多說，除「國家至上論」之外，德國還製造出一種「**優等民族**」的理論。這種理論主張，人類的最高完善就是優等民族的生存，而優等民族的生存是靠淘汰非優等的或欠優等的民族才能得到的。因爲日爾曼民族是優等民族，所以，

> 日耳曼文化征服世界，自然是人類進步的大道了。[22]

在這種理論中，「文化」已經不是指思想、道德和美學的綜合體系，只是指以某種人生觀支配和組織的，所能達到的最高效率的生活。凡不能承受這種「文化」的民族，必須被淘汰；凡能承受但又不能達到高效能的民族，則加以同化。依照此種理論，只有日爾曼才是優等民族，而其他民族，如歐洲和美洲的拉丁民族屬於沒有希望的衰落民族，大多數的亞洲和非洲民族則屬於天然低能的民族；這些民族皆「**應當按其低能性而被統治、侵略和處理掉**」。只有這樣，人類才能向前進化。關於這種理論的本質，奧氏一針見血地指出：

---

[22] 同上。

這種「低下和頹廢民族」的理論，除德國思想家之外，也有其他國家的思想家大聲宣布過；無論這種理論多麼緩和和謹慎，它都支配著强者對弱者的武力征服和商業侵略的實際行動；而德國所做的一切，只是試圖使這種理論具有更廣的範圍，並强力加以施行，使它用之於歐洲、亞洲及非洲諸民族。㉓

總之，奧羅賓多對唯利是圖的商業主義和各種導致侵略和戰爭的理論的批判，表明了他對當時國際社會中種種不公正、不平等現象以及帝國主義的侵略和戰爭的深惡痛絕和強烈不滿。這種強烈的不滿，正是他追求美好未來，爲人類尋求光明前途的歷史根源，亦是其哲學和社會思想體系的現實主義基礎。

三、理智、精神與宗教

爲了闡明「精神時代」是人類社會發展的必然方向，爲了給「精神時代」的到來製造理論根據，奧羅賓多在其《社會進化論》一書中用了很大的篇幅論述了人類理智的作用與局限性，「精神」在社會進化中的重要性，以及「精神」與宗教的關係等問題。下面，我們對這三個問題分別加以評述：

(一)理智的作用與局限性

在個人主義時代和主觀時代中社會之所以產生種種弊端和謬

㉓ 同上書，頁61-62。

誤，奧羅賓多認爲，其根本原因是人將心思和心思所引出的自私觀念作爲人生的主宰，而不是將內在的「自我」或「精神」作爲人生的根本。因此，要眞正實現人類社會的和諧和完善，就必須超越心思和私我，揭示內在「自我」和「精神」，讓精神的統一性和和諧性統轄個人生活與社會生活。他說:

> 人通過心思並超出心思以達到那個「自我」，即體現於一切自然物中的「精神」，在他的存在、力量、意識、意志和知識中與「精神」相合一，旣像人、同時也像神那樣地支配自身和這個世界……這便是人的命運，個人和社會生存的目標。[24]

奧氏所說的「心思」，包括感覺、情緒、慾望和理性思維等一切心理活動。當然，理智或理性是心思的最高功能。那麼，他是如何看待理智的呢？對於理智，奧羅賓多採取了一分爲二的態度:**旣肯定理智在人類進化中的重要作用，又指出它的缺陷和局限性。**

奧羅賓多深知理性主義促進了科學和社會的發展，給近現代文明帶來了巨大的成就。因此，他對理智的作用給予較高的評價:

> 理智運用聰明的意志支配內在和外在的生活，無疑是人在其進化到現今這一階段時所發展出來的最高能力；由於理智具有支配和自我支配的能力，所以它在我們人類的生存

[24] 同上書，頁76。

中被奉為至尊。㉕

又說:

> 理智的存在是為了追求知識，它能夠避免自身受到行為的影響並由此而後縮，能夠聰明地研究、接受、拒絕、修正、變化、改進、結合並再結合運動中的種種力量的工作和能力，能夠在此抑制而在彼放縱，力爭達到富有才智的、可以領悟的、符合某種意志的、有機的完善。理智是科學、是意識的藝術、是發明。它是觀察、把握和安排各種事實的真理；它亦是推測、抽象和預見各種潛在性的真理。㉖

他甚至把理智比喻成希臘神話故事中的「普羅米修斯」(Prometheus)㉗，稱它爲人類的「幫助者」、「開導者」、「高尚的朋友」、「文明的教化者」等等。

但是另一方面，奧羅賓多又認爲，理智在具體應用中卻不能產生令人滿意的效果，它常常生出煩惱、痛苦、自私、矛盾和衝突等。究其原因，在於理智有兩種局限性:

第一、理智只是生命的奴僕，服從於身體和生命的需要，充當爲人的利益而服務的工具。因此，一旦理智介入人的實際行

㉕ 同上書，頁123。
㉖ 同上書，頁126。
㉗ 普羅米修斯是希臘神話中的火神和善用詐術的神，他的名字意爲「先知」。有人把他描寫成不僅給人類帶來天火與文明，而且是人類的保護者，把各種生存手段以及各種技藝和科學帶給人類。

爲，就立卽產生偏袒和私意。眞正的無私，對人的理智來說，是不可能的，除非它絕對脫離實踐活動。人總是利用自己的理智爲自己的私利服務。

第二、由於理智在本性上受私慾的束縛，所以它在不同的場合會生出許多相互矛盾和對立的觀念和原則。譬如，在哲學上，它能爲一元論提供論證，也能爲二元論，甚至多元論製造根據；旣能爲無神論和樂觀論辯護，也能爲有神論和悲觀論辯解。在倫理學中，旣能爲道德論證明，也能爲無道德之說論證。在政治上，旣可以爲獨裁統治提供證據，也可以爲民主政治找到依據。奧氏說：

> 在人生的每一個場合，在我們存在和我們行為的每一部分，理智都為我們製造出一系列的相互對立的主要觀念和相互衝突的原則。㉘

由於理智所提供的原則可用於善，也可用於惡，可加速人類的進步，也可促使社會的倒退，因此，在理智指導下的科學和科學成果也具有善惡二重性。奧羅賓多對此作了生動的描述：

> 科學，遵循其冷靜而公正的道路，創造了許多發明；而這些發明一方面服務於實際的人道主義，另一方面又為自私主義和相互毀滅提供了可怕的武器；一方面使社會組織的高效率成為可能，另一方面又使每個國家都變成侵略、破

㉘ 奧羅賓多：《社會進化論》，頁140，本地治里，1949年。

> 壞和屠殺的龐大工具。科學一方面興起了偉大的、理性的和利他的人道主義，另一方面又為無神的自私主義、生命論以及卑鄙的追求權力和成功的意志辯護。它使人類凝聚在一起，並給她以新的希望，同時又以巨大的商業主義的重負壓抑著她。㉙

理智的缺陷所造成的這些相互對立的觀念，常常引起社會的衝突和混亂。因此，奧羅賓多認爲，理智仍然屬於一種不完善的認識方式，它不能眞正揭示潛在於人內部和萬物背後的最高精神眞理——梵或「無限者」。他對理智的結論是：

> 理智無法達到任何終極的真理，因為它既不能認識事物的根本，也不能把握事物的全部秘密；它只能研究有限的、分別的東西或有限的聚合，而不能度量大全者和無限者。因此，理智不能為人類建立一個美滿的人生，也不能創立一個完善的社會。㉚

(二)「精神」的方式是社會完善的唯一道路

既然理智不能爲人類創立一個完善的社會，那麼，人類追求美好社會的理想靠什麼來實現呢？奧羅賓多說：

> 我們最終的和唯一的希望——無論是個人的完善，還是集

㉙ 同上書，頁146。
㉚ 同上書，頁149。

體的完善——就在於「精神」。㉛

在他看來，理智的方式不是人類認識世界和解決社會問題的唯一途徑，除理智的方式之外，還有一種更高級的方式，即「精神」的方式。只有這種方式，才能解決社會的各種矛盾，實現人類的和諧統一。如他所言：

> 對於個人和集體的「自我」及其生活，採取一種更深層、更廣闊、更巨大的精神化的主觀理解方式，並且不斷地依靠精神的光明和精神的手段，作為各種問題的最終解決方式，乃是達到社會完善的唯一道路。㉜

何為精神的方式呢？按照奥羅賓多的解釋：精神的方式，就是不再把人單純地看作一個由心思、生命和肉體所組成的生存體，而是看作「一個為神聖的完善而降生於世的心靈體」；承認人的「心靈」在本質上是完全神聖的，並且承認心思、生命和肉體有實現精神化和神聖化的可能。與此同時，像對待個人一樣，也把社會集合體視為「心靈」的一種形式，一種「為實現神聖完善而降生於世的集體心靈」㉝。奥氏的這種解釋似乎很神祕，實際上，他所謂的「精神方式」就是其精神進化學說中「體驗精神」、「證悟精神」的方式。在他看來，人和社會集合體都是宇宙精

㉛ 同上書，頁226。
㉜ 同上書，頁227。
㉝ 參見奥羅賓多：《社會進化論》，頁 281-282，本地治里，1949年。

神——梵在人世間顯現的具體形式。宇宙精神潛在於人和各種集合體的內部，代表人類和諧統一和眞善美的精神本性。一個人要獲得完善，首先應當承認自身是「精神」或「心靈」的形式（即「心靈體」），然後通過體悟精神的方式揭示自己內在的精神本性，借助精神的力量轉化表面自私的心思、生命和肉體，使它們實現精神化，並且在同一精神的基礎上達到與社會生活的和諧和統一。不僅個人的進化如此，社會集合體的進化也是如此。

爲什麼說只有精神的方式，才能實現社會的完善呢？奧羅賓多從兩個方面解釋了這個問題：

其一，**奧羅賓多認爲，社會各種弊病產生的根源在於人的自私性。**這種自私性來自於人的表面存在，由於人依照表面生命的本能、慾望和衝動去生活和行動，因而產生出貪占、享樂種種自私性格。但是，人也有追求統一和諧、眞善美的願望，這種願望出自於內在的「精神」或「心靈」。當內在的「精神」處於潛在狀態時，人的眞善美的本性往往被表面的私我所掩蓋，不能充分顯現出來。只有通過精神證悟的方式，才能轉化表面存在，徹底消除表面的自私性，使內在神聖的本性充分顯現出來。

其二，**由於個人和集團自私主義的作祟，人類生活中產生各種矛盾、衝突，甚至戰爭，導致社會的不和諧。**在奧氏看來，要消除社會的矛盾與衝突，也只有通過精神的方式。原因在於，一個人和他人的內在「心靈」，一個國家和他國的內在「心靈」，都發源於同一個「宇宙精神」，它們具有先天的同一性和和諧性。一旦人和社會集合體揭示出內在的「心靈」，就能夠在消除私我的基礎上認識到自身與他人或他國在本質上的同一性，從而在同一精神本質上達到和諧和統一。所以，他說：

唯有精神的自由，即內在的自由，才能創造出人類和諧的秩序。精神的啓明遠比理智的啓明更偉大，只有精神的啓明，才能照亮人的生命本性，轉化他的自私自利性，使各種矛盾和衝突相和諧。㉞

但是，在奧羅賓多的眼裡，精神和理智並不是對立的。在人的進化中，理智雖然是一個不完善的啓明者，但是它經過轉化也可以作爲精神的一個「臣僚」，「爲精神最終統轄人生鳴鑼開道」。另一方面，精神具有廣博的容納性，它並不排除包括理智思維在內的一切人類的機能和活動，只要不斷地提高和轉化它們，使它們超越無明和自私，就能使它們成爲精神力量的一種工具，爲人類的神聖完善事業而服務。

(三)精神與宗教的關係

奧羅賓多反對各種形式主義的宗教，但是認爲宗教的內在本質與精神進化的目標是一致的，因此他提倡一種「精神宗教」，主張將這種「精神宗教」作爲實現人類精神化的「嚮導」，並把它視爲人類生活的「法則」。

依照他的觀點，人生的本質和全部祕密就在於人內部的「精神」，即與宇宙精神本體——「絕對者」或「無限者」相同一的內在「心靈」。只有揭示和顯現出這種內在的「精神」，才能達到人生的和諧和社會的完善。西方所倡導的理性主義，不能解決社會的完善問題，因此只能到東方所盛行的超理性的思想中去尋找答

㉞ 同上書，頁273。

案。他說，「亞洲思想」所做出的答案是：**宗教可以作爲人類揭示精神、認識精神的「嚮導」和「管理者」**。㉟

爲什麼說宗教可以作人類認識精神的「嚮導」呢？奧羅賓多認爲，這是宗教的本質所決定的。他說：

> 撇開宗教外在的信條、崇拜、儀式和象徵等機械的形式而言，其最深層的核心，最內在的本質，乃是尋求神、發現神。宗教的企望就是要揭示「無限者」、「絕對者」、「唯一者」和「神聖者」，卽一個化為萬物並非抽象的存在。㊱

這裡所說的「神」，既是指宇宙最高精神本體——「梵」、「絕對者」或「無限者」，又是指潛在於人內部的精神實體——「心靈」或「自我」。他曾明確指出：

> 從主觀方面來看，尋求神也就是尋求我們最高的、最真實的、最豐富的、最巨大的「自我」。㊲

因爲宗教的本質是尋求和揭示我們內在的「精神」和「自我」，它在最終目標上與人的精神進化目標是完全一致的，所以它不僅可以作爲人類精神轉化的「嚮導」，而且可以作爲人類一切行爲的「法則」。

㉟ 參見奧羅賓多：《社會進化論》，第十七章＜宗教作爲人生的法則＞。
㊱ 同上書，頁160。
㊲ 同上書，頁179。

> 將整個人生化為宗教，以宗教的觀念支配一切行為，看來就是向理想個人和理想社會的發展，以及使整個人生昇華為「神聖者」的正確道路了。㊳

必須指出，奧羅賓多所說的「宗教」，並不是指一般意義上的宗教，而是指他所倡導的具有特殊涵義的「精神宗教」。他把宗教分爲兩種：一種爲「眞宗教」，亦稱「精神宗教」；另一種爲「宗教主義」，卽一般意義的形式宗教。所謂「精神宗教」，是

> 尋求生活在精神之中，生活在超越人的理智、審美、道德和實際存在的那種精神之中，並且以精神的高等光明和法則，啓廸和管理我們生命的各個部分。㊴

實際上，他的這種「精神宗教」，就是其精神進化學說在人類生活中的具體應用。與此相反，他把歷史上的各種宗教都叫作「宗教主義」。「宗教主義」的特點是，

> 將自身局限於人的低級部分的某些狹隘的、虔誠的純化中，或者排外地側重於某些知識性的獨斷教義、儀禮和形式，或側重於某些固定而嚴格的道德法規，或側重於某些宗教政治的或宗教社會的制度。㊵

㊳ 同上書，頁215。
㊴ 同上書，頁220。
㊵ 同上書，頁220。

奧氏反對這種只重視外在形式的「宗教主義」，他主張「精神宗教」必須蔑視和廢棄以往宗教中那些毫無價值的教理、煩瑣的儀式、嚴格的法規和虛僞的制度等等。他的「整體瑜伽」，可以說是這種「精神宗教」的具體實踐方法。

此外，奧羅賓多亦列舉了「宗教主義」在歷史上所造成的種種惡果:

(1) 宗教主義鼓吹出世論和苦行主義，從而壓抑了人生，壓制了人追求眞善美、渴求自由和歡樂的願望。

(2) 它阻塞了哲學和科學的發展。由於它固守某些經不起考驗的有關神和世界的教義，不容懷疑，所以一旦人們產生懷疑，便用火與劍加以鎮壓。例如，歐洲中世紀的基督教教會曾經燒死科學家布魯諾 (Giordano Bruno, 1548-1600)，並且囚禁過伽利略 (Galileo Galilei, 1564-1642)。

(3) 由於教義和教規的對立，在不同的教派和宗教組織之間經常發生宗教戰爭或教派衝突，導致人類之間的相互殘殺。

(4) 在政治上宗教往往投向有權勢的一方，用虛僞的神權爲地上皇權的統治辯護，從而壓迫沒有權勢者，抵制新的政治理想的實現，阻礙社會的進步。

奧羅賓多斷言，宗教主義最大的不幸，則在於它外部的形式和機制壓抑著其內在的本質和深層的精神因素，使宗教逐步形式化，並走向毀滅。所以，他要提倡一種新的「精神宗教」，以此消除以往宗教的一切弊病，使宗教眞正的本質和精神充分表現出來，使其爲社會的發展和人類的進化服務。

通過以上的分析，我們可以把奧羅賓多關於理智、精神與宗教三者關係的思想概括爲如下幾點:

(一)理智雖然在人類的進步中起過重要的作用，但是它仍然是一種不完善的認識方式，無法揭示人內在的精神本質，不能實現社會的完善。

(二)「精神」是人生的本質和全部祕密，只有通過「證悟精神」的精神進化方式，才能解決人類生活的各種矛盾，實現社會的和諧統一。

(三)理智與「精神」並不是對立的，人的理智通過轉化和昇華，可以成為「精神」的一種工具，為人的精神進化服務。

(四)宗教的最終本質是尋求神或宇宙最高精神本體——「絕對者」或梵，精神進化的目標也是揭示人內在的「心靈」和宇宙的最高精神，因此兩者在本質上是完全一致的。

(五)他所提倡的「精神宗教」，就是要拋棄宗教陳腐和煩瑣的外在形式，而實現其內在的本質，從而使這種「精神宗教」成為人生的法則以及人類精神進化的「嚮導」。

四、未來社會的藍圖

奧羅賓多考察人類歷史、探討社會發展的唯一目的，就是要揭示社會進化的方向，為人類找到一條擺脫黑暗和苦難的光明之路。在考察了歷史發展的各個階段之後，他預言社會進化的最終目標乃是「**精神的時代**」，或稱「**精神化的社會**」。

在他看來，要實現「精神化的社會」，必須具備兩個條件：一是**個人的精神轉化**，二是**社會集合體的精神轉化**。所謂「個人的精神轉化」，就是說，個人必須通過內部的發展、體悟自身內在的「精神」，在內在「精神」的指導下轉化肉體、生命和心思，斷滅自私的本性，最終使自己的生活與社會整體生活相和諧。同樣，社會集合體也必須通過內部的發展，揭示潛在於其背後的「集體心靈」，消除集體的私我，實現與其他集合體的協調與統一。他強調，在這兩個條件中個人的轉化是第一位的，首先是個人的轉化，然後是集體的轉化。他說：

> 從心思和生命的生活秩序向精神的生活秩序的這種轉變，首先必須在個人和許多個人中完成，然後集合體才能有效地進行。人類的「精神」是在個體的人中形成、顯現和發展著，只有通過發展的和有形體的個人，才能將新的「自我揭示」和「自我創造」的機會貢獻給民族的心思。[41]

因此，他反對有些歷史學家輕視個人的作用，視個人爲集體的一個細胞或原子，將個人完全泯滅於群體中的觀點。他認爲，在人類的精神進化中，首先

> 應當有個人和許多個人揭示精神、發展精神，以精神的形象再造自身，並且將他們的這種觀念和力量傳達給群體。[42]

然後再有國家、民族和社會的精神轉化。

那麼，「精神化的社會」是個什麼樣子？它有哪些特點呢？奧羅賓多認爲「精神化的社會」是人類最美好的社會，他詳盡地

---

[41] 奧羅賓多：《社會進化論》，頁305。
[42] 同上書，頁306。

描繪了這個未來社會的美麗藍圖，並且列舉了它的種種特點：

(一)根除利己主義是精神化社會的第一特點

奧羅賓多說：

> 精神化的社會，就像組成它的精神化的個人一樣，是生活在「精神」之中，而不是生活在「私我」之中；是一集體的「心靈」，而不是一集體的「私我」。擺脫利己主義的立場，乃是精神化社會的第一位的，最主要的特點。㊸

在他看來，社會不完善的根本原因，在於人具有各種自私的欲望。要消除私欲，就必須使人精神化。一旦人體悟到自己內在的「心靈」，充分發揮內在「精神」的力量，就能夠轉化表面存在並使之精神化，從而徹底根除人的自私本性。隨著個人的完善，個人所組成的集合體也能實現精神的轉化，並消除集體的私我。當所有的個人和集體都實現精神化，人類便進入「精神化的社會」。在這個社會中，人與人、國與國在同一「精神」的基礎上消除私我的偏見，實現眞正的統一，相互尊重、相互幫助，和睦相處，整個社會將變成一個「神聖的家庭」。

(二)在精神化的社會中人的一切行爲，包括教育、科學、倫理、藝術等活動，都將把尋求內部的神聖「自我」作爲第一目標

他認爲，在以前的時代中人們忘卻了自己內部的「精神」，忽視了「精神」的作用，從而一切行爲都是爲了滿足生命的本能和欲望。但是，到了精神的時代，人們把證悟內在「精神」，以「精

㊸ 同上書，頁316。

神」支配自己的行爲並使行爲與社會生活相和諧，作爲自己的最終命運。因此，他們的一切行動都以發現內在的「自我」作爲第一追求。人們的科學活動不僅僅是爲了認識世界或用之於物質生活的目的，而且是爲了揭示世界背後的「神聖者」和「精神之道」。倫理生活的目的，也不是單純爲了建立和履行道德行爲準則，而且是爲了發展人內中的神聖本性。藝術活動的目的，也不單是爲了表現客觀世界的形象，而且是爲了透過現象世界揭示和再現那隱藏在背後的「眞理」和「美」。

(三)精神化的社會將給一切人帶來「工作的愉快」和「富足的生活」

他說：

> 精神化社會發展經濟的目的，不是為了建造一個龐大的生產機器——不論是競爭類型的還是合作類型的，不是只給少數人，而是給所有的人以最大限度的工作愉快，依照自己本性向內發展的充裕時間，並且給一切人以真正富足而美好的生活。[44]

(四)在精神化的社會中不允許國家成爲一個龐大的政治機器，要求個人絶對地服從於它並奉它爲上帝

> 在國家之間的關係上，也不允許國家和政府如同一個噴毒的機器，在和平時期相互放射毒氣，在衝突時期則相互攻

[44] 同上書，頁318。

擊對方的武裝軍隊和手無寸鐵的億萬民眾……㊺

相反，在這個社會中，每個國家都被看作是一個「集體的心靈」、「隱蔽的神明」。它也同個人一樣，能夠通過內在的自由發展，而完善自身；它不再壓制個人的成長，而是幫助個人的自由發展；它不是與其他國家仇視爲敵，而是尊重和幫助他國的自由發展，並從中獲得補益。

（五）自由與統一是精神化社會的法則

奧羅賓多說，在未來的社會中人在自身之內不再是無明、私我和本能的奴隸，在自身之外也不再是「權力的奴隸」、「教條的奴隸」、「習俗的奴隸」和「法律的奴隸」。

最廣泛的自由，將是精神化社會的法則；自由的成長，乃是人類社會的真正精神化發展的一個標誌。㊻

因爲當人體悟到自己內在的精神之後，他一切行爲的動力已不再是來自各種外在力量的強迫，而是出自內在精神力量的驅動。這種內在的精神力量並不是對人的行爲聽之任之，而是轉化其自私性，使他的行爲在無私美德的照明下自由地發展。

個人自由的發展，並不意味著精神化社會會被分割成許多個人單獨而分散的行爲。奧氏認爲，人與人之間行爲的和諧統一將是未來社會的另一準則。「精神」的最高本質，就在於它的和諧性和統一性。一個人在自身證悟到一個「自我」，他在別人身上

㊺ 同上書，頁318-319。
㊻ 同上書，頁283。

也能證悟到一個「自我」，這兩個「自我」皆爲同一宇宙精神的顯現，本質是同一的。這就是說，人與人之間具有一種先天的統一性，只要體悟到天然的統一性，就能夠使自已的行爲與他人的行爲相協調，使社會生活和諧統一。因此，他寫道:

> 不僅在自己的內部尋求和發現「神聖者」，而且要在一切人的內部尋求和發現「神聖者」，不僅追求個人的解脱和完善，而且要追求其他人的解脱和完善——這才是精神化的人的圓滿法則。㊼

在談到「精神化社會」何時才能來臨的時候，奥羅賓多說了這樣一番話:

> 這種趨向精神化的努力，即使對個人來説，也是一種極為艱難的勞動，何況對於人類，則更加艱難。很可能是這樣的: 雖然開始了，但未必能迅速前進並達到最初的決定階段; 可能要經過幾個世紀的長期努力，才能永久性地產生。然而，這也不完全是必然的，因為自然界的這種變化原則，似乎有一個長期而暗中的準備過程，隨之而來的便是迅速地集中並傾注這些要素於一種新生、突變和轉化中，致使此種轉化在其光明的時刻奇蹟般地出現。㊽

這說明奧羅賓多深知人類的精神轉化和精神化社會的最終實現,

㊼ 同上書，頁322。
㊽ 奥羅賓多:《社會進化論》，頁332。

是一個長期而艱難的過程。但是，他堅信只要沿著這條道路不折不撓地走下去，美好的精神時代就會奇蹟般地出現在人世間。

討論了奧羅賓多對未來社會的構想，我們試作如下幾點評論:

奧羅賓多所描述的「精神化社會」雖然十分神秘玄妙，但是在神祕的言詞背後，我們發現他有一個明確的目的：就是引導人們在現實世界上建成統一和諧、自由平等的理想境界，把印度傳統的「彼岸天堂」搬到地面上來，在塵世間建立一個「神的天國」。他有一句話講得非常明確:

> 唯有精神化的社會，才能創造一種個人和諧與大眾幸福的統治；或者用一句我們所能找到的，最能充分表達的，但又容易被理智和情感所濫用的話來說，這精神化的社會乃是一種新型的神治社會，一個建立於塵世間的神的天國，一種將用人內心和思想中的「神聖者」來支配人類的神權統治。㊾

他所說的「新型神治」，就是把人先天固有的「心靈」或「自我」視爲「神」，讓它支配人的一切行爲並轉化人的自私本性。此種「神」，不在外部，不在彼岸，而是在每個人的內部；只要揭示並顯現出這種內在之「神」，人人都可以成爲「神聖者」，從而在人世間建立一個「神聖的家庭」或「神的天國」。奧羅賓多一向反對宗教出世觀，反對逃避現實，輕視人生的悲觀厭世論。所以，

㊾ 同上書，頁227。

他主張人類所追求的神聖天堂不應當在彼岸，而應當在現實世界上建成。

從世界文化發展的大視野來看，奧羅賓多對「精神化社會」的構想也反映出這樣一個問題：未來人類的發展是由西方唯物論和理性論來指導呢，還是由東方超理性的精神論來指導？在這個問題上，奧羅賓多顯然是支持後者的。在他看來，當時人類社會的種種弊病和罪惡，如競爭、壓迫、侵略和戰爭等，皆起源於西方近代所倡導的唯物論和理性主義。這種僅重視物質和經濟發展的唯物論和理性主義，只能把人們引向物質享受和滿足自私欲望的邪路上去。只有用東方超理性的精神論代替西方的唯物論和理性論，才會導致社會的和諧和完善。他在《全人類的根本理想》一書中曾指出：

> 東方，雖然聽任它的精神論沉睡到近乎死亡的狀態，但是它一直為精神論的充分覺醒敞開著大門，並保持著精神能力的完整性，即使在它處於停滯和非創造的年代。因此，西方的希望，就在於重新喚醒東方古老的精神論的實際可行性，及其巨大而深遠的洞察力。[50]

這段話表明，奧羅賓多認爲印度的精神哲學雖然很古老，但仍然具有強大的生命力，它可以彌補西方唯物論和理性論的缺陷和不足。他所憧想的「精神時代」，正是以「直覺精神」、「體悟精神」的古老精神哲學爲理論基礎的。奧氏雖然並不否定唯物論和理性

[50] 引自D. R. 巴里：《現代印度思想——從羅姆・摩罕・羅易到M. N. 羅易》，頁144，新德里，1980年。

主義在社會發展中所起過的重要作用，但是他更強調超理性精神論在社會完善中的重要性，並力圖用這種思想來指導未來社會的發展。這一點，恰恰反映出奧羅賓多哲學和思想體系中所具有的超理性直覺主義的特色。

第八章　人類統一的理想

奧羅賓多不僅是一位現實主義者，而且是一位偉大的理想主義者。儘管他的學說帶有濃郁的神祕主義色彩，但是在其內部卻蘊含著深厚的現實主義的根基，也洋溢著對美好未來的強烈追求和企盼。他的理想遠遠地超出了一個國度或一個民族，而是對全世界和整個人類未來前景的美妙憧想。他厭惡舊的世界秩序，痛恨帝國主義和民族利己主義給人類帶來的深重災難，企盼在地球上建立一個自由、平等、統一、和諧的國際新秩序。在《社會進化論》中他預見未來的社會將是一個以人類統一爲基礎的「精神時代」，那麼在「精神時代」中，人與國家、國家與國家之間是什麼關係，人類的統一應以何種形式組織起來，統一的社會靠什麼途徑才能實現呢？對於這些問題，他在《人類統一的理想》一書中則做了專門的解答。如果說「精神的時代」只是他對未來社會一個初步的、籠統而抽象的構想，那麼「人類統一的理想」則是他對未來社會詳盡而具體的闡述。

一、人類統一是歷史發展的必然趨勢

奧羅賓多認爲，在今天的世界上人類要求統一的願望越來越明顯了。這並不是偶然的現象，而是人類歷史發展的必然趨勢。

從客觀條件上看，現代科學技術、工業交通的發展，給人類

的統一奠定了物質基礎。特別是交通、通訊和科學的發展，加強了人類之間的相互往來和聯繫，

> 已經使地球變得如此之小，以至於原來龐大的帝國竟變得像今天某一國家的一個省份那麼大。❶

從主觀因素來看，人類統一思想的產生有兩個原因:

(一)由於人類共同利益的不斷增長

在當今之世界，各個國家相互往來頻繁，而且交往的範圍也越來越廣泛。在交往過程中各國之間產生許多共同的利益，而原來單個的封閉的國家狀態往往成爲獲取共同利益的障礙，因此各國之間產生一種要求聯合和統一的傾向。另外，各國在相互交往中也容易發生摩擦和衝突，摩擦和衝突的擴大便導致戰爭。戰爭對於每個國家都是一場災難，無論是戰敗國還是戰勝國，都要爲此付出沉重的代價。現代戰爭的規模越來越大，損失也越來越慘重，因而對人類的共同利益和生存安全構成了巨大的威脅。所以，爲了維護共同利益和安全，人類要求結束分裂和戰爭，渴望統一和安全的意願越來越強烈。

(二)由於人類要求聯合的感情上的需要

奧羅賓多認爲，在相互分裂的國家中人們有一種要求聯合起來、共同生存的心理和情感。在人類早期的歷史中這種感情和心理因素尚不起重要作用，當時部落的聯合或地區的統一主要靠強者對弱者的征服。但是，隨著歷史的發展，這種要求聯合的感情

❶ 奧羅賓多:《人類統一的理想》，頁3，本地治里，奧羅賓多修道院出版社，1950年。

因素的作用越來越明顯。在近現代歷史中一些國家和地區的人民爲了爭取自由和解放，爲了反對共同的敵人而要求相互支援、共同戰鬥的感情，促使他們走上聯合和統一的事例，是屢見不鮮的。例如，北美十三個殖民地的人民在喬治・華盛頓的領導下聯合起來，共同反對英國的殖民統治，於1776年發表〈獨立宣言〉，成立美利堅合衆國。

奧羅賓多對人類統一的未來是充滿信心的，他說：

> 我們可以確信，無論在不久的將來，還是在更長的時間內，無論是靠統一感情的增長、共同利益和便利的驅使，還是靠形勢發展的壓力，人類最終的統一——或至少是人類生活的某種正式組織或某種難以預測的形式——在地球上的出現，實際上是不可避免的。❷

爲了闡明人類統一的歷史趨勢，奧羅賓多專門考察了人類集合體的各種形式。他認爲，社會的發展也可以看作是由人類簡單集合形態向複雜集合形態逐步演化的過程。歷史上出現的各種集合形態，如家庭、氏族、部落、村社、階級、民族、國家、帝國、以至於幾個國家的聯邦政體等等，都是人類向前發展的不同階段。人類集合體的這種由小到大，由簡單向複雜的發展事實，恰恰顯示出人類逐步走向統一的必然趨勢。

在奧羅賓多看來，歷史上已經出現的這些集合形態都是不完善的，其原因在於，在這些集合形態中個人與集體的利益難以調

---

❷ 同上書，頁374。

和，小集合體與大集合體的利益難以調和。國家是各種集合形態中最富活力、最有成效的一種形式。然而，就連這種形態也無法解決個人與集合體的矛盾。他說：

> 「國家」的概念究竟是什麼呢？它是一個把個人當作犧牲品的有組織的團體。從理論上說，國家要求個人服從整體的利益，而在實際上，它是要求個人服從某一集團在政治上、軍事上和經濟上的利己主義，以此來滿足某個集團的目的和野心。這些目的和野心是那些代表這一集團的少數或較多的統治者以某種方式製造出來的，以此欺騙大多數的人。❸

奧氏認爲，「國家」在理論上應當是爲大多數人的普遍利益而有效組織起來的一種「集體的智慧和集體的力量」，而實際上它是名不符實的。國家被控制在少數政治家手中，這些政治家往往只代表少數人的私利，而不能代表全體國民的最高智慧和普遍利益。在他們的控制下，國家變成了一臺機器，只有政治、經濟、行政和軍事上的統一，而缺乏民眾在思想、情感、道德和心理上的支持和擁護。國家要求個人犧牲自己的利益和自由，把全部智慧和力量奉獻於國家的祭壇上。在這種集合形態中，個人的利益與集合體的利益處於嚴重的矛盾和對立之中。因此，他斷言，

> 在現在的條件下，靠國家機器產生一個健全的人類統一體

❸　同上書，頁21。

是不可能的。❹

此外，奧羅賓多還以「帝國」爲例，來說明個人與集合體的利益是難以調和的。他說：

> 羅馬帝國是歷史上一個超出國家界線的統一組織的範例，其利弊具有重要的典範意義。它的優點是具有令人驚嘆的體制、和平、普遍的安全、秩序和物質福利。而它的缺點在於：個人、城市和地區都犧牲了自己獨立的生命，而變成一臺機器的各個零件；他們的生活失去了光彩、富足、變化、自由以及各種創造的衝動。這個組織是龐大而令人羨慕的，但是組成它的個人卻衰退了，被壓抑、被遮蓋了。由於個人的縮小和衰弱，這個龐大的組織不可避免地漸漸喪失其強大的生命力，最終由於不斷的停滯而死亡。❺

按照奧羅賓多的觀點，人類集合體的完善發展和強大生命力，依賴於生命的兩極——個人與整體的平衡和永恆的和諧。如果整體限制和壓抑個人的自由發展，這個整體則沒有生命力；反之，倘若個人不能促進整體的完善，那麼他的完善也無法實現。在他看來，歷史上各種有效的人類集合體，無論國家還是帝國，都不能解決個人與整體的矛盾。它們是用一種更大的私我，即集體利己主義來壓制個人的自由，犧牲個人的利益，窒息個人的獨立性。這種集體利己主義往往被渲染和誇大，甚至被奉爲至高無上的權

---

❹ 同上書，頁29。
❺ 同上書，頁7。

威。實際上，它削弱了集合體的生命力，成爲實現眞正持久統一的障礙。另外，國家和帝國爲了維持自身的生存都採取政治、經濟或行政的手段強力推行統一，而不是教育和培養人們在思想感情、道德心理上相互依存的親和感，因此這樣的統一是不長久、不穩固的。

總之，奧羅賓多認爲，人類的統一是歷史發展的必然趨勢，但是要眞正實現它，尙有許多困難。在當今的世界上，人類統一面臨著兩個基本的困難：一是**阻礙統一的各種集體私己主義能否消除**，二是**採取什麼手段才能建立持久而穩固的統一**。

談到人類統一所面臨的困難時，奧羅賓多特別指出，戰爭也是實現統一道路上的一大障礙。他在描述第一次世界大戰的惡果時說：各種民族利己主義所引發的

> 商業的野心和競爭、政治的虛榮、夢想、渴望、嫉妒決不會靠魔術師的手杖一觸，便可全部消失，因為歐洲在長期形成的野心、嫉妒和仇恨的瘋狂衝突中，屠殺它的人民，僅在三年中就將數十年的儲備都投入到戰爭的熔爐之中。❻

戰爭不僅給人類帶來巨大的物質損失，而且也使人類的精神蒙受極大的創傷。戰爭所造成的狂熱和仇恨會破壞各國聯合的基礎，使人類統一的希望化爲泡影。

因此，如何克服人類統一所面臨的困難，爲世界的和諧完善

---

❻ 同上書，頁138。

找到一條最佳途徑，則是奧羅賓多下一步需要探討的主要課題。

二、人類統一的原則和形式

奧羅賓多所期望的「人類統一」的原則是什麼呢？他說：

> 人類統一的問題應當站在理性和完善的道德基礎上來看待：一方面，承認人類自然的大聯合有權存在，以至實現，並且把尊重國家的自由推崇為人類行為的公認原則；另一方面，真正認識到在統一和聯合的人類中需要秩序，相互幫助，共同合作，共同的生活和利益。在理想的社會或政體中，尊重個人的自由、個人自由發展以至完善，與尊重集合體的需要、效能、團結、自由發展和有機的完善是協調一致的。在整個人類最理想的聯合中，即在這種國際社會或政體中，國家的自由、自由發展和自我完善也應當與人類的團結、統一的發展和完善逐步協調起來。❼

由此可以看出，奧羅賓多所主張的人類統一的原則基本上是三條：

(一)在未來的統一社會中，尊重個人的自由和發展必須與尊重國家的統一和完善相和諧。

(二)尊重國家的自由和發展必須與尊重全人類的統一和完善相協調。

---

❼ 奧羅賓多：《人類統一的理想》，頁146，本地治里，1950年。

(三)人類統一的實現，只能靠道德和精神的手段，而不能靠政治和經濟的手段。

奧羅賓多所主張的人類統一原則，與他所確立的「社會發展法則」是完全一致的。他一向認為:

> 人類社會的進化，必然是三種永恒的因素 —— 個人、集合體和人類在相互聯繫中得到發展。每一種因素都追求自身的完善和滿足，但是每一種因素又不能孤立地發展自己，而只能在與其他兩者的聯繫中發展自己。❽

他把人類社會看作一個統一的整體，構成它的三種因素相互依存，缺一不可。所以，在實現統一的過程中必須兼顧三者的利益，使他們都得到圓滿的發展。個人在追求自由發展的同時，也必須尊重和幫助他人的自由發展，並且促進他所隸屬的集合體的團結與完善。集合體在追求自由發展的同時，也必須尊重和幫助其他集合體的自由發展，並且為人類的統一和完善做出貢獻。人類最終的統一體在保障自身完善和秩序的同時，也必須給組成它的個人和集合體以最大自由發展的機會。只有在這樣原則指導下，人類才能實現持久而穩固的統一。因此，奧羅賓多說:

> 人類統一進程的實現，將遵循一個總的原則，即個人與個人之間、個人與集合體之間、集合體與集合體之間、小集合體與人類整體之間、人類共同生活及其意識與個人和集

❽ 同上書，頁178。

合體的自由發展之間相互影響、相互轉化的原則。❾

依照奧羅賓多的原則，未來社會將是一個既保持人類圓滿統一，又保持個人和集合體的差異性；既保障人類整體秩序，又保障個人和集合體充分自由的理想社會。在這個社會中，眞正做到整體統一與個體差異、整體秩序和個體自由的完美和諧。

在論述這兩種和諧時，奧羅賓多說，統一性與差異性是一個完善社會的兩個不可分割的方面。生命在本質上是統一的，在活動上又是多種多樣，千變萬化的。「統一」指生命的本質，但不意味著一律化，絕對的一律化只能使生命中止。「差異」指生命的多樣性和變化性，生命的活力只有靠它所創造的多樣性和變化性體現出來。在一個社會中只有統一而沒有差異，這個社會就會變成一臺機器；反過來，只有差異而沒有統一，又會造成社會的混亂。只有統一與差異的完美結合，社會才有生命力。同樣的道理，秩序和自由也是完善社會所不可缺少的。社會的秩序與個人的自由，並不像有些人認爲的那樣，必然是對立的。「秩序」是生命存在的法則，而不是人爲的規定，眞正的秩序是以實現最大可能的自由爲基礎的。「自由」也不是盲目的，而是以我們生命的法則爲指導的。奧氏指出:

> 我們所說的自由，是指服從我們生存法則的自由，我們本性的自我完善發展的自由，以及尋求我們與周圍環境的自然和諧的自由。❿

---

❾　同上書，頁180。
❿　奧羅賓多：《人類統一的理想》，頁184。

在他看來，社會的統一秩序與個人的自由不是矛盾的，而是相輔相成、互補互益的。但是，他斷言，在一個社會中要眞正做到統一與差異、秩序與自由的完美結合，靠政治、經濟和行政的手段是絕對辦不到的，只有靠道德和精神的手段才能完成。

下面要討論的問題是：一個完美和諧的統一社會將採取什麼樣的組織形式呢？

奧羅賓多認爲，從當今世界的情況來看，擺在我們面前的有兩種選擇：一種是在中央集權和嚴格一致化的基礎上建立起來的「**世界國家**」，一種是在自由和變化的原則基礎上建立起來的「**世界聯盟**」。

他說，根據歷史的經驗，「世界國家」的形式是不可取的。因爲國家發展的歷史，就是靠中央集權實行嚴格統一管理的歷史。一旦「世界國家」形成，它首先就要建立一個中央權威機構，對社會生活的各個領域進行嚴格控制，對各個地區發號施令，最終使組成它的各個國家和民族喪失個性和獨立性，從而變成大一統國家的一個省份或區。另外，「世界國家」還會採用政治、經濟、行政，甚至軍事的手段維護其尊嚴和統一，剝奪各個民族自由發展的權利，造成一種表面的、形式的和機械的統一。因此，他指出：

> 要達到人類的統一，又能保持必要的集合體的自由，人們可以提出的唯一辦法，不是向一個組織嚴密的「世界國家」，而是向一個自由的，有伸縮性的，進步的「世界聯盟」而努力。⓫

⓫ 同上書，頁309。

奧羅賓多傾向於建立一個有充分自由的，組織上又比較寬鬆的「世界聯盟」。這個聯盟應當具有如下幾個特點:

⑴聯盟的各個成員國是在自願原則的基礎上組織起來的，各個國家都有追求統一、要求聯合的共同願望和情感。

⑵在聯盟中每個國家都享有充分的民族自決權利，每一個組成單位都有內部自由發展的權利。

⑶聯盟內的共同事務只能靠共同協商的辦法來解決，通過協商不僅消除政治的分歧，還要調整經濟的關係。

⑷聯盟不是依靠政治、經濟和行政的手段施行形式上的統一，而是通過道德和精神的手段來保證各個民族在心理、情感和精神上的統一。

奧氏對這種內在心理和精神的統一十分重視。他說:

> 現在，人類心理生活第一位的需要就是趨向更大的統一。但是，人類所需要的是一種有生命力的統一，這種統一不是表現在文明的外表形式上，如穿著、風俗、生活習慣、以及政治、社會和經濟秩序的細節上，也不是機械的文明時代所力求達到的一致化，而是每一個地區的自由發展、永恒友好的相互影響、親密的了解、對共同人性的感受、偉大而共同的理想以及這種理想所趨向的真理、人類聯合進步中所努力達到的那種統一和相互關係。⑫

奧羅賓多強調，在未來的世界聯盟中原有的國家概念要發生

⑫ 同上書，頁335。

巨大的變化。原來的國家是一種權力高度集中，組織十分嚴密的社會集合形態，這種形態要逐步轉化為一種新的、自由的、組織上比較寬鬆的形態。在這種形態內部，既能保持精神的統一性，又能保證個人和集合體的獨立性和自由性。由於國家觀念的轉變，各個國家將改變原來只重視政治和行政統一的作法，而開始追求人們在心理和精神上的統一。他說：

> 到那個時候……國家將為人們必要的理智和心理轉變的可靠發展，提供更自由、更自然的形式和機會；因為只有這種內部的轉變，才能使統一保持持久。這種內部的變化就是人們生活觀念和人類宗教的發展，因為只有如此，才能使人們在生活、情感和觀點上發生心理的轉變。這種心理上的轉變會使個人和集體第一次最廣泛地生活在共同的人性中，抑制個人或集體的利己主義，並促進個人和集體用自己的方式去發展和表現人內在的神性……⑬

總而言之，奧羅賓多不贊成建立一個中央集權、組織嚴密的「世界國家」，而主張在自願的原則上組成一個自由的、有伸縮性的「世界聯盟」。在這個聯盟中，每個民族都有充分的自決權和自由發展權；它不是靠政治或行政的手段實現形式和機械的統一，而是靠心理和道德的手段培育人類在情感和精神上的統一。

---

⑬　奧羅賓多：《人類統一的理想》，頁340。

三、「人類宗教」是實現統一的途徑

奧羅賓多確立了人類統一的原則，並選擇了人類統一的形式。現在，對他來說，關鍵的問題是尋找一條實現統一的道路。他考察了世界的歷史，研究了東西方文化的各種現象，最終找到了一種融匯東西方文化特點的方式，卽「人類宗教」的道路。他相信，只要在世界上宣傳和發展「人類宗教」，就能創立一個統一和諧的人類新秩序。

什麼是「人類宗教」？它不是一般意義上的宗教，也不是以前有人倡導過的「普遍宗教」，而是一種具有特殊內涵的宗教。簡言之，這種宗教不是把自然界的現象或超自然的力量視爲神靈或上帝，而是把人或人類本身奉爲神和上帝。所謂「人類宗教」，就是把人或人類作爲最高崇拜對象的宗教。用奧氏的話說：

> 人類宗教的基本觀念是，應當把人類看作是必須崇拜並為之服務的神；尊重人類、為人類服務、促進人類進步和人類生活，是這種人類精神的首要義務和目的。別的崇拜對象，如民族、國家、家庭、或任何其他的東西，都不能取代人類的地位；只有當這些對象作為人類精神的表象，奉人類精神為神聖的，並促進人類精神自我顯現的時候，它們才是有價值的。⑭

⑭　同上書，頁362。

又說:

> 人，對於人來說，必然是神聖的，不管他在種族、信仰、膚色、民族、地位、政治或社會發展程度上有多大的差異。人的身體應當受到尊重、免受暴力和酷行，並且依靠科學來防止可以預防的疾病和死亡。人的生命應當被視為神聖的、高貴的，應當受到保護、加强和提高。人的情感也應當看作是神聖的，應獲得表現的機會，受到保護以免遭侵害、壓抑和被機械化，並且擺脱各種輕視它的力量。人的心思應當從一切束縛中解放出來，獲得自由和廣泛活動的範圍和機會，得到一切自我訓練、自我發展的手段，並把這些手段組織起來用之為人類服務的活動中。所有這一切，都不應看作是抽象的或虛偽的觀點，而應當得到人、國家和人類的充分而實際的承認。從更大的範圍上說，這就是理智的人類宗教的觀念和精神。⓯

以上兩段話是奧羅賓多對「人類宗教」的具體描述。從這種描述中可以看出，他所說的「人類宗教」與一般所謂的「宗教」具有完全不同的涵義。歷史上出現的各種宗教都是把某種超自然或超人的力量奉爲神靈而頂禮膜拜；但「人類宗教」卻把人或人類本身提高到神的地位而加以無限崇拜，並把爲人類的服務作爲最高宗旨。一般的宗教皆貶低人的價値和生命的意義，壓抑人的行爲、情感和理性；而「人類宗教」卻給人以新的尊嚴，把人的

⓯ 同上書，頁363。

軀體、生命和思想視爲神聖而高貴的，充分發揮人的一切潛能。一般的宗教皆藐視塵世生活，教人寄希望於死後的解脫；而「人類宗教」卻尊重現世生活，鼓勵人們創造美好的現實。

奧羅賓多進一步解釋道：

> 人類宗教的目標，在十八世紀就以一種最初的直觀形式而形成了；這個目標過去是，今天依然是用三種有親緣關係的觀念——自由、平等和博愛來重新鑄造人類社會。⑯

通過這段話我們才完全明白，他所言的「人類宗教」已經失去原來宗教的內涵，只不過是給十八世紀歐洲所產生的人道主義學說冠以「宗教」的名銜，使這種倡導自由、平等、博愛的人道主義精神神聖化和宗教化。

也許有人會提出疑問：這種「人類宗教」與他在《社會進化論》中所提倡的「精神宗教」是什麼關係呢？

奧羅賓多承認人類宗教並非他的發明。他說，這種宗教產生於十八世紀法國大革命時期。當時的法國思想家從「天賦人權」的觀點出發，提出了自由、平等、博愛的人道主義思想，並試圖以實證主義爲機體而構成一種教義，以此來反對基督教神學和封建專制主義對人性的壓迫。從十八世紀中期到二十世紀初，在「人類宗教」實踐的一百多年中，它對人類產生了巨大的影響，完成了許多正統宗教所無法做到的事情。「人類宗教」改變了人對人的看法，提高了人的尊嚴和自信心，爲人的自由發展和潛力

---

⑯ 同上書，頁336-337。

的發揮提供了新的視野；它對人產生極大的啓明作用，使人感受到自己對人類未來和進步的責任；它激發了教育事業和慈善事業的發展，在某種程度上使社會生活人道化；

> 它使農奴獲得了希望，使被蹂躪的人獲得自我保護的能力，使勞工在人性上具有跟富人和權貴者一樣的潛在的平等。⓱

然而，他又指出，雖然「人類宗教」對社會產生了巨大的啓蒙作用，但它的三大目標至今尚未實現。究其原因，是因爲人類宗教的宣傳和推廣只依靠人的心思和理性，而不是依靠人內在的心靈或精神。靠心思或理智去實現眞正的自由、平等和博愛，是很困難的。因爲心思或理智具有致命的弱點，它們容易成爲人表面私我的工具，被私我所利用。私我所追求的自由和平等，只是個人主義競爭的自由和平等；私我所追求的博愛，也只是聯合起來相互合作去實現共同的私利。奧羅賓多說：

> 自由、平等、博愛是心靈的三種神性，這三種神性不能通過社會的外部機構，也不能由生活在個人私我和集體私我中的人來真正獲得。⓲

又說：

⓱ 同上書，頁365。
⓲ 同上書，頁368。

博愛是打開人道觀念三重福音的真正鑰匙。自由與平等的結合，只有靠人類博愛的力量才能獲得，而不能以任何別的力量為基礎。⑲

在他看來，只有喚醒人內在的心靈，發揮心靈或精神的作用，才能獲得眞正的自由、平等和博愛。當心靈追求自由時，這種自由就是心靈自我發展的自由；當心尋追求平等時，這種平等就是承認一切人都具有同一的心靈，承認人與人在本質上的天賦平等；當心靈追求博愛時，這種博愛就是人與人在統一精神本質基礎上的相互溝通、相互理解和相互憐愛。只有這種在同一精神本質上的人類普遍之愛，才能創造出眞正的自由和平等。照此說來，奧氏所謂的「人類宗教」，並不是單純的人道主義宗教，而是把人道主義觀念與他所倡導的「精神宗教」結合起來，融爲一體。換言之，他的「人類宗教」，實質上是十八世紀法國大革命時期所倡導的人道主義思想與印度傳統「證悟精神」、「體驗精神」的學說相綜合的產物。

奥羅賓多有時又把他的「人類宗教」稱爲「精神的人類宗教」。他對這種宗教作了如下的描述：

精神的人類宗教是未來的希望……這種宗教意味著逐步體悟到那種使我們大家都能够統一起來的祕密的精神、神聖的實在，體悟到人性就是這種精神在塵世間的最高表現形式，體悟到人和人類是這種精神在地球上不斷顯現自己的

---

⑲ 同上書，頁368。

> 工具。人類宗教還意味著人們試圖依靠這種知識去生活，並在地球上創造一個神聖的精神王國。通過這種人類宗教的發展，我們與我們同胞在內部的同一感將會成為我們全部生活的主導原則，這不僅是一種相互合作的原則，而且是一種更深層的博愛原則，一種真正對統一、平等和共同生活的內在感受。個人肯定會體悟到，只有在自己同胞的生活完善中才會有自己的完善。人類肯定也會體悟到，只有在個人的自由和圓滿生活基礎上，才會建立起自身的完善和永恒的幸福。[20]

奧羅賓多曾經指出，在當今世界上要實現人類的統一，面臨著兩個困難：一是，如何克服從人類進化過程中所形成的各種利己主義；二是，當統一實現後又如何使這種統一牢固地保持下去。在他看來，克服這兩個困難的最佳途徑，就是宣傳和實踐這種「**精神的人類宗教**」。第一、這種人類宗教可以促進人的精神化，使人超越自身低級的動物性和自私性，從根本上剷除各種利己主義的根源。第二、此種宗教可以使人與人在內在心靈或精神上達到統一，這種精神的統一必然導致人們在心理、情感和道德上的統一。建立在心理、道德和精神統一基礎上的人類統一，遠比那種政治和行政上的機械統一要穩固長久得多。所以，他說：

> 我們得出的結論是：靠政治和行政的手段建立一種不穩定的、機械的統一是可能的，但是，人類的統一，即使是實

---

[20] 奧羅賓多：《人類統一的理想》，頁378，本地治里，1950年。

現了，要成為真正的、牢固可靠的統一，還只有到人類宗教作為人類活動的最高理想，使人類精神化，並成為人類生活普遍的內在原則的時候。㉑

綜上所述，奧羅賓多的「人類統一」學說，實質上是力圖以一種具有印度特色的人道主義精神統一人類思想，在此種精神的基礎上建立一個既尊重個人自由，又尊重國家自由，人與人、國家與國家平等合作、和睦相處的世界統一大家庭。這種理想的實現，不是依靠政治、經濟和社會的變革，而是依靠宣傳和實踐「人類宗教」，依靠個人和國家的自我修養、自我完善的精神進化道路。不難看出，奧羅賓多的良好願望與實現這種願望的手段之間是極爲矛盾的，這種內在的矛盾不可避免地會使他的理想具有一定的空想性。但是，我們也絕不能以「空想」一詞而否定這種學說在當時歷史條件下，以至於今天所具有的現實意義。正如印度學者D．R．巴里所說：

在印度現代人道主義者中，奧羅賓多大師所獲得的崇譽和崇敬占有獨一無二的地位。他屬於一切民族和一切時代，具有永恒的性質。他與甘地、泰戈爾不同，沒有影響到廣大民眾。但是，凡喜歡閱讀他的教導的人，都肯定會感受到他有關人類未來的熾熱的樂觀主義精神。他對人生問題的現實主義態度和對人類完善的崇高觀念，正在給困惑的人類帶來新的希望。㉒

㉑　同上書，頁370。
㉒　D．R．巴里：《現代印度思想——從羅姆·摩罕·羅易到M．N．羅易》，頁137。

他的《人類統一的理想》和《社會進化論》，都首先發表於1915～1918年的《雅利安》雜誌上。當時，正值第一次世界大戰期間。在國際上，帝國主義戰爭四起，各國相互殘殺，人民慘遭塗炭。在印度國內，1905～1908年的民族運動高潮剛剛被鎮壓，英國殖民當局爲了戰爭的需要，加緊對印度的政治壓迫和經濟掠奪，苦難深重的印度人民生活在水深火熱之中。在這樣的時代，奥羅賓多提出他的「社會進化」和「人類統一」學說，試圖在世界上建立一個沒有戰爭和壓迫、自由平等、正義公道的國際新秩序，無疑是具有進步和積極意義的。其進步意義表現在：

(一)反對戰爭並批判鼓吹侵略的帝國主義理論

他在描述第一次世界大戰給各國人民帶來的災難時說：整個歐洲都陷入一場「瘋狂的衝突之中」,「屠殺它的人民」,「僅在三年中便把幾十年的儲備都投入戰爭的熔爐」。他呼籲「要把戰爭和國際衝突從我們苦難的、顛沛的人類生活中消除出去。」㉓他還指出，消除戰爭是實現國際新秩序，建立人類統一社會的最重要的條件之一。在他看來，民族利己主義是戰爭的根源，因此他還批判了鼓吹侵略和征服的「優等民族論」。依照這種謬論，只有日爾曼才是優等民族，而其他的民族不是沒有希望的衰退民族，就是天然的低等民族；

「這些民族皆應當按其低能性而被統治、侵略和處理掉。」㉔

㉓ 奥羅賓多：《人類統一的理想》，頁138，本地治里，1950年。
㉔ 奥羅賓多：《社會進化論》，頁59，本地治里，1949年。

在當時的歷史條件下，奧羅賓多對帝國主義侵略和戰爭的批判和企盼建立一個「沒有壓迫、傾軋、對抗和戰爭」的理想社會的主張，無疑代表著時代發展的潮流，反映出世界各國人民反對戰爭要求和平的普遍願望。

(二)論證了國與國、民族與民族之間的自由平等觀念

他認爲，國家和民族這些社會集合體，也同組成它的個人一樣，都是梵的顯現。在它們的背後也有一個支配一切的精神力量——「心靈」或「國魂」。只有喚醒這種內在的精神本性，任何國家或民族都可以達到自我完善。在這種神祕的語言後面隱藏著一個道理：國家不分大小、強弱，本質是一樣的，天然是平等的。從而從理論上證明了，印度民族是當之無愧的民族，並不比其他民族低下，她有自立於世界民族之林的天然權利。他在批判英國的殖民政策時說：

> 現在，甚至對於較開明的歐洲思想來說，都已經十分清楚：把印度英國化，不僅對印度本身，而且對全人類都將是一個錯誤。[25]

在人類統一的社會中，奧氏主張，要把「尊重民族的自由作為人類行為的一個公認的原則」，各國之間需要「秩序、相互幫助、共同合作、共同的生活和利益」[26]，並主張用自由、平等、博愛的精神調節國家之間的關係。他的這些思想，表達出印度人民

---

[25] 奧羅賓多：《人類統一的理想》，頁336。
[26] 同上書，頁146。

反對殖民壓迫，要求民族平等的正義願望，對於促進印度民族的覺醒和民族獨立運動的開展是有積極影響的。

(三)主張培育一種各國人民相互合作、相互支持的國際主義精神

奧氏一生追求印度的獨立和解放，但是他並不是一個狹隘的愛國主義者或民族主義者。他認爲，要在世界上建立一個統一和諧的社會，就必須在人類思想中培養一種國際主義觀念。他說：

> 國際主義就是試圖使人們的思想和生活超出國家的觀念和形式，甚至在某種程度上消除它，以建立一個更大的人類集合體。㉗

一個國際主義者不應把人種、民族、國家和宗教信仰的差異看作是人與人之間相互隔絕的壁壘，他應當看到人類共同的本性，共同的利益，促進人類的聯合，以達到世界統一的最高目標。因此，奧羅賓多一再主張，爲了實現人類的統一，一個國家和民族的利益必須服從於人類整體的利益；

> 國家的自由、自由發展和自我完善應當與人類的團結、統一的發展和完善相互協調起來。㉘

國家與國家、民族與民族之間應當相互合作、相互支援，爲實現

㉗ 同上書，頁341。
㉘ 奧羅賓多：《人類統一的理想》，頁146。

統一的理想做出自己的貢獻。他的這種觀點，無論在當時的戰爭年代，還是在今天，都有其積極的現實意義。

天下之事，無獨有偶。我們發現，就在奧羅賓多發表《人類統一的理想》的前兩年，中國清末的改良主義思想家康有爲於1913年在《不忍》雜誌上也發表了他的《大同書》㉙。中國和印度的這兩位思想家，在不同的社會和文化背景下以各自的立場和觀點闡發了「**世界大同**」或「**人類統一**」的未來理想社會。康有爲以「公羊三世說」出發，相信人類社會必定會由「**據亂世**」，經過「**昇平世**」，最終進入「**太平大同世**」。在「大同世界」中，他提出「**九去**」和「**九至**」。「九去」，即「**去國界**」、「**去級界**」、「**去種界**」、「**去形界**」、「**去家界**」、「**去產界**」、「**去亂界**」、「**去類界**」、「**去苦界**」；也就是消除建立在家庭、財產私有、國家等制度上的一切等級、界線與區別。「九至」，即達到「**合大地**」、「**平民族**」、「**同人類**」、「**保獨立**」、「**爲天民**」、「**公生業**」、「**治太平**」、「**愛衆生**」、「**至極樂**」的境界。康氏的大同之道，其側重點在於，剷除一切民族、國家、以至家庭的界線和差別，建立財產的平均和公有，實現人與人之間的「**至平**」、「**至公**」、「**至仁**」的理想社會。他認爲，因爲人有「不忍之心」，「人道」才不會滅絕，「大同」才有希望。因此，他主張依靠人的仁愛精神的擴展，便可以實現「太平大同」之世。這種學說體現出中國傳統文化中儒家思想提倡「仁愛」的特點。奧羅賓多從「精神進化說」出發，

㉙ 康有爲的《大同書》成書較晚，他的「大同」思想早在戊戌前已經形成。戊戌變法失敗後，他流亡國外，歷遊了歐洲和亞洲一些國家，受到西方空想社會主義思想的影響，對該書內容作了若干補充。直到 1913 年，才以《大同書》爲名，在《不忍》雜誌上發表甲、乙兩部。全書於1935年，即康有爲死後八年，才正式出版。

確信人類社會必定會由「**下理性時代**」[30]進入「**理性時代**」，再由「**理性時代**」最後進入「**超理性時代**」，即「**精神的時代**」或「**人類統一**」的時代。在「**人類統一**」的社會中，人與人、國家與國家在同一精神本性的基礎上相互尊重、相互幫助、平等互利、自由發展，構成一個幸福美滿、和諧統一的「**神聖大家庭**」。奧氏的統一之道，其側重點在於，強調尊重個人和國家的自由發展，建立一個既有人類的統一秩序，又保持個人和民族的差異性和自由性的圓滿社會。他認爲，人人都有內在的靈魂，這靈魂來源於同一個梵，因此人與人在本性上是同一的；只要體悟出人內在的共同本性，就可以實現精神的統一，從而達到人類的統一。這種學說反映出印度傳統文化中提倡內省直覺的「**精神哲學**」的特徵。

儘管這兩種闡述未來理想社會的學說有許多差異，但是有一點是共同的：無論康有爲，還是奧羅賓多，都是在國家危亡之際，有感於內憂外患和人世間的苦難，出於對人類的同情和愛，試圖爲人類尋找一條從黑暗走向光明，從痛苦走向幸福的道路。也可以說，他們從不同的角度表達了被壓迫民族和被壓迫人民要求民族獨立、國家平等、社會公正、人民自由的普遍願望。

---

[30] 奧羅賓多在《社會進化論》中把人類歷史劃分爲六個階段的同時，又從精神進化的角度把歷史劃分爲三個大的階段，即「下理性時代」、「理性時代」和「超理性時代」。「下理性時代」，指人的一切行爲都是在肉體和生命的本能或「下意識」所支配的時代；「理性的時代」，指人的行爲在心思或理智支配下的時代，常指「個人主義時代」；「超理性的時代」，指人的一切行爲都是在內在「心靈」或「精神」所指導下的時代，即「精神時代」。

第九章　思想評價及其影響

奧羅賓多的一生，波瀾起伏、經歷曲折。青少年時代留學英國，受到良好的西方教育；歸國後，在民族運動中渡過了十七個春秋，成爲公認的民族主義激進派領袖；退隱本地治里後，潛心著述，創立整體吠檀多學說和社會進化理論；步入晚年，全心投入瑜伽研究和精神修煉，成爲瑜伽精神大師。他一生的學術活動，涉獵廣泛，著述豐碩，表現出多方面的天賦和才華。作爲詩人，他的詩歌創作和文學評論，對印度現代文學的發展產生較大的影響；作爲政治思想家，他的激進的民族主義理論，曾在當時引起巨大的反響；作爲哲學家，他的「精神進化」和「社會進化」學說，在印度現代哲學史册上寫下了光輝的一頁；作爲瑜伽大師，其整體瑜伽思想，也吸引著無數的崇拜者和追隨者。

奧羅賓多逝世後，他創立的奧羅賓多修道院不斷擴大，其弟子和崇拜者們繼承和發展他的「精神進化」和「人類統一」的思想，大量出版他的著作，向海內外傳播，從而使奧羅賓多的名字傳揚四海，使他的思想在世界範圍內產生較大的影響和反應。1972年奧羅賓多百年誕辰之際，印度政府曾組織各種活動紀念他，聯合國教育科學文化組織也在巴黎舉行大會，緬懷這位偉大的印度思想家。

一、思想的評價

作爲一位哲學家，奥羅賓多以「整體吠檀多論」或「精神進化論」而著稱於世。他不僅是印度現代最著名的哲學家，而且也是一位具有世界影響的思想家。幾乎所有的印度現代哲學史或思想史著作，皆把他放在最重要的位置上，使他的名字與維韋卡南達、泰戈爾、甘地和拉達克里希南這些現代著名哲學家相提並列。有人甚至評論說:

> 奥羅賓多，無疑是現代印度哲學家中的泰斗。❶

奥羅賓多對現代印度哲學的主要貢獻，可以歸納爲三個方面:

(一)創立了一個完整的「整體吠檀多」哲學體系

在現代印度哲學發展史上，奥羅賓多是一個具有系統而完整思想體系的哲學家。就這一點而言，泰戈爾和甘地的哲學思想似乎無法與他相比。他創立的整體吠檀多體系，以「精神進化」爲主軸，貫穿於自然觀、人生觀、道德觀、宗教觀、瑜伽觀、教育觀、認識論、社會進化論等諸多方面。這種學說最大的特點，是創造了一個能在梵與世界之間起媒介作用的「超心思」原理和梵進行自我退化和自我進化的雙重過程。有了這個過程，梵可以從純

---

❶ V. S.柯斯丘契科:《整體吠檀多——奥羅賓多哲學的批判分析》，頁1，莫斯科，1970年。

精神狀態，下降或退化到自然界，成爲有各種自然外衣包裹著的「潛在意識」；自然萬物又在這種「潛在意識」的推動下向上進化，經「超心思」的媒介作用，最終還原於梵。通過這種退化和進化的雙重過程，便把梵與世界、精神與物質、本體與現象有機地統一在一個整體之中，從而克服了歷史上各種吠檀多學派在梵與世界、精神與物質關係上的片面性。在這個體系中，奧羅賓多批判了傳統吠檀多的「世界幻相說」，肯定物質世界的客觀眞實性；論述了宇宙的發展變化，承認無機物轉化爲有機物，生命物質產生精神意識的自然進化規律；反對一切聽命於神的宗教蒙昧主義，重視人和生命的價值；反對超世論和禁欲主義，主張把傳統吠檀多的理想天國搬到塵世間，依靠人的努力在現實生活中建立「神聖人生」的境界。這些新的思想和觀點，改變了傳統吠檀多的消極悲觀、禁欲遁世的宗教色彩。奧羅賓多在促使傳統吠檀多擺脫宗教蒙昧主義，趕上時代發展潮流方面做出了積極的貢獻，他使印度傳統文化煥發出新的生命力。因此，他被人譽爲印度新吠檀多主義哲學的傑出代表。

(二)創立了一個以印度精神哲學爲基礎的「社會進化」和「人類統一」的學說

奧羅賓多打破了傳統吠檀多只限於探討人生態度、行爲規範和個人解脫的狹小框框，而把自己的哲學引向人類社會發展和世界未來前景的大課題或大視野。他在探討「神聖人生」的理想時，主張通過「證悟精神」、「體驗精神」的印度方式造就一種超越私我，能爲大眾謀福利的新型的人，創造一種人與人相親相愛、相互幫助的新型生活方式，建立一個統一和諧、永恒福樂的人間新秩序。在描繪社會進化和人類統一的未來藍圖時，主張個人通過內部的自由發展而完善自身，同時也要尊重和幫助他人的發展；國家通過內部的自由發展而完善自身，同時也要尊重和幫助其他國家的自由發展；人與人、國與國平等互利，和睦協調地生活，整個人類將構成一個統一和諧的「神聖家庭」。此外，他還從人道主義立場出發，批判帝國主義的侵略和戰爭，主張在世界上建立一個正義、公正、和平的國際新秩序；批判大國欺凌小國，強國壓迫弱國的強權政治，主張國家不分大小，一律平等，自由發展；反對狹隘的民族主義，提倡國際主義，主張爲了人類的統一，一個國家應放棄局部利益，而服從人類的整體利益。奧氏的這種「社會進化」和「人類統一」的學說，大大地豐富了印度哲學思想，爲印度現代哲學走向世界，增進印度與世界人民的思想交往，起了重要的推動作用。

(三)創立了一個綜合印度文化與西方文化的典型思想體系

在印度現代哲學家中，奧羅賓多亦被譽爲「綜合東西方哲學的大師」，其學說被看作是「**最著名、最有影響的印度與西方哲學傳統的綜合**」❷。他一方面繼承印度傳統吠檀多哲學的基本原理，另一方面又大量汲取西方唯物論、理性主義哲學和自然科學的內容，來改造和充實吠檀多，使兩者協調地融貫於一個體系中。他把吠檀多「梵我同一」的原理與十九世紀西方進化論的學說結合起來，創立了「**精神進化論**」；吸收了黑格爾哲學中「絕

❷ R. 布里甘德勒：《印度哲學基本原理》，第十一章<現代印度哲學的一瞥>。

對精神」自我異化爲自然，最後又擺脫自然形式而回復到最高精神狀態的思想，創立了梵的自我退化和自我進化的過程。在對梵的詮釋上，他既用物理學的「力」和「能」來說明梵，稱它爲「意識一力」；又用西方理性哲學的觀點解釋梵，稱它爲「眞理一意識」和「眞理念」。他還以「天賦人權」的觀念，批判印度傳統宗教對人性的壓抑和束縛，主張人的個性自由和發展，並且把「自由、平等、博愛」的人道主義思想與印度傳統的精神哲學結合起來，創立一種新的「人類宗教」。奧羅賓多會通東西、融貫印度傳統與西方思想的體系和方法，爲以後的印度哲學家樹立了一個楷模。在他之後的印度哲學家，如薄泰恰里耶、薄伽萬・達斯和S．拉達克里希南都在吸收西方思想的乳汁改造印度傳統哲學方面有新的發展。

總之，奧羅賓多對印度現代哲學的繁榮和發展是有歷史功績的。他在繼承和發揚印度古代文化遺產，促進傳統吠檀多走向世俗化、科學化和理性化，並用人道主義和自由民主思想改造印度宗教文化等方面都做出了不可磨滅的貢獻。

與此同時，我們也應當看到，奧羅賓多力圖把東西方哲學、唯心論與唯物論、宗教與科學調和起來，融匯於同一個體系中，這種調和的結果不可避免地又使他的體系充滿內在的矛盾。比如，他一方面承認物質世界是眞實的，另一方面又把這種眞實性看作是由梵的眞實性所決定的；一方面承認物質進化出生命，生命產生意識的自然進化規律，另一方面又把這種進化解釋爲神祕的「意識一力」所推動的；一方面承認感性經驗和理性思維在認識客觀世界的作用，另一方面又把超理性的直覺證悟看作高於經驗與理智，是認識人和世界最高本質的唯一途徑；一方面渴望建立一個自由平等、統一和諧的理想社會，另一方面卻主張美好理想的實現不是通過社會的變革，而是通過證悟精神、轉化人性、自我完善的道路。這些矛盾現象在奧羅賓多哲學體系中的出現，是有其思想和社會根源的。

就奧羅賓多個人而言，如果我們考察他的生活軌跡和思想演化過程，不難發現他的哲學正是他本人矛盾世界觀和複雜心理狀態的寫照。奧氏早年受西方文化的熏陶，具有先進的科學知識和自由民主的思想，回到祖國後，投身於民族獨立運動，熱情地宣傳和鼓動民眾，對廣大民眾的反英鬥爭曾抱有極大的希望。但是，1908年愛國運動遭到鎮壓，對於這位具有強烈愛國熱情的革命者來說，是個沉重的打擊。愛國運動的失敗使他對政治鬥爭、群眾運動的前途發生動搖，但是並沒有使他放棄爭取自由平等的理想和渴望民族獨立、國家振興的願望。爲了表現和實現這種理想，他便把希望完全寄托於「精神進化」的道路上。正如他所說：「通過精神修行」，爲人類找到一條征服黑暗，愚昧、虛僞、死亡和痛苦的道路，「引導世界走上光明」❸。奧羅賓多的精神進化學說，就是在這種矛盾、徬徨的思想狀態下形成的。

從時代的特點來看，奧羅賓多的哲學產生和形成於十九世紀末二十世紀初期。當時印度社會的思想鬥爭激烈紛紜，錯綜複雜；西方唯物論、理性論和自由民主思想紛紛傳入，但尙未在社會站穩腳跟；舊的封建意識和宗教神學體系開始分化瓦解，但尙未崩潰。一些完全西方化的思想家蔑視傳統文化，試圖完全依靠西方的文化改造印度社會。但是，一些愛國的民族主義思想家

❸　奧羅賓多：《奧羅賓多論自己和神聖母親》，頁151、248，本地治里，1953年。

卻反對這樣做。他們一方面復興印度古代文化，以振興民族精神，並且利用宗教的凝聚力量來團結和發動民眾進行反英鬥爭；另一方面他們也看到印度教的陳腐和落後，又力圖引進西方先進思想和科學成果，來改造和革新傳統文化。這種既要復古，又要革新；既要繼承，又要批判；既要承襲，又要引進的複雜心態，便使新舊思想在他們的頭腦中糾纏、衝突、鬥爭在一起。奧羅賓多就屬於這種類型的思想家，他哲學體系的內部矛盾和雙重性格，正是那個時代思想鬥爭的反映。與他同時代的泰戈爾和甘地的思想，也具有同樣的特徵。

奧羅賓多的哲學思想同其他意識形態一樣，也是一種歷史現象。它是十九世紀末二十世紀初期印度這個特定歷史環境的產物。因此，它必然帶有那個時代的特徵：既反映出覺醒、革新、進步的時代潮流，也表現出徬徨、矛盾、鬥爭的歷史特色。

二、百年誕辰紀念活動

1972年8月15日是奧羅賓多誕辰一百周年。為了紀念和緬懷這位偉大的哲學家、詩人、愛國主義的民族戰士和人類統一的倡導者，印度政府、民間團體以及國際上的一些組織都舉辦了各種形式的紀念和學術活動。

為了籌備這次紀念活動，早在1969年8月15日印度民間就成立了「紀念奧羅賓多百年誕辰臨時全國委員會」。在這個組織的倡導下，1970年10月12日印度政府正式建立了「紀念奧羅賓多百年誕辰全國委員會」。該委員會由印度總統 V. V. 吉里(Sri V. V. Giri) 擔任監護人，總理英迪拉・甘地夫人 (Mrs. Indira

Gandhi）擔任主席，教育部長和本地治里首席部長任副主席。英廸拉總理指出，此次活動不應採取一般常規性的紀念形式，而應當辦成具有深遠意義的全國性、甚至國際性的活動。政府決定撥款50萬盧比資助這次紀念活動。委員會制定出一系列的具體計畫，其中包括：召開一個研討奧羅賓多思想的國際學術會議，一個全國學術會議和四個地區性學術會議；資助出版《奧羅賓多百年誕辰文庫》(30卷)、《奧羅賓多傳略》和《奧羅賓多詩選》等書籍，並購買大量圖書捐贈給印度國內和國際上的有關學術單位和組織；建議並資助西孟加拉邦政府將奧羅賓多在加爾各答的故居改建成「奧羅賓多學校」，建議並資助古吉拉特邦政府將奧氏在巴洛達的故居建成永久性紀念館；決定撥款10萬盧比實施「奧羅維爾」❹的教育規劃，建設「意識禮堂」、小學和教師住宅等；計畫在印度各地建立16個「奧羅賓多兒童教育中心」，在加爾各答市和孟買市各建四個，德里市建三個，馬德拉斯市建兩個，另在海得拉巴市、班加羅爾市和艾哈邁達巴德市各建一個；並建議奧羅賓多學會籌建奧羅賓多哲學研究所等等。

1971年8月15日，紀念奧羅賓多百年誕辰活動已拉開序幕。這一天在新德里舉行紀念大會，印度副總統帕塔克（Sri G. S. Phatak）親自出席，卡蘭・辛格(Karan Singh)博士在會上做了有關奧羅賓多生平與思想的報告。1972年4～7月份，在印度各地分別召開四次題爲「奧羅賓多與印度文學」的學術討論會。這四個會議是：4月8-9日在馬德拉斯市舉行「奧羅賓多與英語、卡納塔語、馬拉雅拉姆語、泰米爾語、泰盧固語文學」討論會；5

❹　「奧羅維爾」是1968年奧羅賓多的弟子們爲實現其「人類統一」理想而建立的一個國際新城，下文有專題介紹。

月13～14日在孟買舉行「奧羅賓多與古吉拉特語、馬拉提語、拉賈斯坦語、烏爾都語和信德語文學」討論會；6月10～11日在加爾各答召開「奧羅賓多與阿薩姆語、孟加拉語、曼尼普爾語、奧利雅語文學」討論會；7月8～9日在瓦拉納西市召開「奧羅賓多與印地語、克什米爾語、旁遮普語、多格拉語和梵語文學」討論會。這些學術會議討論和評價了奧羅賓多的詩歌創作和文學理論對印度各地方的語言文學和印度英語文學的影響，分析了現代印度文學的主要思潮及發展趨勢。

1972年8月16～20日，在新德里舉辦了名爲「奧羅賓多論印度」的全國學術研討會。印度總統親臨大會並致開幕詞，與會者有來自印度各地的幾十位專家學者，提交學術論文25篇。會議分四個專題進行討論：奧羅賓多——詩人、作家和文學評論家；奧羅賓多——民族主義者、革命者和政治思想家；奧羅賓多——哲學家、神祕主義者和新社會秩序的預言家；奧羅賓多——瑜伽大師和超心思的建築師。參加會議的學者們研討了奧羅賓多一生在文學、哲學、政治、社會發展、教育、瑜伽諸多方面的學術成就；並評估了他的思想對印度，以至世界所產生的深刻影響。

學術活動的高峰是1972年12月5～7日在新德里「印度國際中心」所召開的國際學術討論會，會議命名爲「論『人類統一』國際研討會」。與會的學者，除印度外，還來自於美國、加拿大、英國、法國、意大利、瑞士、羅馬尼亞、巴西、日本、印度尼西亞、馬來西亞、新加坡、伊朗、黎巴嫩、尼泊爾等國。印度代表團爲外國學者舉行了隆重的歡迎儀式和招待會，英迪拉·甘地總理和教育部長親自參加招待會歡迎各國學者。學術會議分三個階段進行：第一階段討論**人類統一的問題**，第二階段討論**奧羅賓多**

及其人類統一的理想，第三階段討論「奥羅維爾」作爲人類統一的模式。各國學者在會上分析了當時的國際形勢和各種矛盾衝突的狀況，高度評價了奥羅賓多提出的世界和平和人類統一理想的重要現實意義，論證了他的精神進化學說在實現人類統一理想方面的作用和價值。

除學術會議外，印度全國還舉辦了各種形式的紀念活動。印度郵電通訊部發行了一套奥羅賓多百年誕辰紀念郵票。1972年8月，教育部在電視臺組織了一套有關奥羅賓多生平事跡和學術思想的專題文化節目，廣播部通過廣播電臺播放了有關奥羅賓多的各種專題節目。8月15日幾乎所有的印度報紙都發表文章，評論這個偉大日子的雙重意義——印度獨立25周年紀念日和民族運動領袖奥羅賓多百年誕辰日。這一天的雙重意義更增添了奥羅賓多百年誕辰活動的隆重和熱烈氣氛。

在民間，印度各地的大學和文化團體組織了各種各樣的紀念奥羅賓多的展覽會、演講會、討論會、文藝演出、瞻仰故居、青少年野營、集體瑜伽等活動。例如，奥羅賓多修道院德里分院，從8月1日起舉行了長達一個月之久的紀念活動，德里市長親臨開幕典禮。瓦拉納西市的印度教大學宣布設立具有崇高榮譽的「室利・奥羅賓多教授職位」，只有獲得巨大學術成就的學者才可取得這個稱號。孟買大學舉辦了多次研討奥羅賓多世界觀的講演會和討論會等等。

在國際上，許多國家和國際組織也舉辦了緬懷奥羅賓多的活動。聯合國教育科學文化組織於1970年10～11月的大會上就批准了紀念奥羅賓多百年誕辰的計畫和預算，大會認爲:

> 奥羅賓多的一生和著作給人類的尊嚴帶來了新的啓示，他通過人與人，國家與國家之間的統一、理解和合作，為促進和實現世界和平提供了新的推動力。❺

1972年10月，該組織以世界多種文字發行了《信使報》專刊，刊登了介紹和評論奧羅賓多的人類統一理想和「奧羅維爾」建設的文章。就在這個月，法國—印度全國合作委員會與聯合國教科文組織，在巴黎聯合召開了紀念奧羅賓多百年誕辰大會，教科文組織的大會主席親自出席了會議。此外，巴黎還舉行了許多緬懷奧羅賓多一生和介紹「奧羅維爾」建設的活動。英國的「奧羅賓多學會」也舉辦了紀念活動，並出版了紀念奧羅賓多百年誕辰論文集，題爲《室利·奧羅賓多：1872～1972——未來人類的使者和先驅》。

長達兩年之久的奧羅賓多百年誕辰紀念活動，範圍廣泛，內容豐富多彩：有政府官方的，也有民間團體的；有地方性的，也有全國或國際性的；有學術性的，也有緬懷或悼念性的。人們從不同的角度以各種不同的方式，表達了對這位哲學家和思想家的紀念和崇敬之情。這些活動反映出奧羅賓多在印度人民心目中的崇高地位和形象，也表現出他的思想對印度和世界的影響，

三、奥羅賓多修道院的發展

奧羅賓多逝世後，留給後人的除了他的著作和思想外，還有

❺ 參見K. R. 斯里尼瓦拉編：《紀念奧羅賓多百年誕辰論文集》，頁XVIII，印度本地治里，1974年。

他親自創立的奧羅賓多修道院和一批繼承和發揚其學說和思想的弟子們。奧羅賓多修道院和這批弟子們在宣傳和實踐奧羅賓多的精神進化學說和整體瑜伽學說，以及向海內外傳播人類統一理想方面，都起著重要的作用。

奧羅賓多修道院自1926年建立至今，已有六十八年的歷史。在這六十八年中修道院不斷發展擴大，現已成爲一個有國際影響的，精神追求者的聖地。剛成立時，修道院只有25名弟子，今天已發展到2,000多人，其中有許多來自世界各地的外國人。這個數字僅指長期居住在修道院的人，至於短期來此修習瑜伽、追求精神轉化或醫治心理疾病者更是不計其數。

奧羅賓多修道院（Aurobindo Ashram）位於印度東南海濱的本地治里市（現屬印度中央直轄區）。雖然名爲「修道院」，但是它並沒有一堵院牆，把一切建築物圍在其中。它只是以奧羅賓多的舊居爲中心，加上許多散佈於本地治里的房屋，以及近郊的幾處農田和農場等。修道院外面不掛招牌，若沒有嚮導，初來者則認不出哪個是修道院。

凡來修道院修習者，都是崇信奧羅賓多學說，追求心思向超心思轉化，渴望達到精神化的人。因此，一個人進入修道院後，其過去的歷史一概不問，只重視其將來的發展。不管他原來的社會地位高低和個人財產的多少，入院後一律平等，享受同一種生活標準。在這裡沒有等級差別，也沒有貴賤高低之分。倘若有人帶來金錢，原則上一律奉獻給院母，由她安排用於修道院的事業上。

奧羅賓多修道院不同於宗教組織。它沒有教義教規，也沒有宗教管理體制。來此修行者不需要進行任何入院儀式。在他們之中有來自各種宗教的信仰者，如印度教、佛教、耆那教、伊斯蘭教和基督教的信徒，亦有一些不信教的人。修道院裡不掛任何神像，弟子們也不穿任何法服，甚至沒有什麼戒律和儀法。曾有弟子問奧羅賓多：他們應當遵守什麼規則？奧氏的回答很簡單：

> 這裡沒有什麼規則。你只須在心中樹立一個警衛，凡有什麼自私欲望要進來時，必須驅除它。❻

凡入修道院者只需遵循奧羅賓多的教導，自覺地修習整體瑜伽，以消除私欲，體悟心靈，求得身體、生命和心思的整體精神轉化。至於瑜伽訓練，人們可根據自身情況，安排直覺內觀、靜坐禪思等活動，各從所好，從不勉強。多年來，修道院內形成一種一種習慣：每個星期大家同修一次「集體瑜伽」。所謂「集體瑜伽」，就是大家聚集在一個公共場所，先聽一陣音樂，然後靜坐十五分鐘；過一會兒，再聽院母的廣播講話，再靜坐十五分鐘。

修道院的弟子們必須要從事一種工作，用自己的勞動來養活自己。這也是一種所謂的「業瑜伽」，即「工作瑜伽」。每個人根據自己的能力，遵照院母的安排，從事一種力所能及的工作——或體力勞動或腦力勞動。在工作中必須兢兢業業，不計報酬，以此消除私欲，促進精神發展。

修道院不單是一個精神修持的集體，從另一方面看，它又是一個基本上自給自足的小社會。修道院開辦了自己的工業和農業。在本地治里近郊有幾處農田，由弟子們耕種，每年所收穫的

❻ 徐梵澄：《南海新光》，頁28，本地治里，奧羅賓多修道院國際教育中心華文組，1971年。

稻米和小麥足夠本院食用。另有一農牧場，養殖家禽、蜜蜂和奶牛，以保證平日供應鮮奶和禽蛋 。在喜瑪拉雅山麓還種植了菓園，每年可收穫幾噸蘋果和桃。修道院的工業很繁雜，有一個較大的鑄造廠，可煉鐵鑄件；一個不銹鋼廠，生產各種生活器皿；一個水電工程處，負責舖設管道、修理電器等；幾個大小不同的木材場、主管建築房屋、製造家俱等 。此外，主要是各種手工業，如紡紗織布、裁革製鞋、編筐織蓆、縫紉刺綉、裝訂書籍等等。以上各處，自成一個單位，人數不等，多至數十人，少則兩、三人。值得一提的是，修道院設有自己的出版社和一個較大的印刷廠，每年可以出版十五、六種文字的圖書。多年來，該出版社整理和出版了大量的奥羅賓多的著作，以向海向外宣傳他的學說和思想。

修道院十分重視青少年的培養和教育工作。1952年，在原有小學的基礎上建立了「奥羅賓多國際教育中心」。中心內設有幼兒園、小學、中學、以及一些大學的課程和研究所的工作。在這裡上學的有印度兒童，也有許多外國兒童，大多數是修道院成員的子女。從幼兒園起，就開始用英文和法文講課 。教育中心的一大特色，是開設了「自由進步班」。在這班上，改變了以前教師對本宣科、學生呆坐聽講的教學方法。在這裡學生自己閱讀鑽研，老師只從旁輔導。學生可任憑自已的才智，自由發展，直線上升。這實際上是奥羅賓多的教育思想的一種實驗。在教育方法上，奥羅賓多曾說:

> 真正教學的第一原則是什麼都不能教。教師不是一個傳授者或控制者，而是一位幫助者和指導者。他的工作只是提

> 建議，而不是强加於人。他不是實際訓練學生的思想，只是引導學生自己怎樣完善掌握知識的方法，並且在這個過程中幫助和鼓勵學生。他不應把知識强加於學生，而是引導學生如何自己掌握知識。❼

此外，教育中心還有一座較大的圖書館，供全院人員使用。館外亦設有許多專門的閱覽室，如體育閱覽室、外文報刊閱覽室、奧羅賓多和院母著作閱覽室等。

奧羅賓多修道院，實際上是奧羅賓多爲實現自己「神聖人生」和「精神進化」理想而建立起來的實驗基地。在他逝世後，其弟子們繼承和發展他的事業，將修道院的規模和範圍不斷擴大。1952 年成立的「奧羅賓多國際教育中心」，現在已有來自印度和世界各國的400多名少年兒童在這裡接受教育。1956年2月，修道院在德里市建立了「德里分院」，4月德里分院又成立了以院母米拉命名的「母親國際學校」。1957 年，修道院在本地治里設立一個附屬組織，名爲「奧羅賓多學會」(Sri Aurobindo Society)，此學會後來陸續在印度和世界各地建立了許多分會。1958 年，修道院成立一個組織，名爲「國際世界聯盟」(World Union International)，宗旨是促進奧羅賓多的人類統一理想在世界的實現。1968 年，在院母的籌劃下修道院又開始了一項新的宏偉計畫，即在本地治里市附近建立一座國際性城市，名爲「奧羅維爾」，目的是接納來自世界上一切國家的，崇信奧羅賓多學說的人，共同爲實現人類的統一而努力。

---

❼ 引自G. 阿拉因編:《奧羅維爾——一個夢想的實現》，頁9，本地治里，1992年。

四、「奧羅維爾」的建立

「奧羅維爾」(Aurovill) 一詞是由奧羅賓多的名字與法語名詞「vill」(村莊) 所合成，可譯爲「奧羅賓多新村」或「奧羅賓多新城」。這是院母法國女士米拉爲紀念奧羅賓多，而給這座新城所起的名稱。

奧羅維爾位於本地治里城北10公里處的平原上，東瀕孟加拉灣，西臨幾個小湖泊。整個城市呈圓形，直徑2.4公里。此城是遵循奧羅賓多「人類統一」學說而建立的，其神聖宗旨，按院母的話說:

> 奧羅維爾要成為一座世界城市，在這裡一切國家的男女，皆能生活在和平、進步與和諧之中，超越一切信仰、一切政治、一切民族。奧羅維爾的目標是實現人類的統一。❽

奧羅維爾的建立是奧羅賓多修道院發展的必然結果。隨著成員的不斷增加，修道院在本地治里市內發展受到限制。早在本世紀三十年代，院母就設想在本地治里郊區建設一座超越國家和民族的國際城市，以容納來自世界各國的精神追求者。後因種種原因，被擱置下來。到了六十年代中期，院母重新提出這種設想，她與法國建築設計師羅格・安格 (Roger Anger) 合作，終於制定出奧羅維爾的建設方案。1966年10～11月，在巴黎召開的聯合

❽ G. 阿拉因編:《奧羅維爾——一個夢想的實現》，頁20，本地治里，1992年。

國教育科學文化組織的大會上，印度代表團向各國代表介紹了建設奧羅維爾的宗旨和方案，受到各國代表的贊同和支持，最後大會一致通過建設奧羅維爾的決議。這表明，「奧羅賓多新城」尚處於萌芽狀態，就已經名揚四海了。

1968年2月28日，九十歲的院母親自爲奧羅維爾舉行奠基典禮。參加典禮的各界代表約八千人，來自於世界124個國家和地區，以及印度的23個邦。在奠基儀式上，每個國家或地區派一對青年男女，手持本國或本地區的旗幟，捧著從自己國家帶來的一把泥土，投放到一個兩米高的大理石製成的石缸中。這個石缸象徵著人類的統一，意味奧羅維爾的根基連接著世界的每一個地方。

奧羅維爾從奠基至今已有二十六年了，現在城市建設已初具規模。城市的正中心是一個圓球形的巨大建築物，直徑36米，名爲「**母親廟**」。球形建築物由四個8米長的弓形臺柱支撐著，好似一個從火山口升起來的氣球，據說這象徵著意識從物質中生出。建築物內室的中央圓臺上，陳列著一個巨大的水晶球，直徑70厘米。建築物周圍有12個供人作瑜伽用的「**冥思大廳**」，大廳的背後向外延伸是12個方形的大花園。母親廟附近建有一個古羅馬式的圓形露天劇場，劇場中央供奉著裝有124個國家泥土的大理石石缸。整個城市分爲四個部分：**文化區**、**國際區**、**工業區**和**居住區**。文化區將建設各種完備的文化和教育設施，現已建成兩所幼兒園和一所小學。幼兒園和小學正遵循奧羅賓多的教育五原則，即從**身體**、**生命**、**心思**、**心理**和**精神**五個方面，培養青少年一代。1984年，在這裡還成立了「**奧羅賓多國際教育研究所**」，專門研究和實驗奧羅賓多的教育原則和教學方法。國際區將建設

「人類統一中心」、世界博物館和各種民族風格的講演大廳等。現在已經建成具有印度特色的講演大廳，帳蓬式的廳頂，四周無牆。工業區計畫建設各種中小型工廠和科研單位，現在已經有計算機生產廠和絲染廠。居住區現已建成許多住宅和集體宿舍，以及運動場、廣場和醫院等。爲了加強與世界各國的聯繫和交往，奧羅新城還建有「信息中心」，此中心在九個國家派駐工作小組，如美國、英國、荷蘭、加拿大、法國、德國、意大利、西班牙和瑞典等。此外，並創辦一份報紙，名曰《今日奧羅維爾》，每月出一期，向海內外發行。

按照設計方案，奧羅新城建成後可容納5萬居民。到1992年初，新城已有來自22個國家的730個居民。其中30％爲印度人，20％爲法國人，15％爲德國人，4％爲美國人，3％爲英國人，餘下的28％來自17個國家。他們分散在大約80個工作團體或小組之中。奧羅維爾人與鄰近的15個印度泰米爾族村莊的居民生活在一起，構成了一個整體。雖然老一代的泰米爾村民可能與奧羅新城的公民有一定的隔閡，但青年的一代卻和睦相處著，泰米爾的孩子與外國的孩子一起上學，接受共同的教育。

奧羅新城與奧羅賓多修道院一樣，都是奧羅賓多學說和思想的實驗場所，兩者之間沒有根本的區別。如果說有差異的話，奧羅賓多修道院側重於通過整體瑜伽和個人的精神化，以塑造新型的人和新的生活方式，而奧羅新城不僅強調塑造新型的人和新的生活方式，而且強調創造一個超越一切民族、國界和信仰的新型社會，最終實現人類統一的理想。

院母米拉爲奧羅維爾制定的神聖憲章是：

(1) 奧羅維爾不屬於任何人。奧羅維爾屬於人類全體。但是，生活在奧羅維爾的人，必須志願爲「神聖意識」服務。

(2) 奧羅維爾將是一個永恒的教育園地、永恒的進步場所和青春不老之鄉。

(3) 奧羅維爾要成爲過去與未來之間的橋樑，它將利用一切內部和外部的發現，勇敢地躍入未來的各種實踐中。

(4) 奧羅維爾將是物質和精神的研究場所，使眞正的人類統一得到具體的實現。❾

奧羅維爾的理想是美好的，但是在它的建設中卻遇到種種困難，不僅要解決資金的不足，而且還要克服技術、交通和勞動力的缺乏等。因此，奧羅維爾的建設是緩慢的，要實現其宏偉的規劃尚需要一個長期和艱難的過程。儘管如此，奧羅新城的建設得到了聯合國教科文組織的重視和支持，而且今天在這裡已經居住著來自世界22個國家的不同信仰和文化背景的公民。這個事實則說明：奧羅賓多的精神進化學說和人類統一的思想所產生的影響，已經超出印度，跨洋過海，遠及世界五大洲。

---

❾ 引自G. 阿拉因編：《奧羅維爾——一個夢想的實現》，頁3，本地治里，1992年。

奧羅賓多年表

1872年　8月15日生於加爾各答市北十一英里處的科納達爾鎮。

1877年　就讀於大吉嶺的英國教會學校——羅萊多修道院小學，平時寄宿學校，假期回家。

1879年　隨全家赴英國曼徹斯特市，父母將他與兩兄安置於拉丁文學者德列威特家中。父先回國，母携弟妹次年歸國。同年，二兄入中學讀書，奧羅賓多留在德列威特家中接受家庭教育五年，德列威特夫婦教他英文、拉丁文、歷史、地理及算術等。

1884年　考入倫敦聖保羅中學。因拉丁文成績極佳，校長讓他跳入高年級，並親授其希臘文。開始喜歡文學，最愛讀雪萊、濟慈的詩歌。

1890年　考入劍橋大學國王學院，學習文學。獲得印度文官預備期補助金和國王學院頒發的古典文學獎學金。

1892年　參加印度文官考試，各科成績合格，唯獨拒絕騎術考試，後落榜。

加入印度學生組織「蓮花劍社」，立志獻身祖國解放事業。

1893年　1月，乘船離開英國回印度。

2月6日，抵達孟買。歸國途中，父親聞其所乘船隻遭遇海難的謠傳，病重猝死。

2月8日，趕赴巴洛達，開始在巴洛達土邦政府任職。曾任稅務和內閣祕書處官員。

8月7日，開始在孟買的《印度教之光》雜誌發表一組題爲〈辭舊迎新〉的文章（共九篇），抨擊國大黨領導人的溫和改良政策。

1895年 辭去巴洛達土邦政府職務。應邀到巴洛達大學任教，初教法文，後教英文和英國文學。

提拉克在紀念馬拉提民族英雄希瓦吉的活動中提出「印度自治」的口號，奧羅賓多表示贊同和支持。

1899年 提升爲巴洛達大學英文教授。

完成印度兩大史詩《摩訶婆羅多》和《羅摩衍那》的英文譯稿。

1900年 在校長推薦下，被聘爲巴洛達大學的終身教授。

派愛國青年賈廷・班納吉前往孟加拉，組織祕密反英社團，進行軍事訓練。

1901年 與密娜里尼・戴維女士結婚。婚後不幾年奧羅賓多爲民族運動奔走四方，夫人隨一女修道士修道去了。

1902年 利用假期赴孟加拉，視察祕密社團工作，並會見各社團領導人。

派其弟巴林陀林，前往加爾各答，協助賈廷・班納吉組織社團工作。

12月，首次參加國大黨在艾哈邁達巴德召開的年會。在會上，會見了提拉克，後來兩人合作在國大黨內組織起與溫和派領導人相對立的新派——激進派。

1903年 再次赴加爾各答，調解祕密社團內部的分歧。

1904年　9月，被任命爲巴洛達大學副校長。

同年，開始修習瑜伽。

1905年　4～9月，代理巴洛達大學校長職務。

10月16日，英國殖民當局頒布分割孟加拉省的法命，孟加拉人民掀起「反分治」運動。

12月，參加國大黨在貝拿勒斯召開的年會。

1906年　2月，離開巴洛達赴加爾各答，領導孟加拉的反英民族運動。

4月，參加孟加拉省的國民大會，殖民當局宣布會議非法，奧羅賓多與比・帕爾領導代表們上街遊行抗議。

7月，主持愛國報紙《敬禮，祖國》的編輯工作，後任該報主編。

8月，出任孟加拉愛國人士創辦的孟加拉國民學院院長職務。

12月，參加國大黨在加爾各答舉行的年會。在會上與提拉克共同努力，說服了溫和派領導人，使大會通過了爭取「印度自治」的綱領。

同年，與印度偉大詩人泰戈爾初次會面。

1907年　4月，在《敬禮，祖國》上發表一組評論消極抵抗的文章，分析了非暴力運動與消極抵抗運動的區別，提倡必要時可以採用暴力鬥爭。

8月，殖民當局以犯有「煽動罪」，將其逮捕入獄，不久被釋放。

8月，詩人泰戈爾爲抗議政府逮捕奧羅賓多，寫了一首詩並發表在報紙上，題爲〈向奧羅賓多致敬！〉。

12月，參加國大黨在蘇特拉召開的年會。會上兩派分裂，溫和派在警察的幫助下將提拉克和奧羅賓多爲首的激進派趕出會場。

1908年　5月2日，因涉嫌「里亞坡爆炸案」，再次被捕，囚禁於阿里浦爾監獄。在獄中研究《薄伽梵歌》，並修習瑜伽。

6～7月，殖民當局在孟買逮捕並審訊提拉克，判處其六年徒刑，故激起孟買十萬工人大罷工。

1909年　5月9日，法庭因查無實據，宣布奧羅賓多無罪釋放。

出獄後，在加爾各答獨自發行兩個周刊——《業瑜伽行者》（英文版）和《達摩》（孟加拉文版）。

殖民當局對奧羅賓多的行動深感不安，決定再次迫害。

1910年　4月1日，乘船離開加爾各答，4日抵達法國屬地本地治里。

1914年　3月，法國女士米拉·阿爾法薩初次訪問本地治里，29日拜見了奧羅賓多。

8月，在本地治里創辦《雅利安》英文月刊。開始在此刊連續發表一組題爲〈神聖人生論〉的文章，直至1919年4月止。後此組文章匯編成書，以同名爲分兩卷出版。

1915年　9月，開始在《雅利安》上發表一組題爲〈人類統一理想〉的文章，至1919年7月止，後以專著出版。

1916年　8月，開始在《雅利安》上刊登題爲〈社會發展心理學〉的一組文章，至1919年7月止。這組文章後經修改，匯成專集出版，易名爲《社會進化論》。

8月，亦開始在《雅利安》發表兩組評論薄伽梵歌的文章，至1920年7月止。第一組文章於1922年成册出版，第二組文章於1928年出版，1950年兩册合爲一書出版，題爲《薄伽梵歌論集》。

1917年　12月，開始在《雅利安》上發表一組文章，評論詹姆斯兄弟所著的《英國文學的新道路》，共32篇，至1920年7月止。這組文章後以專著出版，題爲《未來的詩歌》。

1918年　8～11月，在《雅利安》上刊登一組評論詹姆斯兄弟所著《印度復興》的文章。1919年12月～1921年1月又發表一組反駁英國人攻擊印度文明的文章。後兩組文章匯成一書，以《印度文化的基礎》爲題出版。

1919年　在馬德拉斯出版《人類統一的理想》一書。

1920年　4月，米拉從日本來本地治里，從此定居在這裡，協助奧羅賓多指導和組織弟子們從事精神修行。

在加爾各答出版《思想與閃光》。

1922年　《雅利安》雜誌停刊。

9月，遷入新居。此處後來成爲奧羅賓多修道院的中心。

1926年　11月24日，奧羅賓多修道院正式建立。委託米拉主管修道院的各項事務，米拉被弟子們稱爲「院母」。當時修道院只有25名弟子，1928年增至80人。

1928年　5月29日，詩人泰戈爾訪問本地治里，會見了奧羅賓多，這是他們第二次會面。

1933年　出版《今世之謎》。

1934年　甘地南遊，來到本地治里，欲見奧羅賓多。奧氏謝絕，未見。

出版詩集《詩六首》。

1935年 2月，在加爾各答出版《論瑜伽》。

1936年 4月，在加爾各答出版《瑜伽的基礎》。

1939年 正式出版《神聖人生論》第一卷。

1940年 出版《神聖人生論》第二卷。

1941年 出版《奧羅賓多詩集》。

1942年 8月15日是奧羅賓多七十歲誕辰。爲紀念此日，出版了《奧羅賓多詩歌與劇作選》（兩卷）。

加爾各答市帕塔曼廸爾出版社創辦《室利・奧羅賓多・曼廸爾年刊》，介紹和宣傳奧羅賓多學說，引起全國的關注，後每年出版。

加爾各答發行《巴爾蒂卡》季刊（孟加拉文），宣傳奧羅賓多思想。

1943年 奧羅賓多修道院建立小學，後發展成「奧羅賓多國際教育中心」。

1944年 馬德拉斯市發行《基督降臨》雜誌，宣傳奧羅賓多關於人類未來的學說。

1945年 孟買市出版《室利・奧羅賓多年刊》。

1947年 8月15日印度獨立。奧羅賓多在本地治里發表「祝詞」表示祝賀，並在祝詞中陳述了他一生爲之奮鬥的五個理想：**創立一個自由而統一的印度、亞洲的復興、建立世界聯盟、讓印度精神傳播到全世界、在地球上建立一個完善的社會。**

1949年 出版《社會進化論》。

1950年　12月5日，於本地治里逝世，終年七十八歲。

1952年　1月6日，奧羅賓多國際教育中心在本地治里正式成立，並發行《奧羅賓多國際教育中心通訊》(英文、法文和印地文三種版本)。

1953年　出版《印度文化的基礎》和《八種奧義書》。

1954年　出版詩集《莎維德麗》。

1956年　2月，奧羅賓多修道院在德里市設立分院。

出版《論吠陀》和《孟加拉人的詩集》。

1957年　「奧羅賓多學會」在本地治里成立，院母米拉任主席，後在印度及世界各地發展許多分會。

1958年　奧羅賓多修道院建立「國際世界聯盟」組織，宗旨是宣傳和實現奧羅賓多人類統一的理想。

1966年　11月，聯合國教育科學文化組織在巴黎召開的大會上，通過了建設一個以奧羅賓多名字命名的國際性城市——「奧羅維爾」的決議。

1968年　2月28日，在本地治里城北十公里處舉行「奧羅維爾」奠基典禮，參加典禮的代表約八千人，來自世界124個國家和地區。

1972年　8月15日是奧羅賓多誕辰一百周年紀念日，印度各地舉行各種形式的紀念活動。

8月16～20日，在新德里召開題爲「奧羅賓多論印度」的全國學術討論會。印度總統參加並致開幕詞。

10月，聯合國教科文組織在巴黎舉行紀念奧羅賓多百年誕辰大會。

12月5～7日，在新德里召開題爲「論人類統一」的國際學術討論會，與會的各國代表討論和評價了奧羅賓多關於「人類統一」的學說。

附錄：奧羅賓多修道院院母米拉簡介

米拉·阿爾法薩 (Mirra Alfassa, 1878-1973) 是奧羅賓多修道院的創建者和組織者，在院內被尊稱爲「院母」或「神聖母親」。她是一個法國人， 玄祕學學者 。 1878 年 2 月21日生於巴黎，其家族有土爾耳一埃及人的血統。父親馬烏里斯·阿爾法薩 (Maurice Alfassa) 是個銀行家，母親馬提德·阿爾法薩是理性主義者。

米拉自幼性格古怪，與其他孩子不同，經常獨自在房間裡，沉溺於默默的自我冥思之中。母親對她的性格焦慮不安，有一次發怒地對她喊道:「你爲什麼總是愁眉苦臉地坐在這裡？」她卻平靜地回答:「我覺得世界上的各種痛苦都在壓抑著我。」❶七歲米拉開始上學，在班上是個出色的學生，尤其是音樂和美術的成績最佳。她待人誠懇，樂於助人，在同學中有很高的威信。

據說，從十二歲起米拉在冥思中常常出現各種幻覺，她自己無法理解這些現象。爲了解開這些謎團，後來她去北非的阿爾及尼亞，拜馬克斯·澤奧恩爲導師，學習玄祕學。導師用玄祕學的理論給她解釋了她以前所出現的各種幻象和夢境。回到巴黎後，她成立了一個玄祕學小組，其成員經常聚會在她家中，討論人類

---

❶ K·R·艾耶伽爾：＜聖母米拉百年誕辰紀念＞，載於印度報紙《政治家》1978年2月21日。

的美好未來以及實現未來的途徑。他們渴望通過精神上的努力把世界的無知、暴力和痛苦轉化爲知識、自由和歡樂。

米拉結過兩次婚。第一次嫁給畫家亨利・莫里塞特，曾有一個兒子。與莫里塞特離婚後，又嫁給她的一個從事精神學研究的同伴，名爲帕烏爾・里查德。1910年5月，里查德有機會隨一個法國政府代表團訪問本地治里，在那裡他會見了奥羅賓多。這次會面給他留下深刻的印象。回到巴黎後，里查德把奥羅賓多的情況介紹給米拉，米拉便與奥羅賓多開始書信來往。通過書信交往，他們在精神學事業上產生許多共識。1912年，米拉曾說:

> 我要達到的最終目標是一個不斷發展著的普遍和諧的世界……通過一切人的覺醒，通過內部神性在所有人身上的顯現，來實現人類的統一……神是唯一的，神的王國就在我們每個人之中。❷

1914年，米拉陪同丈夫第一次訪問本地治里。3月29日，她拜見了奥羅賓多。她承認奥羅賓多是她心目中的精神大師。同年8月15日，里查德決定資助奥羅賓多創辦《雅利安》雜誌，以宣傳他的精神進化和整體瑜伽學說。第一次世界大戰爆發後，里查德夫婦離開本地治里回法國。1916年他們又去日本，學習和研究東方的精神玄祕學。米拉在東京和京都學習四年。

1920年4月20日，米拉從日本第二次來到本地治里，此後便定居在這裡。當時，奥羅賓多身邊已有幾個弟子學習精神進化學

---

❷ 同上文。

說，米拉負責管理奧羅賓多庭院內的各項事務。後來弟子逐漸增多，1926 年11月 24 日在米拉的協助下，奧羅賓多正式宣布建立「奧羅賓多修道院」。從此之後，奧氏開始隱居生活，修道院內的一切事務都委託米拉管理。她既負責修道院的組織工作，又指導弟子們的精神修煉。

修道院在院母的管理下不斷發展，剛成立時只有 25 人，到 1950 年已發展到800餘人。奧羅賓多逝世後，米拉繼承奧羅賓多的精神進化思想，並致力於發展修道院的事業。1952 年 1 月 6 日，她宣布成立奧羅賓多國際教育中心。1956年，在德里創建奧羅賓多修道院分院。1968年 2 月21日，在米拉九十歲生日時，她發表廣播講話說：她來到印度並居住在這裡，就是爲了協助奧羅賓多實現其精神進化的事業，這個事業是

> 通過為真理服務和對人類的啓蒙，加速在人間建立起神聖之愛的法則。❸

一個星期之後，即 2 月28日，她親自參加「奧羅維爾」的奠基典禮，並宣布把它建成一個屬於全人類的國際性城市。

1973年 2 月21日米拉度過她的95歲生日，8 月15日宣布隱居，11月17日在本地治里病逝，終年九十五歲。

---

❸ 同上文。

參考書目

一、英文書目

1. Sri Aurobindo, *Sri Aurobindo Birth Centenary Library-Popular Edition,* Vol. 20, Pondicherry, Sri Aurobindo Ashram Trust, 1971.
2. Sri Aurobindo, *The Life Divine,* Vol. 2, Pondicherry, Sri Aurobindo Ashram, 1970.
3. Sri Aurobindo, *The Human Cycle,* Pondicherry, Sri Aurobindo Ashram, 1949.
4. Sri Aurobindo, *The Ideal of Human Unity*, Pondicherry, Sri Aurobindo Ashram, 1950.
5. Sri Aurobindo, *The Foundation of Indian Culture,* New York, The Sri Aurobindo Library, INC. 1953.
6. Sri Aurobindo, *The Future EvoLution of Man: The Divine Life Upon Earth,* London, 1963.
7. Sri Aurobindo, *Evolution*, Pondicherry, Sri Aurobindo Ashram, 1950.
8. Sri Aurobindo, *Lights on Yoga*, Culcutta, Arya Publishing House, 1944.

9. Sri Aurobindo, *Bases of Yoga,* Culcutta, Arya Publishing House, 1944.
10. Sri Aurobindo, *The Superman,* Pondicherry, Sri Aurobindo Ashram, 1960.
11. Sri Aurobindo, *Essays on the Gita,* Pondicherry, Sri Aurobindo Ashram, 1972.
12. K. R. Srinivasy Iyengar Ed., *Sri Aurobindo-A Centenary Tribute* (Selection of Essays and Addresses in Commenmoration of Sri Aurobindo Birth Centenary), Pondicherry, Sri Aurobindo Ashram Press, 1974.
13. Indian Council For Culture Relations ed., *Vision of India* (Selection from the Works of R. Tag-are, Swami Vivekananda, Mahatma Gandhi, Sri Aurobindo), New Delhi, Indian Council For Cultural Relations, 1983.
14. S. Radhakrishnan and Charles A. Moore Ed., *A Source Book in Indian Philosophy,* Bombay, Princeton University Press, 1957.
15. M.P. Pandit, *Sri Aurobindo: Builder of Modern India,* New Delhi, Publications Division of Mini-stry of Information and Broadcasting, 1983.
16. V. K. Gokak, *Sri Aurobindo Seer and Poet*, New Delhi, Abhinav Publications, 1973.
17. Basant Kumar Lal, *Contemporary Indian Phi-*

losophy, Delhi, Motilal Banarsidass, 1978.
18. R. S. Srivastava, *Contemporary Indian Philosophy,* Delhi, Munshi Ram Manohar Lal, Oriental Publishers and Booksellers, 1965.
19. V. S. Naravane, *Modern Indian Thought,* New Delhi, Orient Longman Limited, 1978.
20. Dev Raj Bali, *Modern Indian Thought* (Rammohan Roy to M. N. Roy), New Delhi, Sterling Publishers Private Ltd., 1980.
21. V. N. K. Reddy, *Eastern and Western Philosophy* (An Introduction), Delhi, Bharatiya Vidya Prakashan, 1980.
22. Vishnoo Bhagwan, *Indian Political Thinkers,* Delhi, Atma Ram & Sons, 1976.
23. Robert D. Baird ed., *Religion in Modern India,* New Delhi, Manohar Publications, 1981.
24. K. P. Bahadur, *The Wisdom of Yoga* (A Study of Patanjali's Yoga Sutra), New Delhi, Sterling Publishers Private Limited, 1977.
25. K. P. S. Choudhary, *Modern Indian Mysticism,* Delhi, Motilal Banarsidass, 1981.
26. G. Alain ed., *Auroville: A Dream Takes Shape,* Pondicherry, Sri Aurobindo Ashram Press, 1992.
27. Theos Bernard, *Hindu Philosophy,* Delhi, Motilal

Banarsidass, 1981.

28. Hal W. French and Arvind Sharna, *Religious Ferment in Modern India,* New Delhi, Heritage Publishers, 1981.

29. K. R. Srinivasa Iyengar, "Mirra-The Mather (The Sage of A Spiritual Ministry)," *The Statsman,* 21 February 1978.

30. R. Krishmamoorthi, "Auroville: Part of India's Diversity", *Sunday Herald,* 24 July 1988.

31. Julian Dahl, "The Dream Lives on", *Link,* 15 july 1990.

二、俄文書目

1. В. С. Костюченко, Интегральная Веданта (Критический Анализ Философии Ауробиндо Гхоша), Москва, Издательство «Наука», 1970.

2. А. Д. Литман, Современная Индийская Философия, Москва, Издательство «Мысль», 1985.

3. И. П. Челышева, Этические Идеи в Мировззрении Вивекананды, Б. Г. Тилака и Ауробиндо Гхоша, Москва, Издательство «Наука»,1986.

4. В. В. Бродов, Ирдийская Философия Нового Времени, Москва, 1967.

5. В. Г. Буров, Философское Наследие Народов Востока и Современность, Москва, Издательство «Наука», 1983.

三、中文書目

1. 室利·奧羅賓多:《神聖人生論》(徐梵澄譯), 北京, 商務印書館, 1984年。
2. 室利·奧羅賓多: 《社會進化論》(徐梵澄譯), 印度本地治里, 室利奧羅賓多修道院印刷所華文部, 1960年。
3. 室利·奧羅賓多:《瑜伽論》(徐梵澄譯), 北京, 商務印書館, 1988年。
4. 徐梵澄譯:《五十奧義書》, 北京, 中國社會科學出版社, 1984年。
5. 徐梵澄:《南海新光》, 印度本地治里, 室利奧羅賓多修道院國際教育中心華文組, 新加坡印刷, 1971年。
6. 巴薩特·庫馬爾·拉爾:《印度現代哲學》(朱明忠譯), 北京, 商務印書館, 1991年。
7. 德·恰托巴底亞耶:《印度哲學》(黃寶生,郭良鋆譯), 北京, 商務印書館, 1980年。
8. 黃心川:《印度哲學史》, 北京, 商務印書館, 1989年。
9. 黃心川:《印度近現代哲學》, 北京, 商務印書館, 1989年。
10. 林承節:《印度民族獨立運動的興起》,北京大學出版社, 1984年。
11. 安東諾娃與戈爾德別爾格主編:《印度近代史》(北京編譯社譯), 北京, 生活·讀書·新知三聯書店, 1978年。
12. 中村元:《東方民族的思維方式》(林太, 馬小鶴譯), 杭州, 浙江人民出版社, 1989年。

13. 羅素:《西方哲學史》(何兆武,李約瑟,馬元德譯),北京,商務印書館,1988年。
14. 冒從虎、王勤田、張慶榮:《歐洲哲學史》,天津,南開大學出版社,1986年。
15. 張世英:《論黑格爾的邏輯學》,上海人民出版社,1982年。
16. 劉放桐:《現代西方哲學》,北京,人民出版社,1982年。
17. 李澤厚:《中國近代思想史論》,北京,人民出版社,1979年。
18. 肖萐父、李錦全主編:《中國哲學史》(上、下卷),北京,人民出版社,1983年。
19. 鄺柏林:《康有爲的哲學思想》,北京,中國社會科學出版社,1980年。
20. 王克千、歐力同編:《現代西方哲學流派》,北京,中國青年出版社,1983年。

索　　引

八　劃

十一劃

十二劃

十 三 劃

十四劃

十五劃

十六劃

十七劃

世界哲學家叢書(九)

書名	作者	出版狀況
珀爾斯	朱建民	撰稿中
詹姆斯	朱建民	撰稿中
杜威	葉新雲	撰稿中
蒯因	陳波	已出版
帕特南	張尚水	撰稿中
庫恩	吳以義	撰稿中
費耶若本	苑舉正	撰稿中
拉卡托斯	胡新和	撰稿中
洛爾斯	石元康	已出版
諾錫克	石元康	撰稿中
海耶克	陳奎德	撰稿中
羅蒂	范進	撰稿中
喬姆斯基	韓林合	撰稿中
馬克弗森	許國賢	已出版
希克	劉若韶	撰稿中
尼布爾	卓新平	已出版
默燈	李紹崑	撰稿中
馬丁・布伯	張賢勇	撰稿中
蒂里希	何光滬	撰稿中
德日進	陳澤民	撰稿中
朋諤斐爾	卓新平	撰稿中

世界哲學家叢書(八)

書名	作者	出版狀況
列維納	葉秀山	撰稿中
德希達	張正平	撰稿中
呂格爾	沈清松	撰稿中
富科	于奇智	撰稿中
克羅齊	劉綱紀	撰稿中
布拉德雷	張家龍	撰稿中
懷特海	陳奎德	已出版
愛因斯坦	李醒民	撰稿中
玻爾	戈革	已出版
卡納普	林正弘	撰稿中
卡爾·巴柏	莊文瑞	撰稿中
坎培爾	冀建中	撰稿中
羅素	陳奇偉	撰稿中
穆爾	楊樹同	撰稿中
弗雷格	趙汀陽	撰稿中
石里克	韓林合	排印中
維根斯坦	范光棣	已出版
愛耶爾	張家龍	撰稿中
賴爾	劉建榮	撰稿中
奧斯丁	劉福增	已出版
史陶生	謝仲明	撰稿中
赫爾	馮耀明	撰稿中
帕爾費特	戴華	撰稿中
梭羅	張祥龍	撰稿中
魯一士	黃秀璣	已出版

世界哲學家叢書(七)

書名	作者	出版狀況
阿德勒	韓水法	撰稿中
史賓格勒	商戈令	已出版
布倫坦諾	李河	撰稿中
韋伯	陳忠信	撰稿中
卡西勒	江日新	撰稿中
沙特	杜小真	撰稿中
雅斯培	黃藿	已出版
胡塞爾	蔡美麗	已出版
馬克斯・謝勒	江日新	已出版
海德格	項退結	已出版
漢娜鄂蘭	蔡英文	撰稿中
盧卡契	謝勝義	撰稿中
阿多爾諾	章國鋒	撰稿中
馬爾庫斯	鄭湧	撰稿中
弗洛姆	姚介厚	撰稿中
哈伯馬斯	李英明	已出版
榮格	劉耀中	排印中
柏格森	尚建新	撰稿中
皮亞杰	杜麗燕	撰稿中
別爾嘉耶夫	雷永生	撰稿中
索洛維約夫	徐鳳林	排印中
馬賽爾	陸達誠	已出版
梅露・彭迪	岑溢成	撰稿中
阿爾都塞	徐崇溫	撰稿中
葛蘭西	李超杰	撰稿中

世界哲學家叢書㈥

書名	作者	出版狀況
巴克萊	蔡信安	已出版
休謨	李瑞全	已出版
托馬斯·銳德	倪培林	撰稿中
梅里葉	李鳳鳴	撰稿中
狄德羅	李鳳鳴	撰稿中
伏爾泰	李鳳鳴	排印中
孟德斯鳩	侯鴻勳	已出版
盧梭	江金太	撰稿中
帕斯卡	吳國盛	撰稿中
達爾文	王道遠	撰稿中
康德	關子尹	撰稿中
費希特	洪漢鼎	撰稿中
謝林	鄧安慶	排印中
黑格爾	徐文瑞	撰稿中
祁克果	陳俊輝	已出版
彭加勒	李醒民	已出版
馬赫	李醒民	排印中
迪昂	李醒民	撰稿中
費爾巴哈	周文彬	撰稿中
恩格斯	金隆德	撰稿中
馬克斯	洪鎌德	撰稿中
普列哈諾夫	武雅琴	撰稿中
約翰彌爾	張明貴	已出版
狄爾泰	張旺山	已出版
弗洛伊德	陳小文	已出版

世界哲學家叢書(五)

書名	作者	出版狀況
吉田松陰	山口宗之	已出版
福澤諭吉	卞崇道	撰稿中
岡倉天心	魏常海	撰稿中
中江兆民	畢小輝	撰稿中
西田幾多郎	廖仁義	撰稿中
和辻哲郎	王中田	撰稿中
三木清	卞崇道	撰稿中
柳田謙十郎	趙乃章	撰稿中
柏拉圖	傅佩榮	撰稿中
亞里斯多德	曾仰如	已出版
伊壁鳩魯	楊適	撰稿中
愛比克泰德	楊適	撰稿中
柏羅丁	趙敦華	撰稿中
聖奧古斯丁	黃維潤	撰稿中
安瑟倫	趙敦華	撰稿中
安薩里	華濤	撰稿中
伊本・赫勒敦	馬小鶴	已出版
聖多瑪斯	黃美貞	撰稿中
笛卡兒	孫振青	已出版
蒙田	郭宏安	撰稿中
斯賓諾莎	洪漢鼎	已出版
萊布尼茲	陳修齋	已出版
培根	余麗嫦	撰稿中
托馬斯・霍布斯	余麗嫦	排印中
洛克	謝啓武	撰稿中

世界哲學家叢書(四)

書名	作者	出版狀況
商羯羅	黃心川	撰稿中
維韋卡南達	馬小鶴	撰稿中
泰戈爾	宮　靜	已出版
奧羅賓多・高士	朱明忠	已出版
甘地	馬小鶴	已出版
尼赫魯	朱明忠	撰稿中
拉達克里希南	宮　靜	撰稿中
元曉	李箕永	撰稿中
休靜	金煐泰	撰稿中
知訥	韓基斗	撰稿中
李栗谷	宋錫球	已出版
李退溪	尹絲淳	撰稿中
空海	魏常海	撰稿中
道元	傅偉勳	撰稿中
伊藤仁齋	田原剛	撰稿中
山鹿素行	劉梅琴	已出版
山崎闇齋	岡田武彥	已出版
三宅尙齋	海老田輝巳	已出版
中江藤樹	木村光德	撰稿中
貝原益軒	岡田武彥	已出版
荻生徂徠	劉梅琴	撰稿中
安藤昌益	王守華	撰稿中
富永仲基	陶德民	撰稿中
石田梅岩	李甦平	撰稿中
楠本端山	岡田武彥	已出版

世界哲學家叢書㈢

書名	作者	出版狀況
澄觀	方立天	撰稿中
宗密	冉雲華	已出版
永明延壽	冉雲華	撰稿中
湛然	賴永海	已出版
知禮	釋慧嶽	排印中
大慧宗杲	林義正	撰稿中
袾宏	于君方	撰稿中
憨山德清	江燦騰	撰稿中
智旭	熊琬	撰稿中
康有爲	汪榮祖	撰稿中
譚嗣同	包遵信	撰稿中
章太炎	姜義華	已出版
熊十力	景海峰	已出版
梁漱溟	王宗昱	已出版
胡適	耿雲志	撰稿中
金岳霖	胡軍	已出版
張東蓀	胡偉希	撰稿中
馮友蘭	殷鼎	已出版
唐君毅	劉國強	撰稿中
宗白華	葉朗	撰稿中
湯用彤	孫尚揚	撰稿中
賀麟	張學智	已出版
龍樹	萬金川	撰稿中
無著	林鎮國	撰稿中
世親	釋依昱	撰稿中

世界哲學家叢書(二)

書名	作者	出版狀況
胡五峯	王立新	撰稿中
朱熹	陳榮捷	已出版
陸象山	曾春海	已出版
陳白沙	姜允明	撰稿中
王廷相	葛榮晉	已出版
王陽明	秦家懿	已出版
李卓吾	劉季倫	撰稿中
方以智	劉君燦	已出版
朱舜水	李甦平	已出版
王船山	張立文	撰稿中
眞德秀	朱榮貴	撰稿中
劉蕺山	張永儁	撰稿中
黃宗羲	吳光	撰稿中
顧炎武	葛榮晉	撰稿中
顏元	楊慧傑	撰稿中
戴震	張立文	已出版
竺道生	陳沛然	已出版
眞諦	孫富支	撰稿中
慧遠	區結成	已出版
僧肇	李潤生	已出版
智顗	霍韜晦	撰稿中
吉藏	楊惠南	已出版
玄奘	馬少雄	撰稿中
法藏	方立天	已出版
惠能	楊惠南	已出版

世界哲學家叢書(一)

書名	作者	出版狀況
孔子	韋政通	撰稿中
孟子	黃俊傑	已出版
荀子	趙士林	撰稿中
老子	劉笑敢	撰稿中
莊子	吳光明	已出版
墨子	王讚源	撰稿中
公孫龍子	馮耀明	撰稿中
韓非子	李甦平	撰稿中
淮南子	李增	已出版
賈誼	沈秋雄	撰稿中
董仲舒	韋政通	已出版
揚雄	陳福濱	已出版
王充	林麗雪	已出版
王弼	林麗真	已出版
郭象	湯一介	撰稿中
阮籍	辛旗	撰稿中
嵇康	莊萬壽	撰稿中
劉勰	劉綱紀	已出版
周敦頤	陳郁夫	已出版
邵雍	趙玲玲	撰稿中
張載	黃秀璣	已出版
李覯	謝善元	已出版
楊簡	鄭曉江	撰稿中
王安石	王明蓀	已出版
程顥、程頤	李日章	已出版